JN120751

RCEPと東アジア

石川幸一・清水一史・助川成也

［編著］

文眞堂

はしがき

　2022年1月1日に地域的な包括的経済連携（RCEP）協定が遂に発効した。2020年11月に署名されてから1年余りでの発効となった。米中貿易摩擦をはじめとする保護主義の拡大と新型コロナウイルスの感染拡大が，ダブルショックとなってきわめて大きな負の影響を世界経済に与え続ける中で交渉され，署名と発効に至った。RCEPは，ASEANを含めた広域の東アジアで初のメガFTAである。世界のGDP・人口・貿易の約30％を占める世界最大規模のFTAが実現する。RCEPには，ASEAN10カ国，日本，中国，韓国，オーストラリア，ニュージーランドの東アジア15カ国が参加している。

　RCEPは2011年にASEANが提案して交渉が進められてきた。東アジアでは従来ASEANが経済統合を牽引し，2015年にはASEAN経済共同体（AEC）を設立した。またASEANは東アジアの多くの地域協力の中心であり，ASEANを中心とした5つのASEAN＋1FTAも構築されてきた。ただし東アジア全体の経済統合・FTAは確立されなかった。しかし世界金融危機後の変化を受けて，2011年にASEANがRCEPを提案したのである。その後RCEPは交渉妥結までに時間がかかり，またインドが途中で交渉離脱してしまったが，保護主義・米中対立と新型コロナ感染が拡大する状況の中で，2020年11月に15カ国によって協定が署名された。

　2021年には，米国でトランプ政権からバイデン政権へ代わったが，米中対立は維持拡大されてきた。またミャンマーでは軍事クーデターが起こり，コロナも再拡大した。このような厳しい状況の中で，各国は発効に向けて国内手続きを加速させてきた。2021年9月ASEAN＋3（日中韓）経済相会議は，2022年1月初旬までにRCEP協定を発効させるという目標を示し，2021年10月のASEAN首脳会議やASEAN＋3首脳会議も，その目標を確認した。こうして2022年1月に，先ずは15カ国のうちの10カ国（ブルネイ，カンボジア，ラオス，シンガポール，タイ，ベトナム，日本，中国，オーストラリア，ニュー

ジーランド）で発効した。2月1日には韓国でも発効，3月18日にはマレーシアについても発効した。

　RCEP協定は，貿易の自由化や通商ルールなど多くの分野を包括する全20章から成る。RCEP協定の内容を見ると，従来のASEAN＋1のFTAを超えた部分が多い。ただし関税の撤廃に時間が掛かる品目も多く，またルールにおいても合意できていない分野も多い。しかし先ずは発効し，徐々に内容を充実させていくことが肝要である。

　RCEPの発効は，世界と東アジアにとって大きな意義を有する。世界の成長センターである東アジアで，初のメガFTAかつ世界最大規模のメガFTAが実現される。RCEP署名時の共同首脳声明が述べるように，RCEPは世界のGDPの約30％，人口の30％，貿易の28％を占める世界最大の自由貿易協定として，世界の貿易および投資のルールの理想的な枠組みへと向かう重要な一歩である。RCEPの発効により，これまでFTAが存在しなかった日中と日韓のFTAが実現される。東アジア地域協力におけるASEAN中心性も維持される。そして現在の厳しい世界経済下で発効に至ったことが重要である。

　RCEPは東アジアに大きな経済効果を与えるであろう。第1に東アジア全体で物品（財）・サービスの貿易や投資を促進し，東アジア全体の一層の経済発展に資する。第2に知的財産や電子商取引など新たな分野のルール化に貢献する。第3に東アジアの生産ネットワークあるいはサプライチェーンの整備を支援する。第4に域内の先進国と途上国間の経済格差の縮小に貢献する可能性がある。

　これまで東アジアの経済統合を牽引してきたASEANにとっては，自らが提案したRCEPが実現され，東アジア経済統合におけるASEAN中心性の維持に直結する。今後，重要なのは，RCEPにおいてASEANがイニシアチブと中心性を確保し続けることである。東アジアの地域協力・経済統合は，中国のプレゼンスが拡大する中で，ASEANが中心となることでバランスが取られている。

　日本にとってもRCEPは大きな意義がある。日本にとってRCEP参加国と

の貿易は総貿易の約半分を占め，年々拡大中である。RCEP は日本企業の生産ネットワークにも最も適合的である。これまで FTA のなかった日中と日韓との FTA の実現ともなる。多くの試算において，参加国の中で日本の経済効果が最大とされている。

　中国にとっても，アメリカとの貿易摩擦と対立を抱える中で，RCEP への参加と早期の発効が期待された。また日本や東アジア各国にとっても，中国を通商ルールの枠組みの中に入れていくことは，今後の東アジアの通商体制において重要であろう。

　RCEP の発効は，世界経済においても重要な意義を持つ。WTO による世界全体の貿易自由化と通商ルール化が進まない現在，広域の東アジアで貿易投資の自由化と通商ルール化を進めるメガ FTA の意義は大きい。そして RCEP の発効は，拡大しつつある保護主義に対抗し，現在の厳しい世界経済の状況を逆転していく契機となる可能性がある。

　RCEP は，東アジアにおける対話と交渉の場の確保にもつながる。RCEP は，これまで ASEAN が提供してきた ASEAN＋3，東アジア首脳会議（EAS），ASEAN 地域フォーラム（ARF）のような広域での交渉と対話の場を，さらに増やすことになる。

　こうして RCEP の実現は，世界経済と東アジア経済に大きな意味を有する。コロナ後の復興にも大きな意味を持つであろう。そして日本経済と日本企業の活動にも大きな意味を有する。

　今後，世界経済は，更に厳しい状況となってくるであろう。東アジア各国の急速な発展を支えてきた世界全体の貿易と投資の拡大は，逆転を続ける可能性が高い。そしてロシアのウクライナへの軍事侵攻と対ロシア経済制裁は，世界の政治経済並びに東アジアの政治経済にも大きな負の影響を及ぼすのは確実である。今後の世界と東アジアの経済において，東アジアのメガ FTA である RCEP の果たす役割はきわめて大きい。日本も，RCEP の一層の発展を支援していくことが不可欠である。

　本書は，このように世界と東アジアの経済，日本経済，東アジアの通商秩序

にきわめて重要な意義を持つ RCEP を，多角的に考察している。RCEP には多くの考察すべき課題がある。RCEP がどのような経緯で ASEAN により提案され交渉が進められてきたのか，RCEP の意義や課題は何か，東アジア各国にとって RCEP はどのような意味を持つか，RCEP の規定はどのようなものであるか，また日本経済や日本企業にとってどのような意味があるか等である。更に RCEP の貿易効果とサプライチェーンへの影響の考察や，国際政治からの RCEP の考察も必要である。本書は，それらに応えるために，国際経済・アジア経済とともに国際政治を含めた多くの専門家が執筆している。

　本書は，RCEP と東アジア，RCEP 規定と企業活動，RCEP の展望と課題の 3 部で構成されている。第 I 部「RCEP と東アジア」の第 1 章「RCEP の意義と東アジア経済統合」は，東アジアの経済統合の展開を ASEAN 経済統合と RCEP を中心に振り返るとともに，RCEP 協定の内容を紹介し，RCEP が世界経済，東アジア経済にどのような意義を持つのかを考察している。第 2 章「RCEP と日本」は，RCEP 交渉の立ち上げから署名に至る交渉の歩みを俯瞰するとともに，日本の FTA 戦略を踏まえた RCEP の市場アクセスやルール整備の交渉方針についても考察を行っている。第 3 章「ASEAN 経済統合と RCEP」は，RCEP 構想が生まれた経緯をたどるとともに構想の実現に向けた ASEAN のイニシアチブを検証し，RCEP の主要規定を ASEAN 経済統合の主要協定の規定と比較し ASEAN 経済統合が RCEP のベースになっていると論じている。第 4 章「RCEP と中国」は，中国の FTA 戦略を確認したうえで，RCEP 形成過程における中国の対応をアジア太平洋地域における FTA をめぐる大国間の競争として振り返り，中国にとっての RCEP の経済的意義と戦略的意義を検討し，中国のアジア太平洋地域に対する戦略とグローバル・ガバナンスへの関与について考察している。第 5 章「RCEP とインド」は，インドの経済・社会問題の抱える課題と製造業振興の重要性およびそのための取組みを説明している。次に，インドの RCEP 不参加の理由を考察し，インドが今後どのように製造業を発展させようとしているかを確認し，インドの保護主義の高まりの影響とインドの参加実現のための方策について論じている。

　第 II 部「RCEP 規定と企業活動」の第 6 章「RCEP の物品貿易規定と日本企

業の活動」は，RCEP で最も注目されている関税削減に焦点をあて経済効果と
自由化水準を示し，既存協定との使い分けと各国の敏感性の特徴を明らかにす
るとともに原産地規則と証明手続きについて検討し，生きた協定として進化す
る重要性を論じている。第 7 章「RCEP のサービス貿易規定とサービス投資の
可能性」は，世界経済におけるサービス貿易の位置づけ，多国間交渉の現状を
踏まえてサービス貿易章の特徴と概要を明らかにしている。そして，現地拠点
を通じたサービスの提供（第 3 モード）の自由化の特徴を検討し，タイを取り
上げて日本と ASEAN 加盟国とが締結する 3 つの協定を比較し自由化水準や
相互補完を検討している。第 8 章「RCEP 協定における主なルール規律」は，
ルール分野が拡大していった交渉過程を説明したうえで RCEP 協定の主な
ルール規律の内容を ASEAN＋1FTA，CPTPP などと比較し明らかにし，履
行確保の観点で発効後の運用メカニズムを論じている。

　第 III 部「RCEP の展望と課題」の第 9 章「RCEP の貿易効果とサプライ
チェーンへの影響」は，RCEP の交渉経過，日本にとっての意義，自由化率な
どを見たうえで RCEP のアジア太平洋地域のサプライチェーンへの影響を確
認している。そして RCEP 発効の意義を関税削減効果から検討し残された問
題点を明らかにし，関税削減額の試算により日中韓における RCEP 利用のイ
ンパクトを論じている。第 10 章「国際政治的観点からの RCEP」は，東アジ
アでは生産ネットワーク主導の経済統合が現実的選択肢であることを指摘し
RCEP 交渉開始への過程を説明している。交渉開始後東アジアの戦略的政治的
環境は米中対立など大きく変化し，保護主義の高まりやコロナ禍危機が深まる
中で国際経済秩序の支えとして RCEP の戦略的重要性を明らかにし，ロシア
のウクライナ侵攻など分断と対立が激しくなる状況で RCEP の重要性がさら
に高まっていると論じている。第 11 章「RCEP の課題」は，① 着実な履行と
活用および質の高い FTA への改善，② ASEAN 中心性の維持，③ CLMV へ
の支援，④ 対話と交渉の場の確保と活用，⑤ インドの復帰，⑥ 参加国・地域
の拡大を RCEP の課題として論じ，中長期的には RCEP をアジア太平洋さら
にはインド太平洋の経済連携に発展させること，世界経済にも貢献することな
どが課題であると論じている。

　本書の執筆者は，経済統合や経済連携，ASEAN・中国・インドの経済と通商政策，FTA の経済効果，国際政治などの研究者であり，アジアの経済統合についてこれまで長く研究を続けてきている。また RCEP については交渉開始前から研究を行い，研究会や学会等で議論を重ねてきた。

　本書が，アジアの経済統合の行方に関心を持つ研究者や学生・院生，そして RCEP に関心を持ち RCEP の利用を考えているビジネス関係者の参考になれば幸甚である。なお，本書各章で示された見解は，執筆者個人のものであり執筆者が属する機関のものではないことに留意をお願いしたい。

　最後に出版情勢が厳しい中，本書の意義を理解され，刊行を快諾された文眞堂社長の前野隆氏と編集の労を取っていただいた前野弘太氏に心より感謝を申し上げたい。

2022 年 5 月

　　　　　　　　　　　　　　　　　　　　　　　　　編著者一同

RCEP 参加国 ●●●●●●●●●●●●●●●●●●●●●●●●●●●●●●●●●●●●●●●

目　　次

略語表

ABAC·················APEC ビジネス諮問委員会
ASEAN Business Advisory Council

ACFTA ················ASEAN 中国自由貿易地域
ASEAN China Free Trade Area

ACIA ·················ASEAN 包括的投資協定
ASEAN Comprehensive Investment Agreement

ACRF·················ASEAN 包括的リカバリーフレームワーク
ASEAN Comprehensive Recovery Framework

AEC ·················ASEAN 経済共同体
ASEAN Economic Community

AEM ·················ASEAN 経済大臣会合
ASEAN Economic Ministers Meeting

AFAS·················ASEAN サービス枠組み協定
ASEAN Framework Agreement on Service

AFTA ················ASEAN 自由貿易地域
ASEAN Free Trade Area

AIA·················ASEAN 投資地域
ASEAN Investment Area

AJCEP ················日 ASEAN 包括的経済連携協定
ASEAN-Japan Comprehensive Economic Partnership Agreement

AMNP ················ASEAN 自然人移動協定
ASEAN Agreement on Movement of Natural Persons

APEC·················アジア太平洋経済協力
Asia-Pacific Economic Cooperation

ARF ·················ASEAN 地域フォーラム
ASEAN Regional Forum

ASA ·················ASEAN スワップ協定
ASEAN Swap Arrangement

ASEAN ················東南アジア諸国連合
Association of Southeast Asian Nations

ASW ·················ASEAN シングルウィンドウ
ASEAN Single Window

ATIGA ················ASEAN 物品貿易協定
ASEAN Trade in Goods Agreement

ATISA ················ASEAN サービス貿易協定
ASEAN Trade in Service Agreement

AUKUS ················豪英米3国安全保障パートナーシップ
Australia United Kingdom USA (trilateral security partnership)
BIS ·······················インド基準局
Bureau of Indian Standards
BIT ·······················二国間投資協定
Bilateral Investment Treaty
BOP ·····················国際収支
Balance of Payment
CC ·······················関税番号変更基準（類変更：2桁）
Change in Chapter
CTH ·····················関税番号変更基準（項変更：4桁）
Change in Tariff Heading
CTH ·····················関税番号変更基準（号変更：6桁）
Change in Tariff Sub Heading
CEPEA ················東アジア包括的経済連携
Comprehensive Economic Partnership in East Asia
CGE ····················応用一般均衡モデル
Computable General Equilibrium (model)
CJKFTA ··············日中韓FTA
China Japan Korea FTA
CLMV ··················カンボジア，ラオス，ミャンマー，ベトナム
Cambodia, Laos, Myanmar and Vietnam
CPTPP ················環太平洋パートナーシップに関する包括的および先進的な協定
Comprehensive and Progressive Trans-Pacific Agreement
EAFTA ················東アジア自由貿易地域
East Asia Free Trade Area
EAS ·····················東アジア首脳会議
East Asia Summit
EASG ··················東アジアスタディグループ
East Asia Study Group
EAVG··················東アジアビジョングループ
East Asia Vision Group
EPA ····················経済連携協定
Economic Partnership Agreement
EU ·······················欧州連合
European Union
FL ·······················将来の自由化の対象となる分野または小分野
Future Liberalization
FOIP ···················自由で開かれたインド太平洋
Free and Open Indo-Pacific
FRBM··················財政責任・予算管理法
The Fiscal Responsibility and Budget Management Bill

FTA ……………………自由貿易地域／協定
　　Free Trade Area/Agreement
FTAAP ………………アジア太平洋自由貿易圏
　　Free Trade Area of Asia-Pacific
GATS……………………サービスの貿易に関する一般協定
　　General Agreement on Trade in Services
GATT …………………関税およぶ貿易に関する一般協定
　　General Agreement on Tariffs and Trade
GMS …………………大メコン圏
　　Greater Mekong Sub-region
GST……………………財・サービス税
　　Goods and Services Tax
HS ……………………（統一分類）関税 HS コード
　　Harmonized System
IAI ……………………ASEAN 統合イニシアチブ
　　Initiative for ASEAN Integration
ISDS …………………投資家と国との間の紛争解決
　　Investor State Dispute Settlement
JTEPA ………………日タイ経済連携協定
　　Japan Thailand Economic Partnership Agreement
JPEPA ………………日本フィリピン経済連携協定
　　Japan Philippines Economic Partnership Agreement
MFN …………………最恵国待遇
　　Most Favored Nation（treatment）
MRA …………………相互承認協定
　　Mutual Recognition Agreement
PMP …………………段階的製造プログラム
　　Phased Manufacturing Programme
Quad …………………クアッド（日米豪印の 4 カ国協力枠組み）
　　Quadrilateral（diplomatic network）
RCEP …………………地域的な包括的経済連携
　　Regional Comprehensive Economic Partnership
RTA …………………地域貿易協定
　　Regional Trade Agreement
RVC …………………付加価値基準
　　Regional Value Added
TFP …………………全要素生産性
　　Total Factor Productivity
TiSA …………………新サービス貿易協定
　　Trade in Services Agreement
TiSMoS ………………供給モード別サービス貿易
　　Trade in Services data by mode of supply

TNC　……………………貿易交渉委員会
　　Trade Negotiating Committee
TPP　………………………環太平洋経済連携協定
　　Trans-Pacific Partnership
TRIMs　………………貿易関連投資措置
　　Trade-Related Investment Measures
TRIPs…………………………知的所有権の貿易関連側面
　　Trade-Related Aspects of Intellectual Property Rights
UNCTAD　……………国連貿易開発会議
　　United Nation Conference on Trade and Development
USMCA ………………米国・メキシコ・カナダ協定
　　United States Mexico Canada Agreement
WTO　…………………………世界貿易機関
　　World Trade Organization

第I部

RCEPと東アジア

第1章

RCEP の意義と東アジア経済統合

清水一史

はじめに

　地域的な包括的経済連携（RCEP）協定が，2020年11月に東アジア15カ国によって署名され，2022年1月1日に遂に発効した。保護主義と新型コロナ拡大が世界経済に大きな負の影響を与えている中での署名と発効であった。RCEPは，2011年にASEANが提案して牽引してきた東アジア全体のFTAであり，東アジアで初のメガFTAである。

　東アジアでは，従来ASEANが経済統合をリードしてきた。ASEANは世界経済の構造変化の中で経済統合を進め，2015年にはASEAN経済共同体（AEC）を設立した。またASEANは，東アジアの地域協力とFTAにおいても中心となってきた。ただし東アジア全体の経済統合・FTAは確立されなかった。しかし世界金融危機後の構造変化の中でTPPが推進され，その影響を受けて2011年にASEANがRCEPを提案した。その後RCEP交渉は妥結までに時間がかかったが，2020年11月に保護主義と新型コロナ拡大の厳しい状況の中で，東アジア15カ国によって協定が署名された。そして1年少し後の2022年1月には，遂に発効した。

　RCEPは成長を続ける東アジアのメガFTAであり，世界のGDP・人口・貿易の約30％を占める。RCEPの実現は，今後の東アジア経済と世界経済にも大きな意味を有するであろう。現在の保護主義に対抗し，コロナ後の復興にも大きな意味を持つであろう。そして日本経済と日本企業の活動にも大きな意味を有するであろう。

　筆者は，世界経済の構造変化の下でのASEANと東アジアの経済統合を長

期的に研究してきている。本章では，それらの研究の延長に，東アジアの経済統合を振り返るとともに，RCEPが東アジア経済や世界経済にどのような意義を有するかについて考察したい。

第1節　東アジア経済統合の展開とRCEP
──ASEAN経済統合とRCEP提案──

1.　ASEAN経済統合の展開と東アジア地域経済協力

　最初に，ASEANを含めた東アジアの経済統合を簡単に振り返っておきたい[1]。東アジアではASEANが経済統合を牽引してきた。1967年に設立されたASEANは，1976年から域内経済協力を開始し，1987年にはプラザ合意後の変化の中でASEAN域内経済協力戦略を「集団的外資依存輸出指向型工業化戦略」へと転換し，1992年からはASEAN自由貿易地域（AFTA）を推進してきた。また冷戦構造の変化を契機にCLMV（カンボジア，ラオス，ミャンマー，ベトナム）諸国がASEANに加盟した。2003年10月の第9回首脳会議における「第2ASEAN協和宣言」は，ASEAN経済共同体（AEC）の実現を打ち出した。AECは，2020年までに物品（財）・サービス・投資・熟練労働力の自由な移動に特徴づけられる単一市場・生産基地を構築する構想であった。2007年には創設を5年前倒しして2015年とし，また2015年までのロードマップである「AECブループリント」を発出した。AECの中心であるAFTAに関しては，2003年1月には先行6カ国で関税が5％以下の自由貿易地域が確立され，2010年1月には先行加盟6カ国で関税が撤廃された。

　ASEANを含めた東アジアは，世界全体の貿易の自由化と拡大の中で，また1980年代からの投資（国際資本移動）の自由化と拡大の中で，急速に発展してきた。ASEANは，そのような世界経済の構造変化に対応して経済統合を進めてきた。

　ASEANは，東アジアの地域経済協力においても，中心となってきた（図1-1参照）。東アジアではアジア経済危機への対策を契機に，ASEAN＋3やASEAN＋6などの地域経済協力が重層的・多層的に展開しており，その中心

図1-1　ASEANを中心とする東アジアの地域協力と経済統合

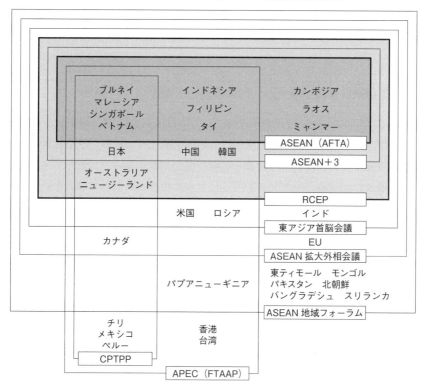

注）（　）は自由貿易地域（構想を含む）である。ASEAN：東南アジア諸国連合，AFTA：
　　ASEAN自由貿易地域，RCEP：地域的な包括的経済連携，CPTPP：包括的及び先進的な
　　TPP，APEC：アジア太平洋経済協力，FTAAP：アジア太平洋自由貿易圏。
　出所）筆者作成。

　はASEANであった。またASEANと日本，ASEANと中国，ASEANと韓
国，ASEANとオーストラリアとニュージーランド，ASEANとインドの5つ
のASEAN＋1のFTAが，ASEANを軸として確立されてきた。それととも
に，ASEAN拡大外相会議，ASEAN＋3会議，東アジア首脳会議（EAS），
ASEAN地域フォーラム（ARF）に見られるように，東アジアにおける交渉
の「場」をASEANが提供し，イニシアチブを獲得してきた。そしてASEAN
域内経済協力のルールが東アジアへ拡大してきたことも重要である[2]。

ただし東アジア全体の FTA の構築は，2000 年代半ばから日本が東アジア包括的経済連携（CEPEA）構想を進め，中国が東アジア自由貿易地域（EAFTA）構想を進めてきたが，両者が対抗して進まなかった。

2. 世界金融危機後の ASEAN による RCEP 提案と交渉開始

2008 年の世界金融危機後の構造変化は，ASEAN と東アジアに大きな転換を迫ってきた。ASEAN と東アジアは，世界金融危機からいち早く回復して成長を持続し，世界経済における最も重要な成長地域となった。そして主要な生産基地並びに中間財市場であるとともに，主要な最終財消費市場となった。また米国は，過剰消費と金融的蓄積に基づく成長の転換が迫られ，輸出を成長の重要な手段として，世界の成長センターである東アジア市場を目指した。こうして TPP に米国も参加し，TPP は 2010 年 3 月に 8 カ国で交渉が開始された。

TPP が米国をも加えて確立しつつある中で，また日本の参加が検討される中で，それまで進まなかった東アジア全体の FTA も推進されることとなった。2011 年 8 月には，ASEAN＋6 経済相会議において日本と中国は共同提案を行い，日本が推していた CEPEA と中国が推していた EAFTA を区別なく進めることに合意した。

そしてそれに対応して ASEAN は，2011 年 11 月 17 日の ASEAN 首脳会議で，これまでの CEPEA と EAFTA，ASEAN＋1 の FTA の延長に，ASEAN を中心とする新たな東アジアの FTA である RCEP を提案した。ASEAN は「RCEP のための ASEAN 枠組み」を提示し，貿易・投資自由化に関する 3 つの作業部会の設立も合意された。「RCEP のための ASEAN 枠組み」は，RCEP の構想と交渉原則を示し，東アジア地域枠組みにおける ASEAN 中心性についても述べている[3]。

ここで ASEAN が RCEP を提案した要因について考えてみよう。ASEAN の経済統合には，従来からの域内経済協力・経済統合の重要な特徴があり，資本の確保と市場の確保のために，ASEAN よりも広域な枠組みの整備とイニシアチブの確保が常に肝要である[4]。そして ASEAN にとっては，東アジアの FTA の枠組みは，従来のように ASEAN＋1 の FTA が主要国との間に複数存

在し，他の主要国は相互の FTA を結んでいない状態が理想であり，ベストであった。しかし，2008 年からの世界金融危機後の変化の中で米国を加えた TPP 確立の動きとともに，日本と中国によって東アジアの広域 FTA が進められる状況の中で，ASEAN の中心性を確保しながら東アジア FTA を推進するというセカンドベストを追及することとなったのである[5]。

　2012 年 8 月には第 1 回の ASEAN＋FTA パートナーズ大臣会合が開催され，ASEAN10 カ国並びに ASEAN の FTA パートナーである 6 カ国の計 16 カ国が RCEP を推進することに合意した。同時に RCEP 交渉の目的と原則を示した「RCEP 交渉の基本指針および目的」をまとめた。「RCEP 交渉の基本指針および目的」は，RCEP 交渉を立ち上げる目的を，ASEAN 加盟国および ASEAN の FTA パートナー諸国の間で，現代的な包括的な質の高いかつ互恵的な経済連携協定を達成することであるとし，ASEAN の中心性，経済協力強化などについても明記した[6]。「交渉の原則」についても，① RCEP は WTO と整合的である，② 既存の ASEAN＋1FTA よりも相当程度改善した，より広く深い約束がなされる等の 8 項目を述べた[7]。「交渉分野」に関しては，① 物品貿易，② サービス貿易，③ 投資，④ 経済および技術協力，⑤ 知的財産，⑥ 競争，⑦ 紛争解決，⑧ その他の事項が挙げられた。

　2012 年 11 月には RCEP 交渉立上げ式が開催され，RCEP 交渉の立ち上げが宣言された。「共同宣言」では，2013 年早期に交渉を開始し，2015 年末までに交渉を完了させることを目指すとされた。そして 2013 年 5 月には，遂に RCEP 第 1 回交渉が行われた。8 月には第 1 回閣僚会議も開催された。その後，RCEP 交渉会合，閣僚会議，首脳会議で，RCEP 交渉が重ねられることとなった。当初目標の 2015 年末の交渉完了はできなかったが，妥結へ向けて交渉が続けられてきた。

　他方，2013 年 7 月には第 18 回 TPP 交渉会合において日本が TPP 交渉に正式参加し，2016 年 2 月 4 日には TPP 協定が署名された。こうして世界金融危機後の変化と TPP が，ASEAN と東アジアの経済統合を追い立ててきた。

3. 2015年末のAEC創設

世界金融危機後の変化の中で，東アジアの経済統合を牽引するASEANは，2015年12月31日には遂にAECを創設した。AECは東アジアで最も深化した経済統合である。AECでは，関税の撤廃に関して，AFTAとともにほぼ実現を果たした。AFTAは東アジアのFTAの先駆であるとともに，東アジアで自由化率の高いFTAである。2015年1月1日には，全加盟国で関税の撤廃が実現された（ただしCLMV諸国においては，関税品目表の7%までは2018年1月1日まで撤廃が猶予された）[8]。

原産地規則の改良や自己証明制度の導入，税関業務の円滑化，ASEANシングル・ウインドウ（ASW），基準認証等も進められた。サービス貿易の自由化，投資や資本の移動の自由化，熟練労働者の移動の自由化も徐々に進められてきた。さらに輸送やエネルギーの協力，格差の是正にも取り組んでいる。そして域内の生産ネットワークも支援してきた。

2015年11月の首脳会議では，2025年に向けて新たなAECの目標「AECブループリント2025」を打ちだした。ASEANは，2025年に向けてさらに経済統合の深化へ向かった。

第2節　保護主義と新型コロナ拡大下の東アジア経済統合
──AECの深化とRCEP署名へ向けて──

1. 米国のTPP離脱と米中貿易摩擦

TPP署名がさらにASEANと東アジアの経済統合を進めると考えられたが，2017年1月20日にはトランプ氏が米国大統領に就任し，米国はTPPから離脱してしまった。またトランプ大統領は，これまで世界の自由貿易体制を牽引してきた米国の通商政策を逆転させてしまった。

米国のTPPからの離脱は，ASEANと東アジアの経済統合にも大きな負の影響を与えた。米国のTPP離脱以前には，第1にTPPはASEAN経済統合を加速し追い立ててきた。第2にTPPがRCEPという東アジアの広域の経済

統合の実現を追い立て，RCEPがさらにASEANの統合を追い立ててきた。第3にTPPの規定がASEAN経済統合をさらに深化させる可能性もあった。しかし米国のTPP離脱後には，それらの作用が発揮されることは難しくなってしまった[9]。

　他方，TPPから米国が離脱して保護主義が拡大する中で，日本は米国抜きの11カ国によるTPP11を提案し，その交渉をリードした。2017年5月の交渉会合で日本が提案したTPP11が交渉開始され，2018年3月8日には環太平洋パートナーシップに関する包括的および先進的な協定（CPTPP）が11カ国によって署名されて，12月30日には遂に発効した。

　トランプ大統領は，TPP離脱だけではなく，2018年からは貿易摩擦を引き起こし，大きな負の影響を世界経済に与えた。2018年3月には通商拡大法232条によって鉄鋼とアルミニウムにそれぞれ25％と10％の追加関税をかけた。米国は，さらに中国向けの措置として，通商法301条に基づき，7月には中国からの340億ドル相当の輸入に25％の追加関税をかけ，8月には第2弾の措置として中国からの160億ドル分の輸入に25％の追加関税をかけ，さらに9月には第3弾として中国からの2,000億ドル分の輸入に10％の追加関税をかけた。他方，中国はそれぞれに報復関税をかけて，貿易摩擦が拡大した。2019年9月には，米国は中国向け措置の第4弾の一部を発動し，米中貿易摩擦はさらに拡大してきた[10]。

2.　保護主義と新型コロナ感染の拡大と米中対立

　2020年1月には，米中が第1段階合意文書である米中経済・貿易協定に署名した。この第1段階の合意によって，米国は2019年9月に発動した第4弾の一部の1,200億ドル分の輸入に課していた関税15％を7.5％に引き下げた。しかしながら，第1〜3弾の25％の追加関税は維持されたままであった。また，「中国製造2025」に関係する産業補助金の問題や国有企業改革については，残されたままであった[11]。

　米中貿易摩擦の根底にはハイテク技術を巡る争いや経済安全保障の問題があり，米国では，貿易だけではなく資本取引をも加えて，多くの対中国措置が採

用されてきた。たとえば，国防授権法に基づく対中輸出管理の強化，中国企業の対米投資審査の厳格化，政府調達の制限，禁輸措置・エンティティリストなどである。他方，中国も，対米国の制裁措置を採用し，商務部による輸出禁止・制限技術リストの改定やエンティティリスト発表などを行った。米中間のいくつかの分野での分断（デカップリング）の可能性も増してきた。

　世界経済は貿易と投資の拡大を続けてきた長期の傾向に逆行した状況となってきた。そして世界全体の貿易と投資の拡大の中で急速な発展を遂げてきた東アジアには，大変厳しい状況となってきた。

　このような状況に加えて，2020年からは新型コロナウイルスの感染が中国から拡大して世界を襲ってきた。コロナ感染は各国に拡大し，供給ショックや需要ショックを与えた。こうして保護主義とコロナの感染拡大は，ダブルショックとなってASEANと東アジアに大きな負の影響を与えてきた。たとえば2020年において，ASEAN主要6カ国の中でベトナムを除くシンガポール，マレーシア，タイ，フィリピン，インドネシアの5カ国がマイナス成長となり，過去20年間で最低の成長率となった。

　コロナを契機に，米中摩擦・米中対立はさらに拡大した。米国は，コロナウイルスの感染拡大における中国の責任追及を続け，香港の国家安全法や新疆ウイグル自治区の人権侵害を巡っても，対立が拡大してきた。さらに米中は，安全保障を巡っても対立を深めてきた。

　2020年11月6日にはバイデン氏が米国大統領選に当選し，2021年1月20日の就任初日の大統領令では，コロナウイルス対策とともに，WHOやパリ協定への復帰を述べて国際協調路線への回帰を示した。トランプ政権からの重要な転換であった。しかし，コロナ対応やインフラ整備など国内政策優先で，FTAなど通商協定には慎重であり，米国の労働者や教育分野に大規模な投資がなされるまでは，新たな通商協定の交渉を開始しないと表明した。対中政策では，米中第1段階合意を継承し，これまでの追加関税と対中制裁を続けてトランプ政権の対中政策が維持された。また民主主義や人権の問題では，さらに強硬となった。こうして米中摩擦・米中対立は，持続拡大することとなった。

3. 保護主義と新型コロナ拡大下の AEC の深化と RCEP 交渉

　世界経済における保護主義と新型コロナ拡大下ではあるが，ASEAN は着実に「AEC2025」の目標へ向かい，AEC を深化させてきた。2018 年 1 月 1 日には，2015 年 1 月 1 日から 3 年間猶予されていた CLMV 諸国における 7％の品目に関しても関税が撤廃され，ASEAN10 カ国の関税撤廃が，遂に完了した[12]。

　AEC では，関税の撤廃とともに，自己証明制度の導入，税関業務の円滑化，ASEAN シングル・ウインドウ，基準認証等が進められてきた。2020 年には新たなサービス貿易の協定である ASEAN サービス貿易協定（ATISA）の署名も完了した。ASEAN 投資協定（ACIA）の改定も進められてきた。また新たな分野に関する制度化では，2019 年 1 月に「ASEAN 電子商取引協定」が署名された。コロナに対しては，「ASEAN COVID-19 対策基金」の設立や「ASEAN 包括的リカバリーフレームワーク（ACRF）」採択などを行ってきた。AEC の深化は，コロナ後の復興においても重要となるであろう。

　RCEP においては，なかなか交渉妥結には至らなかったが，交渉会合，閣僚会議，首脳会議が重ねられ，交渉が進めれてきた。2018 年 7 月には，ASEAN 域外で開催される初の閣僚会議（第 5 回中間閣僚会議）も，東京で開催された。

　保護主義拡大下ではあるが，2018 年にはルールに関する 5 つの章が妥結して合計 7 つの章が妥結し，他の章も妥結に向かってきた。2019 年にもインド要因によって全 16 カ国による妥結はできなかったが，2019 年 11 月 4 日の共同首脳声明は，RCEP 参加国 15 カ国が全 20 章に関する条文ベースの交渉および 15 カ国による基本的にすべての市場アクセス上の課題への取り組みを終了したことを述べた。また共同首脳声明は，インドには未解決のまま残されている重要な課題があり，すべての RCEP 参加国がこれらの未解決の課題の解決のために共に作業していくと述べた[13]。

　こうして 2019 年に RCEP 交渉は妥結に大きく近づいてきた。ただし，インドは RCEP 離脱を表明してしまった。

第 3 節　RCEP 協定の署名・発効とその内容

1. 2020 年 11 月の RCEP 協定の署名

　2020 年 11 月 15 日の第 4 回 RCEP 首脳会議において，RCEP が東アジア 15 カ国によって遂に署名された。2013 年 5 月以降，31 回の交渉会合，19 回の閣僚会議，4 回の首脳会議を経て署名に至った。保護主義と新型コロナが拡大する厳しい状況の中での署名であった。

　共同首脳声明は，「RCEP 協定が，地域の先進国，開発途上国および後発開発途上国という多様な国々により構成される前例のない巨大な地域貿易協定であることに留意する」，「世界の GDP の約 30％，人口の 30％，貿易の 28％を占める協定として，RCEP が世界最大の自由貿易協定として，世界の貿易および投資のルールの理想的な枠組みへと向かう重要な一歩であると信じる」と，世界最大の自由貿易協定としての RCEP 協定について述べている[14]。

　また ASEAN の役目と中心性についても言及して，「RCEP 協定が，ASEAN により開始された最も野心的な自由貿易協定であり，地域枠組みにおける ASEAN 中心性の増進および ASEAN の地域パートナーとの協力の強化に寄与することに留意する」とした。署名に参加しなかったインドに関しては，「RCEP におけるインドの役割を高く評価し，RCEP がインドに対して引き続き開かれていることを改めて強調する」と述べた。

2. RCEP 協定の内容

(1) RCEP の目的と特徴

　RCEP の目的は，地域的な貿易および投資の拡大を促進し世界的な経済成長および発展に貢献する，現代的で包括的な質の高いかつ互恵的な経済連携協定を構築することである。2011 年の「RCEP のための ASEAN 枠組み」と 2012 年の「RCEP 交渉の基本方針と原則」を引き継ぎ，① 現代的，② 包括的，③ 質の高い，④ 互恵的の 4 つの特徴を含む。すなわち RCEP は，既存の

ASEAN＋1 の FTA を越える先進的な FTA を目指し，多くの ASEAN＋1 の FTA を超える質の高い規定を含む。また貿易の自由化やルールなど幅広い分野を包括する。さらに CLMV 諸国等に対する柔軟性や特別かつ異なる待遇のための規定を含む。また RCEP の重要な特徴は，東アジア地域枠組みにおける ASEAN 中心性であり，共同宣言でも明記されている。

(2) RCEP 協定の主要な内容

　以下，RCEP 協定の内容の主要な点を述べることとしたい。RCEP 協定は，「冒頭の規定および一般的定義（第 1 章）」に始まり，「物品の貿易（第 2 章）」，「原産地規則（第 3 章）」，「サービスの貿易（第 8 章）」，「投資（第 10 章）」，「知的財産（第 11 章）」，「電子商取引（第 12 章）」，「競争（第 13 章）」，「経済協力および技術協力（第 15 章）」，「政府調達（第 16 章）」を含めた，貿易の自由化やルールに関する多くの分野を包括する全 20 章から成る[15]（表 1 - 1 参照）

表 1 - 1　RCEP 協定の 20 章

前文	
第 1 章	冒頭の規定および一般的定義
第 2 章	物品の貿易
第 3 章	原産地規則
第 4 章	税関手続きおよび貿易円滑化
第 5 章	衛生植物検疫措置
第 6 章	任意規格・強制規格・適合性評価手続
第 7 章	貿易上の救済
第 8 章	サービスの貿易
第 9 章	自然人の一時的な移動
第 10 章	投資
第 11 章	知的財産
第 12 章	電子商取引
第 13 章	競争
第 14 章	中小企業
第 15 章	経済協力および技術協力
第 16 章	政府調達
第 17 章	一般規定および例外
第 18 章	制度に関する規定
第 19 章	紛争解決
第 20 章	最終規定

出所）"Regional Comprehensive Economic Partnership Agreement"（日本語訳は外務省訳）.

（協定の内容に関しては，さらに本書第6〜8章を参照されたい）。

「**物品の貿易（第2章）**」は，締約国間の物品の貿易の自由化のための多くの規定を含む。そして多くの品目の関税が，既存のASEAN＋1のFTAを超えて撤廃される。既存のASEAN＋1のFTAの貿易自由化率よりも，RCEPの貿易自由化率は拡大する。さらには，日中や日韓のように，これまでFTAが存在しなかった部分にFTAが構築されることになり，関係国と企業には大きな恩恵となる。最恵国待遇（MFN）関税に比べて，大きな関税削減となるからである。関税撤廃に関しては，撤廃に時間がかかる品目も多いが，最終的に，参加国全体の最終的な関税撤廃率は，品目数ベースで91％となる。

関税の引き下げ方式は，① 共通譲許方式（ブルネイ，カンボジア，ラオス，マレーシア，ミャンマー，シンガポール，オーストラリア，ニュージーランド）と② 個別譲許方式（インドネシア，フィリピン，タイ，ベトナム，日本，中国，韓国）があり，国ごとに異なる。② 個別譲許方式においては，迂回貿易を防止するための「税率差ルール」も，規定されている。

「**原産地規則（第3章）**」は，RCEP協定の下で原産品とされるための規定である（RCEP原産品が関税上の特恵の対象となる）[16]。RCEPでは，原産地規則が広域で統一されることも重要である。同一品目であれば，すべての参加国で同じ原産地規則が適用される。既存の複数のASEAN＋1のFTAの原産地規則に比べて，参加各国や企業にとって大いに利用しやすくなる。また既存のASEAN＋1のFTAに比べて，原産地規則が緩和された品目も多い。そしてRCEPによって，東アジア広域で累積が可能となった。このことも，広域で活動を行う企業にとって有益となる。原産地証明制度では，① 第三者証明制度や② 認定輸出者自己証明制度など複数の制度を採用して，発効時から利用可能となった。「**税関手続きおよび貿易円滑化（第4章）**」においても，事前教示制度が導入され，通関手続きに数値目標が設定された。

「**サービスの貿易（第8章）**」では，既存のASEAN＋1FTAにおけるポジティブリスト方式を超えて，ネガティブリスト方式も採用されることとなり，自由化が促進されることとなった。また特定分野についてポジティブリストを採用した8カ国のうち，フィリピン，タイ，ベトナム，中国，ニュージーランドは発効後3年以内に，CLM諸国は12年以内にネガティブリストへの転換の

ための手続きを開始するとされた。

「**投資（第10章）**」では，投資の保護・自由化・促進・円滑化の4つを対象とする規定を含む。既存のASEAN＋1のFTAの内容を超え，かつWTOの貿易に関連する投資措置に関する協定（TRIMs協定）に基づく措置を上回るパフォーマンス要求の禁止（ロイヤリティ規制の禁止や技術移転要求の禁止）等を規定した。ロイヤリティ規制の禁止や技術移転要求の禁止に関しては，中国もこれまでのFTAでは規定していなかった。なお，これらに関してCLM諸国は義務を免除されている。

「**知的財産（第11章）**」は，地域における知的財産権の保護と行使に関して規定する。WTOの知的所有権の貿易関連の側面に関する協定（TRIPs協定）を上回る知財権の保護の規定を含む。

「**電子商取引（第12章）**」では，これまでのASEAN＋1FTAを越えて，データのフリーフローと，データローカライゼーションの禁止の2つの規定が取り入れられた。これらに関しては，中国も従来のFTAでは約束していなかった規定であった。ただし公共政策の正当な目的を達成するために必要であると認める場合や，安全保障上の重大な利益の保護に必要であると認める場合は除外されている。またベトナムは5年，CLMは8年の適用猶予期間を与えられた。そして，これらの2つの規定を含めてCPTPPが採用している3つの規定のうち，ソースコードの非開示は，今後の課題となった。「電子商取引」では，他に電子送信への関税不賦課や電子署名等も，規定された。

「**競争（第13章）**」は，市場における競争を促進するための規定である。反競争的行為を禁止する法令の制定や維持を通じて競争を促進するとしている。

「**経済協力および技術協力（第15章）**」は，締約国間の格差を縮小するための経済協力・技術協力に関して規定している。RCEP協定の特徴の④互恵的に関係する。

「**政府調達（第16章）**」は，これまでのASEAN＋1FTAには規定されていなかった新たな規定である。ただしその内容は，関連法令および手続きの透明性と協力の促進等にとどまっている。

「**制度に関する規定（第18章）**」では，RCEP閣僚会議，RCEP合同委員会，4つの委員会（物品，サービスおよび投資，持続可能な成長，ビジネス環境），

RCEP 事務局の設置が規定されている。RCEP 閣僚会議は，原則として毎年開催される。RCEP 合同委員会も原則として毎年開催され，その開催国は ASEAN およびその他の国で交互かつ輪番制である。議長は ASEAN の 1 カ国と ASEAN 以外の 1 カ国が順次共同議長を務める。この合同委員会は，RCEP 協定の実施・運用に関する問題を検討し，継続的に協定の履行状況を確認する重要な任務がある。RCEP 事務局は，合同委員会や各委員会のサポートを行う。

　「紛争解決（第 19 章）」は，本協定に関する締約国間の紛争を解決する際の規定である。RCEP 協定が実際に適用された際に，色々な紛争が起きることもありえるだろう。まだ不適用の分野も多いが，RCEP の今後を考えると重要な規定となってくるであろう。

　「最終規定（第 20 章）」は，他の国際約束との関係，RCEP 協定の改正，発効などについて規定している。発効については，ASEAN 構成国の 6 カ国とその他の国の 3 カ国が，批准書・受託書・承認書を，寄託者である ASEAN 事務局長に寄託して 60 日で，（寄託した署名国について）発効と規定された。

　RCEP 協定の内容を見ると，ASEAN＋1 の FTA を超えた部分も多い。ただし関税の撤廃に時間が掛かる品目も多く，またルールにおいても合意できていない分野も多い。しかし先ずは発効し，徐々に内容を充実させていくことが肝要である。これまで ASEAN が進めてきた AFTA なども，そのような方式である。発展段階が異なる多くの国を含んだメガ FTA であり，そのような進め方が必要であろう。参加各国がそれぞれ利益を得る形で，さらに充実を図っていくことが重要である。

3.　2022 年 1 月の RCEP 協定の発効

　RCEP 協定署名後，2021 年には，1 月に米国でトランプ政権からバイデン政権へ代わったが，米中対立は維持拡大されてきた。また 2 月にミャンマーでは国軍がクーデターを起こした。各国ではコロナも再拡大した。このような状況の中で，各国は RCEP 協定の発効を急ぎ，国内手続きを加速させてきた。

　2021 年 9 月 ASEAN 日中韓経済相会議では，2022 年 1 月初旬までに RCEP

協定を発効させるために国内プロセスを完了させるとして，2022 年 1 月初旬発効の目標を示した。さらに 2021 年 10 月の ASEAN 首脳会議や ASEAN＋3 首脳会議でも，2022 年 1 月初旬の発効の目標が確認された。国内手続き後の ASEAN 事務総長への寄託に関しては，4 月にシンガポールと中国が，6 月に日本が，10 月にブルネイ，カンボジア，ラオス，タイ，ベトナムが寄託した。そして 11 月 2 日には，オーストラリアとニュージーランドが寄託して発効の条件が満たされ，60 日後に発効することとなった。

　こうして 2022 年 1 月 1 日に，先ずは 10 カ国で発効した。また韓国は 2021 年 12 月 3 日に ASEAN 事務総長へ寄託し，韓国については 2022 年 2 月 1 日に発効した。続いてマレーシアは 1 月 17 日に ASEAN 事務総長へ寄託した。マレーシアについては，3 月 18 日に発効した。

第 4 節　RCEP の意義

1. RCEP の東アジアにとっての意義

　RCEP の署名と発効は，東アジアにとって，大きな意義を有する。世界の成長センターである東アジアで，初のメガ FTA かつ世界最大規模のメガ FTA が実現される。RCEP 参加国は，世界の GDP・人口・貿易の約 3 割を占めるとともに，それらが拡大中である。ASEAN を中心に放射上に伸びる既存の複数の ASEAN＋1FTA の上に，その全体をカバーするメガ FTA が実現し，東アジア全体の経済統合が進められる。そして，RCEP の発効は，これまで FTA が存在しなかった日中と日韓の FTA が実現されることを意味する。さらに RCEP は，内容の充実したメガ FTA の実現となる。既存の ASEAN＋1FTA を上回る規定を含み，① 現代的，② 包括的，③ 質の高い，④ 互恵的なメガ FTA が，東アジアに実現する。RCEP において，東アジア地域協力における ASEAN 中心性も維持される。そして保護主義とコロナが拡大する現在の厳しい世界経済の状況の中で署名と発効に至ったことが，重要である。

　RCEP が発効して実現することは，東アジア経済に大きな経済効果を与える

であろう。第1に東アジア全体で物品（財）・サービスの貿易や投資を促進し，東アジア全体の一層の経済発展に資する。域内貿易の自由化・円滑化は，さらに域内貿易を拡大し成長を促進するであろう。またサービス貿易の自由化は，域内需要の拡大とともに今後の東アジアの成長にとって重要であり，また域内投資の促進・保護・円滑化・自由化は，東アジアの発展成長に不可欠である。

　第2に知的財産や電子商取引など新たな分野のルール化に貢献する。成長を続ける東アジアの経済活動において，ルールの整備はきわめて重要である。知的財産権の整備などとともに，電子商取引などの整備は，現在急拡大中のデジタル化の整備のためにも不可欠である。

　第3に東アジアの生産ネットワークあるいはサプライチェーンの整備を支援する。東アジアは世界の成長地域であり，その成長を生産ネットワークが支えている。RCEPは東アジア15カ国をカバーするメガFTAとなり，これまでFTAが結ばれていなかった諸国をもつなぎ，東アジアの生産ネットワークをさらに整備するであろう。またRCEPによって自由度の高い統一された原産地規則が採用される。従来のFTAでは達成できなかった累積付加価値を達成することも可能になる。東アジアで生産ネットワークを構築してFTAを利用する企業にとっても，きわめて重要な要件である。

　第4に域内の先進国と途上国間の経済格差の縮小に貢献する可能性がある。RCEPには，CPTPPなどと異なり，域内途上国への優遇措置や経済協力の規定がある。発展段階の異なる多くの諸国を含むRCEPに，重要な規定である。経済格差の縮小に関しては，AECの課題であるASEAN域内の格差縮小にも貢献する可能性がある。これらの経済効果によって，RCEPは東アジアのさらなる発展を支え，コロナからの復興にも大いに役立つであろう。

　東アジア各国は，RCEPに参加することによって，多くの経済統合の利益を得るであろう。逆にRCEPとメガFTAには，参加しないデメリットが大きくなる。たとえば，RCEP参加国の非参加国からの輸入が，RCEP参加国からの輸入に切り替わり，貿易転換が起こる可能性がある。非参加国にとっては，生産ネットワーク構築にもマイナスとなるであろう。

　東アジアの経済統合においては，第1節で述べたように，これまでASEAN経済統合が，より広域枠組みのRCEPの実現を促進してきた。今度は，RCEP

の実現と深化がAECの深化を促すであろう。ASEANにとって広域枠組みへ埋没する危険が，自らの経済統合の深化と広域枠組みにおけるイニシアチブの獲得を求めるからである[17]。こうして東アジア経済統合における相互作用とダイナミクスが生じるであろう。

2. 保護主義への対抗と対話の場の確保

　RCEPの発効と実現は，世界経済においても重要な意義を持つであろう。WTOによる世界全体の貿易自由化と通商ルール化が進まない現在，広域の東アジアで貿易投資の自由化と通商ルール化を進めるメガFTAの意義は大きい。そしてRCEPの発効は，拡大しつつある保護主義に対抗し，現在の厳しい世界経済の状況を逆転していく契機となる可能性がある。日本が進めてきたCPTPPと日本EU経済連携協定（EPA）がすでに発効されており，3つ目の多国間のメガFTAかつ東アジアのメガFTAであるRCEPの実現は，現在の状況に対して大きなインパクトを持つであろう。米国の通商政策にも影響を与える可能性がある。またメガFTAの整備は，参加しないデメリットが大きくなることにより，未参加国にメガFTAへの参加が促され，自由貿易の拡大とルール化への弾みとなる可能性がある。長期的には，RCEPが，アジア太平洋全体のFTA構想であるアジア太平洋自由貿易圏（FTAAP）構築に結び付く可能性もある。

　またRCEPは，東アジアと関係国における対話と交渉の場の確保にもつながる。RCEPは，これまでASEANが提供してきた広域での交渉と対話の場を，さらに増やすことになる。ASEANは，第1節で述べたように，ASEAN＋3，東アジア首脳会議，ASEAN地域フォーラム（図1－1参照）などの貴重な広域での交渉と対話の場を提供してきている。各国間や地域の問題を解決する上でも，保護主義へ対抗する上でも，交渉と対話の場が必要である。RCEPは，その貴重な場となるであろう。そして交渉と対話には，2国間ではなく多国間の交渉と対話の場が重要である。たとえば大国との交渉も，相対的にやりやすくなるであろう。

3. RCEP の各国にとっての意義

　RCEP の発効と実現は，参加各国にとっても大きな意義がある。ASEAN 並びに日本を中心に述べておきたい（RCEP の各国にとっての意義に関しては，本書第 2～5 章も参照されたい）。

(1) ASEAN にとっての意義

　これまで東アジアの経済統合を牽引してきた ASEAN にとって，RCEP の実現は，大きな意義がある。ASEAN が提案して交渉を牽引してきたメガ FTA が実現される。RCEP は，日本でも中国でもなく，ASEAN が提案して進めてきたメガ FTA である。第 1 節で述べたように，以前の状況から見るとセカンドベストではあるが，東アジア経済統合におけるイニシアチブと中心性を確保できたと言える。

　自らが提案した RCEP を実現することは，東アジア経済統合における ASEAN 中心性の維持に直結する。ASEAN の中心性に関しては，そもそも 2011 年の「RCEP のための ASEAN 枠組み」と 2012 年の「RCEP 交渉の基本指針および目的」においても明示され，それが引き継がれている。また RCEP 交渉に当たっては，ASEAN が交渉を牽引してきた。たとえば，当該年の ASEAN 議長が，RCEP 閣僚会議の議長を務めてきた。また 30 回以上行われた RCEP 交渉会合も，イマン・パンバギョ・インドネシア商業省総局長が議長を務めてきた。

　ASEAN にとっては RCEP 参加各国との FTA がすでに実現しており，新たな FTA の構築とはならない。しかし RCEP の多くの正の経済効果とともに，ASEAN 中心性の維持は，ASEAN にとってきわめて重要な要件である。

　今後，重要であるのは，RCEP において，ASEAN がイニシアチブと中心性を確保し続けることである。ASEAN の経済統合には従来からの域内経済協力・経済統合の重要な特徴があり，ASEAN にとって広域枠組みの整備とイニシアチブの確保が常に肝要である。ASEAN は，RCEP においてイニシアチブを発揮できるように制度整備していくことが重要である。そして東アジアの経済統合は，中国のプレゼンスが拡大する中で，ASEAN が中心となることでバ

ランスが取られている。また ASEAN は，自らの経済統合を深化させていく
とともに，ASEAN としての一体性を保持しなくてはならない。2021 年 2 月
の軍事クーデター以降のミャンマー問題も抱え，一体性の維持はさらに重要で
ある。

(2) 日本にとっての意義

　RCEP は，日本にとっても大きな意義がある。日本にとって RCEP 参加国
との貿易は総貿易の約半分を占め，年々拡大中である。また ASEAN と日中
韓を含む RCEP は，日本企業の生産ネットワークに最も適合的である。これ
まで FTA のなかった日中と日韓との FTA の実現でもある。RCEP により，
日本からの輸出に対する中国と韓国の関税撤廃割合は大きく拡大し，日本経済
にも日本企業にもプラスとなる。たとえば，日本の工業製品に対する中国の関
税撤廃率は 8％から 86％へ，韓国の関税撤廃率も 19％から 92％へと大きく拡
大する。また日本からの輸出に対する ASEAN 各国の関税撤廃も拡大する[18]。
　サービスや投資の自由化とルール整備も，日本経済にも日本企業にもプラス
となるであろう。サービスや投資においても，これまでの日本と ASEAN と
の EPA や投資協定にない規定を含む。日本は交渉において質の高いルールの
合意を目指し，電子商取引や知的財産権など多くのルールを組み入れることが
できた。
　RCEP の経済効果に関しては，多くの試算において，参加国の中で日本の経
済効果が最大とされている。日本政府の経済効果推計では，関税撤廃と取引コ
スト低下，TFP 上昇・雇用増加・資本ストック増加によって，2019 年の GDP
比で最終的に 2.7％のプラスとなると推計されている[19]。
　そして日本が進めて来た CPTPP，日本 EU・EPA に続く，3 つ目の多国間
の重要なメガ FTA が実現することとなる。今後，RCEP の一層の進展を支え，
同時に ASEAN を支援することも重要である。

(3) 中国にとっての意義

　中国にとっても，メガ FTA への参加は期待された。中国にとっては，米国
との貿易摩擦と対立を抱える中で，早期の署名を求めたと言えるだろう。また

中国にとっても，これまでなかった日本との FTA が結ばれ，大きな経済効果を生むであろう。いくつかの試算でも，日本に次ぐ経済効果が予測される。域内国への投資の拡大も支援されるであろう。

　今後，中国の経済力と影響力がさらに増す可能がある。日本や東アジア各国にとっても，中国を通商ルールの枠組みの中に入れていくことは，今後の東アジアの通商体制において重要であろう。

(4) 韓国・オーストラリア・ニュージーランドにとっての意義

　韓国にとっても，これまでなかった日本との FTA が結ばれる効果が得られる。貿易の拡大とともに，域内へのサービスや投資の拡大とルール整備も，韓国経済と韓国企業に恩恵となるであろう。

　オーストラリアとニュージーランドにとっても，東アジアのメガ FTA に入る意味は大きい。両国の RCEP 各国との貿易の割合は大きく，域内への輸出やサービスの拡大も期待される。オーストラリアとニュージーランドが求めてきたルール整備の恩恵も，得られるであろう。

(5) インドと RCEP

　インドは，いつでも RCEP に戻ることができる仕組みになっている。インドに関して共同宣言は，「われわれは，RCEP におけるインドの役割を高く評価し，RCEP がインドに対して引き続き開かれていることを改めて強調する」と述べた。インドに関しては，共同宣言以外にも「インドの RCEP への参加に係る閣僚宣言」を出して，インドに配慮した。同宣言では，RCEP 協定は，その効力を生じた日からインドによる加入のために開放しておくこと，RCEP 協定への署名後いつでもインドとの交渉を開始することなどを宣言している[20]。

おわりに

　東アジアでは ASEAN が経済統合を牽引し，世界経済の構造変化の中で経

済統合を進め，2015 年には AEC を創設した。ASEAN は，東アジアの地域協力と FTA においても中心となってきた。他方，CEPEA と EAFTA が対抗して東アジア全体の経済統合・FTA は確立されなかった。しかし世界金融危機後の構造変化の中で，2011 年に ASEAN が RCEP を提案し，2013 年には交渉が開始された。そして最近の保護主義と新型コロナ拡大の厳しい状況下，RCEP は 2020 年 11 月に 15 カ国で署名され，2022 年 1 月には遂に 10 カ国で発効した。2 月には韓国，3 月にはマレーシアについても発効した。

　RCEP は，東アジア経済と世界経済にとって大きな意義を有する。世界の成長センターである東アジアで，初のメガ FTA かつ世界最大規模のメガ FTA が実現される。既存の複数の ASEAN＋1FTA の全体をカバーするメガ FTA が実現し，東アジア全体の経済統合が進められる。東アジア経済にも大きな経済効果を与える。東アジアのさらなる発展を支援し，コロナからの復興にも役立つ。また RCEP は，拡大しつつある保護主義に対抗し，世界と東アジアにおける対話の場の確保にもつながる。

　これまで東アジアの経済統合を牽引してきた ASEAN にとっては，自らが提案して交渉を牽引してきたメガ FTA が実現される。今後，RCEP において ASEAN がイニシアチブと中心性を確保し続けることが重要である。東アジアの地域協力・経済統合は，中国のプレゼンスが拡大する中で，ASEAN が中心となることでバランスが取られている。また ASEAN はその一体性を保持し続けることが肝要である。

　RCEP は，日本にとっても大きな意義がある。これまで FTA のなかった日中と日韓との FTA の実現でもある。経済効果も日本が最大とされる。現在の保護主義拡大に対抗し，CPTPP と日本 EU・EPA に加えて，RCEP の一層の進展を支えることも肝要である。また ASEAN と連携し RCEP におけるバランスを維持することが重要である。

　現在，RCEP と東アジアを取り巻く状況は，さらに変化を続けている。中国の政治的経済的影響力は拡大している。米中摩擦・米中対立はさらに拡大を続ける。複数のインド太平洋構想が進められ，日本・米国・オーストラリア・インドによる Quad や，米国・英国・オーストラリアによる AUKUS も進められている。CPTPP も参加国が拡大する可能性がある。米国による新たなインド

太平洋の経済枠組み（IPEF）も進められている。さらにロシアのウクライナ
への軍事侵攻は，世界と東アジアの政治経済に大きな負の影響を及ぼす可能性
が高い。変化を続ける東アジアと世界経済の中で，RCEP と東アジアの経済統
合は，今後の東アジア経済の発展のためにも，世界経済のためにも，不可欠で
ある。

［注］
1）ASEAN と東アジアの経済統合の展開に関しては，清水（2016a；2016b；2019），Shimizu
　　（2021），参照。AEC に関しては，石川・清水・助川（2016）等を参照。
2）たとえば，ASEAN スワップ協定（ASA）が，チェンマイ・イニシアチブとして東アジアへ拡
　　大した。また AFTA 原則が，ACFTA など ASEAN を軸とする FTA に展開してきた（清水
　　2008；2016b，参照）。
3）"ASEAN Framework for Regional Comprehensive Economic Partnership," https://asean.
　　org/?static_post=asean-framework-for-regional-comprehensive-economic-partnership.
4）ASEAN 経済統合においては，1987 年の域内経済協力から続く集団的外資依存輸出指向型工業
　　化の特徴があり，発展のための資本の確保・市場の確保が常に不可欠で，ASEAN よりも広域の経
　　済統合枠組みの整備が求められる。しかし広域枠組みへ埋没する危険が，常に自らの経済統合の深
　　化と広域枠組みにおけるイニシアチブの獲得を求める。ASEAN 統合にはこのような論理が働いて
　　いる（清水 2008；2019）。
5）清水（2014；2019），参照。
6）"Guiding Principles and Objectives for Negotiating the Regional Comprehensive Economic
　　Partnership"（http://www.mofa.go.jp/mofaj/press/release/24/11/pdfs/20121120_03_03.pdf），日本
　　語訳（http://www.mofa.go.jp/mofaj/press/release/24/11/pdfs/20121120_03_04.pdf）。
7）以下の 8 つの項目である。①RCEP は WTO と整合的である，②既存の ASEAN＋1FTA より
　　も相当程度改善した，より広く深い約束がなされる，③貿易および投資を円滑化する規定，参加
　　国間での貿易および投資関係の透明性を向上させる規定，および国際的，地域的サプライチェーン
　　への参加国の関与を促進する規定を含む，④特別かつ異なる待遇ならびに ASEAN 加盟国の後発
　　開発途上国に対する追加的な柔軟性についての規定を含む，⑤ASEAN＋1FTA および参加国間の
　　二国間・多数国間 FTA は存続し，RCEP 協定のいかなる規定もこれらの二国間・多数国間 FTA
　　の条件に影響を及ぼすことはない，⑥当初から交渉に参加しなかった ASEAN の FTA パートナー
　　国は，他のすべての参加国が合意する条件に従い，交渉への参加が許される，⑦技術協力および
　　能力開発に関る規定は，RCEP に参加する途上国および後発開発途上国に対して利用可能となりう
　　る，⑧物品貿易，サービス貿易，投資およびその他の分野の交渉は並行して行われる。
8）AEC の実現状況や「AEC ブループリント 2025」に関しては，ASEAN Secretariat（2015a;
　　2015b; 2015c），石川・清水・助川（2016）等，参照。
9）アメリカの TPP 離脱と ASEAN 経済統合に関しては，清水（2020），参照。
10）米中貿易摩擦の ASEAN と東アジアへの影響に関しては，清水（2019；2021）並びに石川・馬
　　田・清水（2019；2021）の各章を参照。
11）米中貿易摩擦と米中対立に関しては，大橋（2020；2021）等，参照。
12）最近の AEC の状況に関しては，国際貿易投資研究所（2020；2021）等，参照。
13）"Joint Leader's Statement on the Regional Comprehensive Economic Partnership（RCEP），"
　　https://asean.org/storage/2019/11/FINAL-RCEP-Joint-Leaders-Statement-for-3rd-RCEP-Summit.

pdf（日本語訳：https://www.mofa.go.jp/mofaj/files/000534732.pdf）.

14) "Joint Leader's Statement on the RCEP," https://www.mofa.go.jp/mofaj/files/100114930.pdf（日本語訳：https://www.mofa.go.jp/mofaj/files/100114950.pdfhttps://www.meti.go.jp/press/2020/11/20201115001/20201115001-2.pdf）.

15) "Regional Comprehensive Economic Partnership Agreement," https://rcepsec.org/wp-content/uploads/2020/11/All-Chapters.pdf（日本語訳：https://www.mofa.go.jp/mofaj/files/100114949.pdf」）. 協定の内容に関しては，本書第 6～8 章とともに，日本関税協会（2022）や日本貿易振興機構（2022），日本アセアンセンターによる一連の RCEP セミナーと資料等も参照されたい。

16) RCEP 協定の原産地規則では，① 完全生産品，② 原材料のみから生産される産品，③ 品目別規則（PSR）を満たす産品を，原産品として規定した。また ③ 品目別規則を満たす産品では，① 関税分類変更基準，② 付加価値基準，③ 加工工程基準を規定した。

17) 清水（2008；2019）。

18) タイの自動車部品（ディーゼルエンジン部品）の一部やインドネシアの鉄鋼製品の一部，カンボジア，ラオスの自動車の関税などである（経済産業省 2020）。

19) 外務省・財務省・農林水産省・経済産業省（2020）。また UNCTAD による関税譲許の効果に関する試算においても，RCEP の関税譲許による域内輸出の増加額約 420 億ドルのうち，最も多くの約 202 億ドルを日本が得るとされている（UNCTAD 2021）。

20) "Ministers'Declaration on India's Participation in the Regional Comprehensive Economic Partnership (RCEP)," https://www.mofa.go.jp/mofaj/files/100114931.pdf（日本語訳：https://www.mofa.go.jp/mofaj/files/100114951.pdf）.

参考文献

石川幸一（2020）「ASEAN 中心性と ASEAN のインド太平洋構想」，『創設 50 周年を迎えた ASEAN の課題と展望』亜細亜大学アジア研究所シリーズ No.101。

石川幸一・清水一史・助川成也編（2016）『ASEAN 経済共同体の創設と日本』文眞堂。

石川幸一・馬田啓一・清水一史（2019）『アジアの経済統合と保護主義―変わる通商秩序の構図―』文眞堂。

石川幸一・馬田啓一・清水一史（2021）『岐路に立つアジア経済統合―米中対立とコロナ禍への対応―』文眞堂。

馬田啓一・浦田秀次郎・木村福成・渡邊頼純編（2019）『揺らぐ世界経済秩序と日本』文眞堂。

大橋英夫（2020）『チャイナ・ショックの経済学―米中貿易戦争の検証―』勁草書房。

大橋英夫（2021）「変容する米中経済関係の行方：米新政権の成立」，石川・馬田・清水（2021）。

外務省・財務省・農林水産省・経済産業省（2020）「地域的な包括的経済連携（RCEP）協定に関するファクトシート」。

木村福成編（2020）『これからの東アジア―保護主義の台頭とメガ FTAs ―』文眞堂。

経済産業省（2020）「地域的な包括的経済連携（RCEP）協定における工業製品関税に関する内容の概要」

国際貿易投資研究所（ITI）（2020）『ASEAN の新たな発展戦略―経済統合から成長へ―』ITI 調査研究シリーズ No.86。

国際貿易投資研究所（ITI）（2021）『コロナ禍と米中対立下の ASEAN ―貿易，サプライチェーン，経済統合の動向―』ITI 調査研究シリーズ No.117。

清水一史（2008）「東アジアの地域経済協力と FTA ― ASEAN 域内経済協力の深化と東アジアへの拡大―」，高原・田村・佐藤（2008）。

清水一史（2014）「RCEP と東アジア経済統合―東アジアのメガ FTA ―」，『国際問題』632 号。

清水一史（2016a）「世界経済と ASEAN 経済共同体」，石川・清水・助川（2016）。

清水一史（2016b）「ASEAN と東アジア経済統合」，石川・清水・助川（2016）。

清水一史（2019）「ASEAN と東アジア通商秩序— AEC の深化と ASEAN 中心性—」，石川・馬田・清水（2019）。

清水一史（2020）「ASEAN 経済統合の深化とアメリカ TPP 離脱：逆風の中の東アジア経済統合」，木村（2020）。

清水一史（2021）「保護主義とコロナ拡大下の東アジア経済統合— AEC の深化と RCEP 署名—」，国際貿易投資研究所（2021）。

助川成也（2020）「15 カ国で推進する RCEP の意義」，『世界経済評論』64 巻 2 号。

高原明生・田村慶子・佐藤幸人編アジア政経学会監修（2008）『現代アジア研究 1：越境』慶應義塾大学出版会。

日本関税協会編（2022）『RCEP コンメンタール』日本関税協会。

日本貿易振興機構（2022）『RCEP 協定解説書— RCEP 協定の特恵関税活用について—』（改訂版）。

"ASEAN Framework for Regional Comprehensive Economic Partnership."

"Guiding Principles and Objectives for Negotiating the Regional Comprehensive Economic Partnership."

"Joint Leader's Statement on the Regional Comprehensive Economic Partnership (RCEP)."

"Ministers'Declaration on India's Participation in the Regional Comprehensive Economic Partnership (RCEP)."

"Regional Comprehensive Economic Partnership Agreement."

"Summary of the Regional Comprehensive Economic Partnership Agreement."

ASEAN Secretariat (2015a), *ASEAN 2025: Forging Ahead Together*, Jakarta.

ASEAN Secretariat (2015b), *ASEAN Economic Community 2015: Progress and Key Achievements*, Jakarta.

ASEAN Secretariat (2015c), *ASEAN Integration Report*, Jakarta.

ASEAN Secretariat (2020), *ASEAN Comprehensive Recovery Framework*.

Park, C., Petri, P. A. and Plummer M.G.(2021), "The Economics of Conflicts and Cooperation in the Asia-Pacific: ECEP, CPTPP and the US-China Trade War," *East Asian Review*, Vol.25, No.3

Shimizu, K. (2021), "The ASEAN Economic Community and the RCEP in the World Economy," *Journal of Contemporary East Asia Studies*, Vol.10, No.1.

UNCTAD (2021), *A New Center of Gravity: The Regional Comprehensive Economic Partnership and Its Trade Effects*.

第2章

RCEPと日本
——交渉の歩みと日本のFTA戦略

篠田邦彦

はじめに

　ASEANを中心とする東アジアでは1980年代以降，海外からの対内直接投資の拡大により域内の産業サプライチェーンが拡大し，実態面での地域経済統合が先行した。1990年代以降，ASEAN自由貿易地域（AFTA），ASEAN＋1のFTA，RCEPなどASEANを中心とするFTAのネットワーク化が進み，制度面での地域経済統合が実態面での地域経済統合を後押しすることとなった。

　東アジアの地域経済統合に関して，日本は，2006年にASEAN＋6の東アジア包括的経済連携構想（CEPEA）を打ち出し，ASEAN＋3の東アジア自由貿易圏構想（East Asia Free Trade Area: EAFTA）との主導権争いはあったものの，ASEANによるRCEP構想の提案につなげた。また，経済のグローバル化に伴うサプライチェーンの発展・高度化や各国のFTAネットワーク構築に向けた競争的な動き等を背景に，2013年以降は，RCEPに加え，環太平洋パートナーシップ（TPP），日EU・EPA，日中韓FTAなど他のメガFTA交渉も同時並行的に進めた。

　日本として，RCEP交渉では，統一の貿易ルールを定め，地域に広がりのあるサプライチェーンのさらなる効率化・活性化に寄与するとともに，発展段階や制度の異なる多様な国々の間で知的財産，電子商取引等の幅広い分野を規定し，地域における自由で公正な経済ルールを構築することを目指してきた。

　長年にわたる交渉の結果，2022年1月にRCEP協定が発効し，世界のGDP，貿易総額および人口の約3割を占め，これら指標で米国・メキシコ・

カナダ協定（USMCA），EU，環太平洋パートナーシップに関する包括的および先進的な協定（CPTPP）を上回る巨大な広域経済圏の実現に向けて動き出すこととなった。

　本章においては，RCEP 交渉の立ち上げから署名に至る交渉の歩みを俯瞰するとともに，日本の FTA 戦略を踏まえた RCEP の市場アクセスやルール整備の交渉方針について考察する。また，交渉から離脱したインドも含む RCEP 交渉参加国との関係に触れるとともに，日本からみた RCEP 協定の評価，今後の課題についても論じることとする。

第1節　RCEP 交渉の立ち上げと基本指針の決定

1. RCEP 交渉の立ち上げ

　最初に ASEAN＋3，ASEAN＋6 の両方の枠組みで進んだ RCEP 交渉の立ち上げに向けたプロセスについて紹介する。1990 年代末のアジア通貨危機を契機として，1997 年に ASEAN＋3 首脳会議が開催されて以降，ASEAN＋3 の東アジアスタディグループ（EASG）により，東アジア経済統合に向けた中長期的な措置として，東アジア首脳会議の開催や東アジア FTA の検討が提言された。その後，中国の提案をもとに，2005 年 4 月に ASEAN＋3FTA（EAFTA）共同専門家会合が立ち上げられ，ASEAN＋3 の枠組みによる FTA 交渉の開始に向けた提言を行った。この頃，ASEAN を中心とする東アジア共同体の構築が大きな政治課題となっていた。2005 年 12 月にマレーシアで初めて ASEAN＋6 の東アジア首脳会議（EAS）が開催された際にも，ASEAN＋3 首脳会議，東アジア首脳会議のどちらが東アジア共同体の構築を主導していくかが議論の焦点となった。

　2006 年 5 月に，経済産業省は「グローバル経済戦略」を公表し，その中で ASEAN＋6 の EPA である CEPEA 構想を打ち出した。東アジア経済統合の基本的な考え方として，モノの貿易のみならず，サービス，投資，貿易円滑化，知的財産権等幅広い分野をカバーする制度的枠組みを整備することを提唱

し，メンバーについては，市場経済圏として意味のあるまとまりとする観点から，ASEAN，日中韓，インド，オーストラリア，ニュージーランドの 16 カ国とすることとした[1]。これは，市場規模の大きいインドを含む幅広いサプライチェーンを構築するとともに，質の高いルールを重視する豪州の参加により自由，公正，ルール志向型の広域市場経済圏を構築しようという考えが背景にあったものと考えられる。日本からの働きかけにより，2007 年 1 月に開催された東アジア首脳会議では，CEPEA の民間共同研究の開始が決定された。その後まとめられた CEPEA 報告書では，経済協力，貿易投資の円滑化，貿易投資の自由化など幅広い分野をカバーする FTA の検討や ASEAN＋6 の枠組・組織の強化に関する提言を行うこととなった。

　こうした経緯を経て，2009 年の東アジア首脳会議では，CEPEA と EAFTA を平行させる形で政府間での議論を開始することに合意し，また，2010 年には，原産地規則，税関手続，関税分類を含む貿易円滑化に関する「ASEAN＋」WG を立ち上げ，ASEAN＋1 の FTA を束ねて広域経済統合を目指すための議論を開始した。

　この頃のアジアの地域経済統合の動きをみると，ASEAN が日本，中国，韓国，オーストラリア，ニュージーランド，インドとの間で進めていた ASEAN＋1 の FTA 交渉が 2010 年までに終了し，ASEAN として ASEAN 対話国との間での地域的な生産ネットワークをさらに発展させるため，ASEAN をハブとするより広域な地域経済統合を目指そうというモメンタムが高まっていた。また，2010 年に米国を含む 8 カ国の間で TPP 交渉会合が開始され，それに影響を受けて 2011 年 5 月の日中韓サミットで日中韓 FTA の交渉開始の加速化に合意するなど，ASEAN の周辺地域で広域な地域経済統合を目指す動きが活発化していた。その結果，東アジア経済統合を巡る CEPEA と EAFTA の主導権争いを続けるより，ASEAN を中心とする広域経済統合を早く進めるべきとの考え方も出てきた。

　こうした状況の中，日中両国は，2011 年 8 月に，東アジア地域経済統合に関する「日中共同提案」を ASEAN や ASEAN 対話国に提示し，ASEAN＋3 か ASEAN＋6 かを予断せず，ASEAN＋1 の FTA を持つ国々の間での物品・サービス・投資の 3 分野に関する政府間協力を開始をすることを提唱した。こ

図 2-1　RCEP 交渉の年表

西暦	RCEP	関連する動き
2005	4 月 ASEAN＋3・FTA（EAFTA）の共同専門家研究会を開始	7 月 中 ASEAN・FTA（物品）発効 12月 第 1 回東アジア首脳会議開催
2006	5 月「グローバル経済戦略」でASEAN＋6・EPA を提唱	11月 米国主導で APEC で FTAAP の議論を開始
2007	1 月 ASEAN＋6・EPA（CEPEA）の民間共同研究開始を決定	6 月 韓 ASEAN・FTA（物品）発効
2008		12月 AJCEP 発効
2009	10月 CEPEA と EAFTA を平行させた政府間協議の開始に合意	
2010	9 月 貿易円滑化に関する「ASEAN＋」WG を立ち上げ	1 月 豪 NZ・ASEAN・FTA 及び印 ASEAN・FTA が発効 3 月 TPP 交渉開始
2011	8 月 東アジア地域経済統合に関する日中共同提案を ASEAN 等に提示 11月 ASEAN が RCEP に向けた枠組みを提唱	5 月 日中韓 FTA の交渉加速化に合意
2012	8 月「RCEP 交渉の基本指針および目的」を採択 11月 RCEP 交渉立ち上げを宣言	11月 日中韓 FTA の交渉開始に合意
2013	5 月 第 1 回 RCEP 交渉会合	3 月 日 EU EPA 交渉開始，日中韓 FTA 第1 回交渉会合 7 月 日本の TPP 交渉参加
2014		
2015		
2016		2 月 TPP 署名
2017	4 月 ASEAN 経済大臣ロードショーを実施 11月 RCEP 首脳会議を開始	1 月 トランプ政権発足
2018	7 月 RCEP 中間閣僚会合を東京で開催 11月 RCEP 首脳会議で2019年に RCEP 交渉を妥結する意思を確認	3 月 CPTPP 署名 12月 CPTPP 発効
2019	11月 RCEP 首脳会議で2020年の RCEP 協定の署名に向けた法的精査等を進めることを確認，インドが RCEP 交渉から離脱	2 月 日 EU・EPA 発効
2020	11月 RCEP 首脳会議で RCEP 協定に署名	年初 新型コロナウイルスの発生 1 月 日米貿易協定，7 月 USMCA 発効

出所）田村（2021）「RCEP 協定の概要について」等から作成。

れに対して 2011 年 11 月の ASEAN 首脳会合で，ASEAN は，日中共同提案を
ベースにした ASEAN 中心の枠組みである，「地域的な包括的経済連携（RCEP）
のための ASEAN 枠組み（ASEAN Framework for Regional Comprehensive
Economic Partnership）」を提唱することとなった。

2.　交渉の基本指針の決定と交渉開始

　2012 年 8 月に開催された ASEAN ＋ FTA パートナー諸国経済大臣会合で
は，「RCEP 交渉の基本指針および目的」という文書を採択した。その中で，
① 現代的な，包括的な，質の高い，かつ，互恵的な経済連携協定の達成，②
ASEAN の中心性，③ 既存の ASEAN ＋ 1 よりも相当程度改善等の項目が盛り
込まれた。
　特筆すべきは，RCEP 交渉における ASEAN 中心性の尊重である。RCEP 閣
僚会合，交渉会合，作業部会のすべてのレベルの議長は ASEAN 側が務める
こととなり，特にその中でも要となる交渉会合の議長は ASEAN の中の
RCEP 調整国であるインドネシアのイマン・パンバギョ商業省総局長が 8 年間
務めることとなった。ASEAN 以外の交渉参加国は ASEAN・FTA パートナー
ズ（AFP）と呼ばれ，各国間の交渉上の立場の違いはあるものの，ASEAN と
は別に AFP の間での意見交換の場をもつようになった。
　また，RCEP は ASEAN が結んできた ASEAN ＋ 1 の FTA をネットワーク
化する取り組みであり，既存の ASEAN ＋ 1 の FTA よりも高いレベルの市場
アクセスの実現や新たな分野でのルール整備を目指すこととなった。
　その後，2012 年 11 月にプノンペンで開催された東アジア首脳会議では
RCEP の立ち上げが決定され，物品貿易，サービス貿易，投資，経済協力に加
え，知的財産，競争，紛争処理，その他交渉参加国間で合意する分野で交渉を
進めていくこととなった。

3.　交渉の基本構造

　RCEP 交渉では，各国の首席交渉官が参加する貿易交渉委員会（Trade

Negotiation Committee）の下に，9つの作業部会（Working Group）と7つ
の準作業部会（Sub-Working Group）が設置された。毎年夏に開催される
ASEAN経済大臣会合の際にRCEP閣僚会合が開催されるとともに，交渉の
中盤から終盤にかけて閣僚レベルの折衝が必要な時期にはRCEP閣僚会合と
は別にRCEP中間閣僚会合が頻繁に開催された。また，2017年11月のフィリ
ピンでの東アジア首脳会議の際にRCEP首脳会議が開始され，それ以降，
2020年のRCEP署名に至るまで毎年，RCEP首脳会議が開催されるようになっ
た。

　このようにRCEP交渉は，首脳，閣僚，首席交渉官，担当官という各レベ
ルに分かれて交渉を行うとともに，それぞれのレベルで異なる役割が期待され
た。

　担当官が参加する作業部会では，各交渉分野の技術的な課題を解決し，首席
交渉官が参加する貿易交渉委員会では，規制面の制約を含む政策的課題につい
て判断を下し，閣僚が参加するRCEP閣僚会合では，法律改正が必要な政治
的課題について閣僚が指示を出すことが求められた。また，RCEP首脳会議で
は，毎年のRCEP交渉の進捗状況が報告されるとともに，次の年の交渉進展
に向けた閣僚への指示が出された。

　RCEP交渉は，市場アクセス分野での二国間交渉とルール分野を中心とする
全参加国によるテキスト交渉を通じて進められた。特に物品貿易，サービス貿
易，投資の市場アクセス分野での二国間交渉では，各分野で75の二国間交渉
の組合せがあり，それぞれの交渉の進捗状況を評価した上で，遅れている交渉
の進捗を促すなどの工夫がなされた。また，テキスト交渉では，必要に応じて
関連する分野間，あるいは，貿易交渉委員会と作業部会間の共同会合が開催さ
れ，交渉の妥結に向けて分野間の連携が図られた。交渉の進展に伴い，参加者
の数も増加し，第1回交渉会合で80人強だった参加者が，交渉終盤では，1
回の交渉会合で800人を超える規模にまで拡大することとなった。

4．日本の交渉体制

　RCEP交渉について，日本の中では，外務省，財務省，農林水産省，経済産

業省の 4 省庁が中心となって交渉を進め，各省から審議官レベルの首席交渉官（TNC Lead）を 1 名ずつ出した。また，閣僚会合については，経済産業大臣が日本を代表することとなった。これは，閣僚レベルの交渉が，毎年夏に経済産業大臣が参加する ASEAN 経済大臣会合を土台として行われたことによるものである。

　TPP 交渉では，内閣官房に TPP 等政府対策本部を設け，次官級の首席交渉官をおき，各省から交渉官を出向させ，トップダウンで機動的な交渉を進めた。これに比べると RCEP 交渉は，上記の 4 省庁体制の下，各省庁の役割を分担して実務的に進め，TPP 交渉に比べると時間がかかった側面がある。ただし，交渉の中盤から終盤にかけては，閣僚レベルの会合を頻繁に開催し，重要な二国間交渉は次官（副大臣）級で実施するなど，交渉の早期妥結に向けて政治レベルの判断を行う体制がとられた。

　また，日本の産業界，農林水産業，NGO 等の利害関係者の要望を受け入れながら RCEP 交渉を進めてきた。たとえば，日本経済団体連合会では，2013年 5 月に「質の高い日中韓 FTA ならびに東アジア地域包括的経済連携（RCEP）の早期実現を求める」[2]，2016 年 5 月に「日中韓 FTA ならびに東アジア地域包括的経済連携（RCEP）交渉に関する要望」[3]といった政策提言を発表し，市場アクセスおよびルールに盛り込むべき具体的な事項を提案している。産業界との関係では，政府は，自動車，電気・電子，鉄鋼などの製造業や幅広いサービス産業の業界団体へのヒアリング等を通じて交渉を進めている。また，農林水産業分野では，関税撤廃率の高い TPP 交渉などと比べると大きな利害の対立が起きることなく国内調整が進んだとの印象が強い。さらに毎年の交渉会合では，経済団体や市民団体等のステークホルダーとの対話の機会が設けられ，日本でも 2017 年，2018 年にこうした対話を開催するなど，RCEPをとりまく様々な利害関係者の要望を交渉に反映させるような工夫を行った。

第 2 節　日本の FTA 戦略の中での RCEP 交渉

1. 日本の FTA 戦略の中での RCEP の位置づけ

　日本は 2000 年代に，ASEAN の主要国との二国間 FTA や日 ASEAN 包括的経済連携協定（AJCEP）を結んだ後，2010 年代には，RCEP に加え，TPP，日 EU・EPA，日中韓 FTA 等のメガ FTA の交渉開始へと舵を切った。

　その背景として，第 1 に，経済実態面では，経済のグローバル化の進展により，各国経済の相互依存が進み，サプライチェーンが発展・高度化したことが挙げられる。特に，2008 年のリーマンショックの後に，アジアを中心とする新興国が台頭し，世界の工場・市場になるとの期待が高まり，より広域の経済統合を模索する動きにつながったものと考えられる。

　第 2 に，2000 年代までに発達してきた FTA ネットワークを統合する産業界のニーズ・流れが背景としてある。いわゆる FTA のスパゲティボウル現象と言われるような，ASEAN ＋ 1 や二国間の FTA の乱立による FTA の複雑化・輻輳化の問題点が顕在化し，メガ FTA によるルール・規則の収斂や累積原産地規則の適用による面的カバーへの産業界のニーズが拡大していた。

　第 3 に，各国の FTA 締結に向けた競争的動きがある。米国は，従来の二国間アプローチから転換し，APEC での FTAAP 構想をもとに TPP を提案し，交渉を開始していた。EU は，韓国，シンガポール，日本，ベトナムなどアジアの国々へとアプローチを開始していた。また，韓国は，WTO 交渉が停滞する中で米国，EU 等の大市場との FTA を積極的に締結していた。こうした動きがある中で，日本として，FTA の不在による不利益を解消するとともに，高いレベルのルール整備，規制制度の調和等の先進国間の経済統合への動きにも関与していく必要があった。

　RCEP の立ち上げに合意した 2012 年，「日本再生の基本戦略」においては，「アジア太平洋の増大する需要を始めとするグローバル需要の取り込みは，我が国が経済成長を維持・増進していくためにも不可欠である」として，「我が国が率先して高いレベルの経済連携を進め，新たな貿易・投資ルールの形成を

主導していくことが重要」との認識が改めて示され，「主要な貿易相手を始めとする幅広い国々と戦略的かつ多角的に経済連携を進める」ことが定められた。実際，日本は，2013年にはRCEPに加え，日中韓FTA，日EU・EPAの交渉を開始するとともに，TPP交渉にも参加することとなり，主要なメガFTAの交渉をスタートする最初の年となった。

こうしたメガFTA交渉の開始を受けて，2013年に決定され，2014年，2016年に改訂された「日本再興戦略」や2017年に決定された「未来投資戦略2017」において，FTA比率（貿易額に占めるFTA相手国の割合）を2012年の18.9％から，2018年までに70％に高めることが目標とされた。最終的には，2020年のRCEP署名をもって，FTA比率（発効済みに加え署名済みのFTAを含む）は80.4％となり，所期の目的を達成することとなった。

2. RCEPと他の地域アーキテクチャーとの関係

RCEP交渉は，日本が関与する他の地域アーキテクチャーと連動しながら進められてきた。

第1に，RCEPとTPPは，東アジアとアジア太平洋という2つの地域の中で相互に刺激しながら交渉が進展してきた。前述のとおり，2006年に日本がASEAN+6のCEPEAを提唱したことが米国を刺激して，2006年のAPECでAPECワイドのFTAであるアジア太平洋自由貿易圏（FTAAP）の議論が開始されることとなった。その後，東アジアでCEPEA，EAFTAの政府協議を行っている間に，2010年に米国が主導する形でTPP交渉が開始され，それが刺激となってCEPEA，EAFTAを統合する形で2011年末にASEANがRCEP構想を提示した。さらに2016年に質の高いルールをカバーするTPPが署名され，2018年にCPTPPが発効したが，それがRCEPにおいても，電子商取引，知的財産，競争等の幅広い分野のルール整備の取り組みやRCEP妥結に向けた交渉の加速といった動きを促した。今後は，RCEP締約国の中でハイスタンダードの自由化やルールを満たす国がCPTTPへの加入を検討するといった流れになっていくものと考えられる。

第2は，日本が推進する「自由で開かれたインド太平洋（FOIP）」構想と

RCEP との関係である。たとえば，2019 年の RCEP 首脳会議で，安倍総理大臣は，「16 カ国で，市場アクセスを含め，早期に交渉を妥結し，未来を見据えた世界最大の自由で公正な経済圏を完成させることを目指す。そのことが，日本の掲げる『自由で開かれたインド太平洋』の実現にも資すると信じている」と発言した。これは，米中対立等を背景に保護主義的な動きが広まる中で，RCEP や CPTPP の締結を通じて質の高い市場アクセスや電子商取引や知的財産などのルール整備を実現することがインド太平洋地域における経済秩序の安定につながるとの考え方に基づくものである。自由で開かれたインド太平洋構想の主要プレイヤーであるインドが RCEP 交渉から離脱したことは残念ではあるが，今後，インドと連携した東アジアのサプライチェーン強靭化等の取り組みを通じて，インドをインド太平洋地域の経済秩序作りに継続的に関与させていくことが重要である。

3.　日本の交渉方針

　RCEP 交渉において，物品貿易，サービス貿易，投資などの市場アクセス分野では，日本はすでに ASEAN との間で AJCEP や二国間 FTA を締結し，オーストラリア，インドとも二国間 FTA を結ぶ中で，既存の FTA より高いレベルの市場アクセスを実現することを目標としていた。また，中国，韓国は，日本にとって第 1 位，第 3 位の貿易相手国であるが，既存の二国間 FTA がなかったため，日本国内の製造業，農林水産業，サービス業等の業界の要望を踏まえ，中韓 FTA など両国の既存の FTA の内容と比較しつつ，市場アクセスの改善を目指した。

　物品貿易の市場アクセス交渉では「攻め」と「守り」が意識された。東アジア地域でサプライチェーンを展開する製造業については，たとえば，自動車部品，家電，鉄鋼，化学製品等の鉱工業品で相手国に対してさらなる関税自由化を求めた。また，農業分野では，重要 5 品目（米，麦，牛肉・豚肉，乳製品，糖類）を守りつつ，拡大しつつあるアジア市場への食品・酒類の輸出促進を目指した。なお，関税自由化の方式について，撤廃品目をすべての国に対して同じにする共通譲許方式にするか，それとも個別譲許方式にするかが重要な論点

となったが，交渉参加国の産業構造の違いや既存 FTA の有無等の状況も考慮して，個別譲許方式を採用することとなった。

　また，サービス貿易分野では，製造業のサプライチェーン構築に不可欠な製造業向けサービスに加え，中間層の拡大に伴うアジアの消費市場の高度化を視野に入れた消費者向けサービスの市場へのアクセス改善が期待された。投資分野では，WTO の貿易関連投資措置（TRIM）協定にあるパフォーマンス要求（特定措置の履行要求）の禁止を上回る内容の措置を規定することを目指し，特に技術移転要求，ロイヤリティ規制に焦点を当てることとなった。

　日本としても，RCEP 交渉において，域内における経済のサービス化・デジタル化の進展に伴い，知的財産，電子商取引，競争などの分野でもレベルの高いルール整備を目指すことを狙いとしていた。「RCEP の基本指針および目的」の中で交渉分野として知的財産，競争などルールが書き込まれていたが，2015年にレベルの高いルールを含む TPP 交渉が大筋合意に至ったことを踏まえ，発展段階や制度の異なる多様な国々が参加する RCEP 交渉においても，日本として，自由で公正な経済ルールの基盤の構築を追求していくことを目指した。

　こうした中，ルールの必要性を ASEAN 側にも認識してもらうために，2017 年 4 月に，ASEAN10 カ国の担当閣僚を日本に招聘する ASEAN 経済大臣ロードショーを行い，イノベーション促進の観点からスタートアップを含む日本企業との面談や京大 IPS 細胞研究所の見学等を実施した。また，それに合わせて日 ASEAN 特別大臣会合を開催し，知的財産権の保護やデータの越境移動の自由をはじめとするルールの導入の必要性について議論を進めた。その後，日本が主導する形で，市場アクセス分野に加え，原産地規則，貿易円滑化，競争，知的財産権，電子商取引，政府調達などルール分野の成果を交渉目標とする「基本要素（キーエレメンツ）」を定めた。これにより，RCEP 交渉の中で市場アクセスの交渉のみ先行させず，ルール分野でも一定の成果を目指していくモメンタムが生まれた[4]。さらに，日本は，2018 年 7 月に東京で，ASEAN 以外の国で初めて RCEP 閣僚会合を開催し，市場アクセスおよびルール分野の進捗を評価し，今後の交渉の進め方等につき議論し，交渉加速の機運を高めた。RCEP 交渉で，ASEAN 以外の国がホストする初の閣僚会合である

と同時に，日本にとっても多国間のメガ FTA 交渉で初めて開催する閣僚会合となった。日本の働きかけも相まって，RCEP 参加国が交渉分野別の到達目標をパッケージとして達成することを目指した結果，2018 年の第 2 回 RCEP 首脳会合では，RCEP 交渉の実質的な進展を歓迎するとともに，2019 年に交渉を妥結する決意を首脳レベルで示すこととなった。

第 3 節   交渉相手国との関係

1. 交渉相手国の位置づけ

　日本として，他の RCEP 参加国の交渉戦略や国内での制約条件を念頭におきつつ，市場アクセスやルールで一定の高いレベルでの妥結を目指して交渉を進めた。RCEP 参加国をみると，他の FTA への関与の度合いや経済の発展段階をもとに，いくつかのグループに分けることができる。

　第 1 は，CPTPP に署名したオーストラリア，ニュージーランド，シンガポール，ベトナム，マレーシア，ブルネイである。これらの国々はすでに CPTPP の下での高いレベルの市場アクセスやルールを受け入れており，RCEP の市場アクセスやルールを受け入れやすい。特に，オーストラリアなど先進国とは，電子商取引，競争，投資等のルールの質を高めるという立場では共通していた。他方，CPTPP と RCEP は交渉参加国が違うため，交渉上の課題に直面する国もあった。

　第 2 は，ASEAN 原加盟国の中で CPTPP に参加していないタイ，インドネシア，フィリピンなどの中進国である。日本は，これらの国とは二国間 EPA や AJCEP を結んでいるが，CPTPP は結んでいないため，RCEP の下では，従来の二国間 EPA や AJCEP での約束以上の付加価値を目指していく必要があった。また，仮に RCEP 交渉での自由化が難しい項目があれば，さらに二国間 EPA の見直し交渉等で改善を目指していくことも選択肢として考えられた。

　第 3 は，ASEAN 新規加盟国の中で CPTPP に参加していないカンボジア，

ラオス，ミャンマーなどの後発開発途上国である。これらの国は，日本との間
でAJCEPを結んでいるものの二国間EPAを結んでおらず，経済も発展途上
にあるため，早期の自由化やルール整備が難しい面があり，特別かつ異なる待
遇（S&D）を付与し，自由化のスケジュールの後ろ倒しやルール整備に関す
るキャパシティ・ビルディングを進めていく必要があった。

　第4は，日本と既存の二国間FTAがない中国と韓国である。これら2カ国
は，日本の第1位，第3位の貿易相手国であり，RCEP交渉を通じた市場アク
セス改善やルール整備の実現は，日本の経済発展にとって大きな意味を持つ。
他方，両国は2015年に中韓FTAを結んでおり，その自由化に劣後しないレ
ベルを目指して交渉を進めていく必要があった。また，RCEP交渉と同時に進
められている日中韓FTA交渉で，さらに高い付加価値を目指していくことも
課題であった。

　第5は，日本とすでに二国間EPAを結んでいるインドである。インドとの
二国間EPAの自由化レベルは他のEPAに比べて相対的に低く，また，原産
地規則も貿易制限的なため，さらなる自由化の余地は大きい。また，東アジア
のサプライチェーンの拡大・強化を通じて日系企業がメリットを受けるという
観点からは，日インド間のみならず，ASEAN・インド間での自由化の進展が

図2-2　RCEP交渉相手国の位置づけ

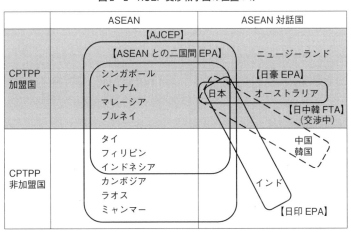

出所）筆者作成。

期待された。

2.　ASEAN 側の見方

　筆者は，RCEP交渉が終盤に入った2019年2月に，RCEP交渉会合議長の
イマン・パンバギョ・インドネシア商業省総局長がジャカルタで行った公開討
論会に参加する機会があった[5]。RCEP交渉の運転席に座っていたASEAN側
から交渉がどのように見えていたのか，ここではイマン議長がRCEP交渉の
課題として指摘したいくつかのポイントを紹介する。

　第1に，イマン議長は，RCEP交渉にTPPや日中韓FTAなど他の交渉の
経験，課題，野心が持ち込まれることが課題だと指摘しており，一部の
ASEAN諸国は，自由化やルールのレベルが高くなりすぎることを懸念してい
たものと考えられる。第2に，政府や大臣の交代により，交渉プロセスが鈍化
することを懸念材料として挙げていた。特に，2019年には，交渉の主要なプ
レイヤーであるタイ，インドネシア，オーストラリア，インドで総選挙が実施
されたが，すべての選挙で与党が勝ったため，その時点での交渉への深刻な悪
影響は免れた。第3に，ASEAN諸国の共通のポジションであるASEANコン
センサスを形成できないことを課題として挙げており，ASEANの中でも各国
の産業構造や政治的な立場の違いから調整に苦労していたことが窺える。第4
に，多くの国が参加するRCEP交渉で様々な交渉分野間でバランスをとりな
がら妥協点を見出すことの困難さを指摘しており，二国間交渉と比較した多国
間交渉の複雑さを実感していたと思われる。最後に，参加国の間で信頼の欠如
があり，ある分野で不満のある国が，全く別の交渉分野での議論を止めてしま
うことに対して厳しい見方をしていた。

　こうした課題を列挙した上で，イマン議長は，2019年内の交渉妥結に向け
た取り組みとして，①作業部会や準作業部会の達成目標を記したワークプラ
ンの作成，②作業部会・交渉会合・閣僚会合の各階層の役割を踏まえた課題
解決，③交渉の行動原則や規律の遵守，④RCEPをTPP化しないこと，⑤
反対を繰り返さず解決方法を提供するアプローチなどを提案した。また，今は
RCEPの交渉参加国が現実的に行動すべき時であり，どのようなレベルを追求

しているのか，何をアジェンダとすべきなのか，何が実施可能で商業的意味が
あるのか考えるべきであると述べていた。

　RCEP 交渉で電子商取引，知的財産権，投資等の分野で一定の高いレベルの
ルール構築を目指した日本としては，経済の発展段階，産業構造，政治体制が
違う国々との間での交渉の推進に苦労した面があるが，たとえば AJCEP など
従来の ASEAN＋1 の FTA のように市場アクセス分野の交渉のみ先行させる
ことなく，幅広いルール分野も含む包括的で質の高いメガ FTA を締結できた
ことは評価に値すると考える。

3.　インドの離脱

　インドは，交渉立ち上げ宣言以来，2019 年 11 月の第 3 回 RCEP 首脳会議に
至るまで 7 年間にわたり，交渉に参加してきたが，その後交渉への参加を見
送った。第 3 回 RCEP 首脳会議の共同首脳声明では，「インドには，未解決の
まま残されている重要な課題がある。すべての RCEP 参加国は，これらの未
解決の課題の解決のために，相互に満足すべき形で，共に作業していく。イン
ドの最終的な決断は，これらの未解決の課題の満足すべき解決にかかってい
る」[6]と記載され，また，首脳会議後の記者会見において，インド政府高官は，
インドは，首脳会議において，RCEP 協定に参加しないとの決定を伝えたと述
べた。

　その後，インドの新聞報道によれば，インドが交渉のテーブルに戻るための
関税ベースレートと特別貿易セーフガードに関するパッケージ提案を RCEP
参加国がインドに提示したとされるが[7]，結局，インドが交渉のテーブルに
戻ってくることはなかった。インドが RCEP を結ぶと，中国をはじめとする
RCEP 参加国との間の大幅な貿易赤字がさらに拡大すること，また，オースト
ラリア，ニュージーランドからの酪農品の輸入拡大が国内の酪農産業に大きな
打撃を与えることなど，インド国内の政治的な要因が大きかったと言われる。

　結局，2020 年 11 月の RCEP 首脳会議では，インドを除く 15 カ国で RCEP
の署名が行われることとなった。しかし，その直前に開催された RCEP 閣僚
会議ではインドの特別な扱いを明確化する閣僚宣言を発出した[8]。具体的に

は，① RCEP 協定の署名以降，いつでも加入交渉に応じる，② RCEP の枠組みにおける技術協力活動への参加容認，③ RCEP の各会合へのオブザーバー参加容認といった内容を含んでおり，RCEP 協定がインドに対して開かれていることを明らかにした。

　日本にとって，インドの RCEP 協定への参加は，自由で開かれたインド太平洋の実現，また，インドと ASEAN，北東アジア，大洋州とのサプライチェーンの拡大・強化という観点からも重要である。インドのジャイシャンカール外相も，「必ずしも FTA 中心でなくても，世界との関わり方はある。インドは，グローバルなバリューチェーンの一部としての地位を確固たるものにするために，貿易円滑化措置の改善に注力すべきである」と述べている[9]。日本は，2019 年にインドとの間で日印産業競争力パートナーシップを立ち上げ，これまでの投資促進や人材育成などの日印協力を土台としつつ，インドの国家産業政策とも連携した産業競争力強化や「Make in India」「Skill India」「Start-up India」等の実現に貢献しようとしている。また，日本は，2020 年に日豪印経済大臣会合を開始し，その後，インド太平洋地域におけるサプライチェーン強靭化と産業競争力強化の好循環の実現を目的として，サプライチェーン強靭化イニシアチブ（SCRI）を立ち上げた。インドの RCEP 復帰が短期的に難しければ，まずは，こうした二国間やプルリの協力を通じて，インドを東アジアのサプライチェーンに巻き込み，将来的にインドが RCEP や他の通商レジームに参加するような働きかけを続けていくべきと考える。

第 4 節　RCEP の評価および今後の課題

1. RCEP 協定の評価

　次に，日本の FTA 戦略からみた RCEP 協定の評価について触れたい。
　まず，物品貿易について，RCEP 参加国との貿易額が日本の総貿易額に占める割合は 5 割程度であり，RCEP 締結は日本にとって大きな経済的なメリットがある。また，日本からみれば，中国，韓国との間では初の FTA の締結とな

る。日本と両国との貿易が日本と世界との貿易に占める割合は27％であり，RCEPの締結により日本の総貿易額に占めるFTA署名・発効相手国の割合は約8割となった。関税撤廃率は，日中間で86％，日韓間で81〜83％となるなど3カ国間の物品貿易の市場アクセスが大幅に改善された。鉱工業品の対日無税品目の割合については，中国が8％から86％，韓国は19％から92％に上昇し，日本にとり貿易自由化のメリットは大きい。また，中国・韓国とASEANとの間の市場アクセス改善により，中国・韓国・ASEANに進出した日系企業も恩恵を受けることとなる。他方，RCEPの関税撤廃率は91％であり，その他のメガFTAであるCPTPP（98％）や日EU・EPA（日本94％，EU99％）などに比べると自由化の水準が低く，将来的にさらに関税撤廃・削減を進める余地はある。

　また，ASEAN＋1のFTAごとに異なる原産地規則に関して，RCEPでは統一された原産地規則を規定している。原産地規則に柔軟性を持たせ，複数国間での付加価値の累積を認めるとともに，一部品目では，付加価値基準と関税番号変更基準の選択制，付加価値基準の柔軟化を認めている。域内で原産地規則が統一されたことから，FTAのスパゲティボウル現象を解消し，企業の貿易に関する管理コスト低減が可能となった。

　サービス貿易章では，RCEP締約国のうち7カ国がネガティブリストを採用し，残り8カ国も一定期間の後にポジティブリストからネガティブリストに移行する結果，自由化の留保業種について，その法的根拠がすべて明記され，サービス貿易自由化の可視化が進むこととなった。また，国によって対象業種は異なるが，消費者向けサービス（小売，不動産，保険・証券，福祉，理容等）や事業者向けサービス（物流，エンジニアリング，環境，広告等）などで，外資出資比率に関する規制緩和など新たな約束を実現した。

　投資章では，投資財産の保護のみならず，投資の自由化に関しての規定が盛り込まれ，ネガティブリストに基づき，投資の許可段階（設立前）の内国民待遇および最恵国待遇の原則供与が認められた。技術移転要求，ロイヤリティ規制等のパフォーマンス要求の禁止の規定が置かれた。また，いったん緩和・撤廃を約束した規制を，再び強化することを禁止するラチェット規定も設けられた。他方，投資家と国との間の紛争解決（ISDS）規定は，現時点では盛り込

まれておらず，協定発効後2年以内に討議を開始することが定められている。

　また，RCEPは，サービス化，デジタル化が進む東アジア地域において，電子商取引，知的財産などの分野で確固たるルールを構築し，自由で公正な貿易体制を構築することに貢献した。これらルール分野では，企業活動の喫緊の課題に対応した，WTOや既存のASEAN＋1のFTAと比較してよりハイスタンダードなルールを規定することが可能となった。

　たとえば，電子商取引章では，情報の電子的手段による自由な越境移転（データフリーフロー），コンピュータ関連設備の設置要求禁止（データローカライゼーション）といった電子商取引を促進するための規定に加え，オンラインの消費者の保護や個人情報の保護といった信頼性を確保するための規定も導入した。他方，ソースコードの開示要求禁止，金融分野にかかるデータフリーフローやデータローカライゼーション等の扱い等は，「電子商取引に関する対話」を実施して，協定見直しのプロセスで検討していくこととなった。

　また，知的財産章や貿易円滑化章などでも，WTOや既存のASEAN＋1のFTAを上回る規律・ルールを規定している。たとえば，知的財産では，税関職員による模倣品の職権差止め・廃棄権限の付与，周知商標の保護（自国・他国での登録要件の禁止），悪意商標の出願の拒絶・登録の取消等に関して規定している。貿易円滑化では，可能な限り48時間以内の貨物の通関（腐敗しやすい貨物は6時間未満での貨物の引取り）の許可など数量目標を設定している。

　このようにアジアで発展段階や制度の異なる多様な国々の間で電子商取引，知的財産等の幅広い分野を規定し，地域における自由で公正な経済ルールを構築したことにより，将来の国際ルール作りにASEAN等の開発途上国が参加する出発点となったことは特筆されるべきである。他方，TPPで規定されていた環境，労働，国有企業，規制の整合性といった章はRCEPにはない。アジアにおいてグローバリゼーションによる経済発展が進んだ半面，環境への負荷の増大，労働者の権利の不十分な保護，市場歪曲的な産業政策などの問題が顕在化している。こうした中，新たな課題に対応するような内容の章を協定の見直しプロセスで設けていくことかできるかどうかが課題となっている。

3.　RCEP 協定の今後の課題

　最後に RCEP 協定の今後の課題について述べたい。第 1 に，RCEP の活用
拡大を進めていくべきである。各国政府において，RCEP の締結をもとに自国
に競争力のある産業をいかに育てていくかという産業政策と一体化した戦略が
必要である。たとえば，中小企業のグローバルバリューチェーンへのアクセス
を向上させる戦略などを策定する必要がある。そうした戦略の下，発効後にで
きるだけ多くの企業が RCEP を活用するよう，各国やアジア地域の経済団体
などを通じた普及・啓蒙活動を進めるべきである。また，ブロックチェーン活
用の通関手続デジタル化，原産地証明書の電子化対応などの貿易手続のデジタ
ル化は，中小企業のグローバルバリューチェーン参画を促す上でも重要であ
る。

　第 2 は，RCEP 協定の履行の強化である。WTO の仕組みが脆弱化し，保護
主義的な動きが懸念される中，RCEP の実効性を担保することが重要である。
RCEP 協定では，RCEP 閣僚会合を原則毎年開催するとともに，RCEP 事務局，
RCEP 合同委員会等を設置して，RCEP 締約国による協定の着実な履行を確保
している。また，今後，RCEP が産業界の関係者も巻き込んで地域の貿易・経
済分野の対話・協力のプラットフォームとして発展することが期待される。た
とえば，RCEP の履行を確実なものとするための途上国向けのキャパシティ・
ビルディングの取り組みや連結性を強化するためのインフラ整備などの取り組
みを推進すべきである。

　第 3 は，RCEP の深掘りとスコープの拡大である。協定の発効後 5 年ごとに
行われる予定の「一般見直し」において，その時点での経済・社会の課題を踏
まえて協定の質をさらに向上させ，CPTPP のような，より高い水準の自由化
やルール整備の可能性を模索すべきである。たとえば，投資章の ISDS 規定や
電子商取引章のソースコードの開示要求禁止のように，協定の見直しプロセス
でさらに深掘りすべき項目がある。また，パンデミックの拡大により必要と
なったサプライチェーン強靭化，デジタル化・グリーン化への対応等の課題を
踏まえ，RCEP 協定のスコープの拡大や内容の拡充を将来検討していくべきで
ある。

[注]

1 ）経済産業省（2006）「グローバル経済戦略」p.36 https://warp.da.ndl.go.jp/info:ndljp/pid/281883/www.meti.go.jp/press/20060412001/g.senryaku-houkokusho-set.pdf

2 ）日本経済団体連合会（2013）「質の高い日中韓 FTA ならびに東アジア地域包括的経済連携（RCEP）の早期実現を求める」https://www.keidanren.or.jp/policy/2013/039_honbun.html

3 ）日本経済団体連合会（2016）「日中韓 FTA ならびに東アジア地域包括的経済連携（RCEP）交渉に関する要望」https://www.keidanren.or.jp/policy/2016/036_honbun.html

4 ）経済産業省（2021）「アジア経済統合 15 年史 そして未来へ　田中繁広経済産業審議官が語る」

5 ）"Keeping the Deadline: Challenges of Wrapping-up the RCEP Negotiations"Public Forum of Foreign Policy Community of Indonesia（FPCI）, Jakarta, 6 February 2019

6 ）東アジア地域包括的経済連携（RCEP）に係る共同首脳声明（2019 年 11 月 4 日，タイ・バンコク）https://www.mofa.go.jp/mofaj/files/000534732.pdf

7 ）Economic Times（2020）, "RCEP nations offer India package to return to negotiating table" https://economictimes.indiatimes.com/news/economy/foreign-trade/rcep-nations-offer-india-package-to-return-to-negotiating-table/articleshow/75523748.cms

8 ）インドの地域的な包括的経済連携（RCEP）への参加に係る閣僚宣言（2020 年 11 月 11 日）https://www.mofa.go.jp/mofaj/files/100114951.pdf

9 ）Cheena Kapoor（2020）," Free trade deals never served India well: Top diplomat" https://www.aa.com.tr/en/asia-pacific/free-trade-deals-never-served-india-well-top-diplomat/1917574

[参考文献]

経済産業省（2021）「アジア経済統合 15 年史 そして未来へ　田中繁広経済産業審議官が語る」『METI Journal』https://meti-journal.jp/p/14947-2/

田村英康（2021）「RCEP 協定の概要について」JETRO ウェビナー「地域的な包括的経済連携（RCEP）協定」解説ウェビナー—協定の活用に向けて—
https://www.jetro.go.jp/biz/seminar/2021/6d9f3fde880bd919.html

第3章

ASEAN 経済統合と RCEP
──ASEAN 中心性と統合の深化

石川幸一

はじめに

東アジアの地域協力は ASEAN が中心となって進められてきた。ASEAN＋
1，ASEAN＋3（APT），ASEAN＋8（EAS）などの首脳会議は ASEAN の首
脳会議に併せて開催されている。東アジアの経済統合を主導したのも AFTA
プロセスを 1993 年に開始した ASEAN であり，2010 年までに5つの ASEAN
＋1FTA が締結された。東アジアの広域 FTA として中国が EAFTA，日本が
CEPEA を提案したが，RCEP を提案し交渉を主導したのは ASEAN である。
RCEP の規定の多くは ASEAN 経済共同体（AEC）の諸協定の規定をベース
にしている。RCEP は中国主導の FTA という見方がメディアでは根強いが，
RCEP は ASEAN 中心性を具現化した FTA である。

ASEAN の経済統合は RCEP のような東アジアの広域経済統合の形成を促
し，東アジアの広域経済統合が ASEAN の経済統合を深化させるというダイ
ナミックなメカニズムが東アジアの経済統合で働いている（清水 2019）。本章
は RCEP 構想が生まれた経緯をたどるとともに構想の実現に向けての
ASEAN のイニシアチブを検証している。また，RCEP の主要規定を ASEAN
経済統合の主要協定の規定を比較し ASEAN の経済統合が RCEP のベースと
なっていることが多いことを示し，最後に RCEP と ASEAN 経済統合の課題
について論じている。

第1節　東アジアの地域協力が RCEP のルーツ

　東アジアの地域協力は ASEAN が中心となって進められてきた。東アジアの経済統合も ASEAN が中心となる地域協力の枠組みの中で構想が生まれ，推進されてきた。東アジアの地域協力の契機となったのは 1997 年に勃発したアジア通貨経済危機である。通貨危機の渦中の 1997 年 12 月にクアラルンプールで開催された ASEAN 首脳会議に日本，中国，韓国の首脳が招待され，初めての ASEAN＋3 首脳会議が開催された。ASEAN＋3 首脳会議はその後定例化され今に至っている。1998 年に東アジアの地域協力を研究するために民間有識者から構成される東アジアビジョングループ（EAVG）が設立され，2000 年には政府関係者が参加する東アジアスタディグループ（EASG）が設立された。EAVG は 2001 年の第 5 回首脳会議に「東アジア共同体に向けて　平和・繁栄・進歩の地域」という報告書を提出し東アジア FTA の創設を提唱した。翌年の第 6 回首脳会議に EASG が東アジア共同体の実現に向けての具体的な措置（短期的措置 17，中長期的措置 9）を提案し，東アジア FTA の創設は中長期的措置として含まれていた[1]。

　EAVG と EASG の提言を受けて 2004 年に中国が ASEAN＋3（日中韓）から構成される EAFTA（東アジア自由貿易地域），2006 年に日本が ASEAN＋6（日中韓印豪ニュージーランド）から構成される CEPEA（東アジア包括的経済連携）を提案した。2 つの構想の民間研究が 2009 年まで行われたが，日中の主導権争いの中で交渉は始まらなかった（表 3-1）[2]。また，EAFTA や CEPEA ができると中国やインドに外国投資が奪われることを懸念し，日本と中国の提案のいずれかひとつの選択を行うことを嫌う ASEAN も消極的だった[3]。しかし，2010 年 3 月に TPP 交渉が始まると，東アジアの経済統合が米国主導の TPP により進むことを警戒した中国が EAFTA に固執することを止め，2011 年 8 月に日本とともに EAFTA と CEPEA を加速するための物品貿易，サービス貿易，投資の自由化についての作業部会設置を提案した。日中の提案を受けて東アジアの経済統合で主導権（ASEAN 中心性）を維持したい ASEAN は，EAFTA と CEPEA を統合する構想として「地域的な包括的経済

表 3-1　RCEP に至る EAFTA と CEPEA の推移

（東アジア FTA：EAFTA）
2001 年 10 月：EAVG が EAFTA の創設を ASEAN + 3 首脳会議に提言。
2002 年 11 月：EASG，EAFTA 創設を支持。
2004 年 11 月：中国 EAFTA のフィージビリティ調査を行うため ASEAN + 3 経済大臣会議で民間専門家会合設置提案。
2006 年 8 月　：フェーズ 1 レポートを経済大臣会議に提出。
2007 年 1 月　：第 10 回 ASEAN + 3 首脳会議で韓国民間専門家グループによるフェーズ 2 調査を提案。
2009 年 6 月　：フェーズ 2 レポートを ASEAN + 3 経済大臣会議に報告，政府間検討の開始を決定。
2009 年 10 月：ASEAN + 3 首脳会議，経済大臣会議の決定を歓迎。
（東アジア包括的経済連携：CEPEA）
2006 年 8 月　：日本 CEPEA のフィージビリティ調査のための民間専門家会合設置を提案。
2007 年 1 月　：東アジアサミット CEPEA 検討のための民間専門家会合開始に合意。
2008 年 6 月　：ASEAN + 6 経済大臣会議 CEPEA のフェーズ 2 研究に合意（経済協力，貿易円滑化，自由化，制度的事項）。
2009 年 8 月　：ASEAN + 6 経済大臣会議にフェーズ 2 研究報告提出。
（EAFTA および CEPEA）
2009 年 10 月：東アジアサミット，EAFTA と CEPEA の政府間検討に合意。
2010 年 10 月：東アジアサミット，ASEAN + 1 作業部会による ASEAN + 1FTA および CEPEA と EAFTA の進捗を歓迎，日本のコンセプト・ペーパー「東アジアの地域統合に向けたイニシャル・ステップス」を中国のコンセプト・ペーパーとともに歓迎。
2011 年 5 月　：第 6 回東アジアサミットで ASEAN 首脳が CEPEA および優先 5 分野を議論，ASEAN + 1 作業部会に ASEAN + 1FTA 統合のための作業加速を指示。
2011 年 8 月　：ASEAN + 6 経済大臣会議，日中共同提案の EAFTA と CEPEA 構築を加速するためのイニシアチブを歓迎。
2011 年 11 月：ASEAN 首脳会議，地域包括的経済連携（RCEP）のための ASEAN 枠組みを承認。
2012 年 11 月：ASEAN と FTA パートナーズ首脳 RCEP 交渉立ち上げを宣言。

（出所）Australian Government, Department of Foreign Affairs and Trade（2012）および助川（2019）。

連携（RCEP）のための ASEAN 枠組み（ASEAN Framework for Regional Comprehensive Economic Partnership）」を 2011 年 11 月に提案した。

　当時の状況について，インドネシアのイマン・パンバギョ氏（前インドネシア貿易省通商交渉局長）は，「2011 年 1 月にマリ・パンゲストゥ商業大臣と議論を行い，既存の ASEAN + 1FTA を統合し，ASEAN を中心とした地域の経済連携を作っていく構想を思いつき，ASEAN による地域的な包括的経済連携の枠組みの提案につながり，この提案は RCEP 協定の基礎となった」と語っている。また，CEPEA と EAFTA を選ぶのではなく，ASEAN 自身が中心

性・主導性を発揮して，CEPEAともEAFTAとも呼ばない形を目指すべきで
はないかと考えるに至ったと述べている[4]。このようにASEANの中からの
ASEANを中心とする東アジア経済統合への構想が生まれてきたのである。そ
して，2012年11月のASEANとFTAパートナー国首脳会議でRCEP交渉立
ち上げが宣言され，2013年5月から交渉が開始された。

第2節　交渉を主導したASEAN

　RCEPに関する声明など公式文書から判明しているのはRCEPを提案し交
渉を主導したのはASEANであるということである。ASEANは2012年6
月の首脳会議で「地域的な包括的経済連携（RCEP）のためのASEAN枠組
み」を歓迎し，RCEPの構想と交渉の原則を提示した[5]。同構想はASEANの
FTAパートナー（日中韓印豪ニュージーランド）と地域の包括的な経済連携
協定をASEAN主導のメカニズムで設立することを決めており，協定は物品
の貿易，サービス貿易，投資および合意したその他の分野でASEANの定め
た枠組みと原則に従うとしている（表3-2）。

表3-2　RCEPのためのASEAN枠組みの原則の概要

① 対象範囲：目的は包括的で互恵的な経済連携協定，既存の対話国とのASEAN＋1FTAを相当 　 程度改善した広く深い約束を含み，将来起きる課題に取り組む基礎となる。
② プロセス：連続的，一括受諾，その他の合意されたモダリティによる。
③ オープン・アクセス：交渉開始時に参加していなかったASEANのFTAパートナーおよび他 　 の経済パートナーの参加が可能。
④ 透明性：ステークホルダーが理解し利用可能にするために調印した協定は公開される。
⑤ 経済技術協力：経済技術協力はASEAN加盟国を支援し統合の恩恵を最大化するための協定 　 の不可欠の要素である。
⑥ 円滑化：取引コスト低減のための貿易と投資の円滑化のための実際的な措置と協力を含む。
⑦ 経済統合：ASEANの経済統合，衡平な経済発展，ASEAN加盟国間およびパートナーとの経 　 済協力に貢献する。
⑧ 特別かつ異なる待遇：ASEAN加盟国，特にCLMV（カンボジア，ラオス，ミャンマー，ベ 　 トナム）への特別かつ異なる待遇。
⑨ WTO整合性：WTO協定と整合的である。
⑩ 定期的見直し：効果的かつ互恵的な執行のために定期的見直しを行う。

　出所）ASEAN（2012）

　「RCEP のための ASEAN 枠組み」は，ASEAN 中心性と地域の枠組みにおける ASEAN の主導的な役割を維持するという ASEAN 中心性を RCEP の原則としている[6]。ASEAN 中心性（ASEAN Centrality）は ASEAN が参加する東アジアの地域協力や経済統合において ASEAN が中心的な役割を果たすことを意味している。ASEAN の法的存立基盤となる ASEAN の基本条約である ASEAN 憲章では，第 1 条目的の第 15 項で「開かれ，透明で包摂的な地域制度枠組みにおいて対外パートナーとの関係と協力における主要な推進力として ASEAN の中心性と積極的な役割を維持すること」と規定されている。第 2 条の原則の（m）では，「外向きで包摂的，無差別の積極的な関与を維持しながら政治，経済，社会，文化的な対外関係における ASEAN 中心性」が目的のひとつと規定されている。第 41 条の対外関係の第 3 項では，「ASEAN は，地域取決めにおいて主要な推進力になり，地域協力と共同体構築において中心性を創始し，維持する」と規定している。ASEAN 中心性と ASEAN が推進力となることは，地域制度枠組み，共同体構築および対外関係における ASEAN の目的かつ原則として明確に位置づけられたのである。

　ASEAN 中心性は，① 形式的な中心性と② 実質的な中心性の 2 つがあり，プロセスの進行役と実質的な主導役という 2 つの役割を ASEAN が果たすことを意味する[7]。形式的な中心性は，ASEAN が ASEAN ＋ 3 のように地域制度枠組みの中心に位置し，会議の場（プラットフォーム）を提供することを指しており，スリン ASEAN 事務総長（当時）は善意の中心性（centrality of goodwill）と呼んでいる[8]。実質的な中心性は，アジェンダの設定，協力や統合の方向性や内容の調整や決定，対立や紛争の解決などイニシアチブを発揮することを意味する。AFTA の関税削減方式，原産地規則，CLMV への特別待遇などが ACFTA（ASEAN 中国 FTA）など ASEAN ＋ 1FTA で採用され，ASEAN のスワップ協定がチェンマイ・イニシアチブに発展したことなどは経済統合・協力での実質的中心性の事例である[9]。形式的な中心性と実質的な中心性は切り離されたものではなく，ASEAN が会議の場を提供することにより加盟国が議長に就任し，イニシアチブを発揮するなど実質的な中心性を可能とする面がある。

　RCEP 交渉は ASEAN 加盟国が議長国となり ASEAN で開催されるなど

ASEANはファシリテーターとしての役割を果たしてきた。貿易交渉委員会（TNC），ワーキンググループとサブワーキンググループはASEAN加盟国が議長を務めた[10]。田中繁広経済産業審議官は，「交渉立ち上げから署名までイマン・パンバギョ氏がASEANを代表して一貫して交渉の議長を務めるなど交渉の根幹にかかわる重要事項はASEANが握っており，RCEPはASEAN主導を体現した特別の取組みである」と証言している[11]。次に内容の推進者としての役割は実現できたのだろうか。その例として，「RCEPのためのASEAN枠組み」の原則の大半をベースにして16カ国で2012年8月に「RCEP交渉の基本指針および目的」（表3-3）に合意したことがあげられる。

　次に締結されたRCEP協定が「RCEPのためのASEAN枠組み」と「RCEP交渉の基本指針および目的」に沿った内容となっていることがあげられる。RCEPの目的（第1条）は，「現代的な，包括的な，質の高い，および互恵的な経済上の連携」を構築することであるとなっており，これは「基本指針と原則」のRCEPの目的を踏まえたものである。「現代的」とは既存のASEAN＋1FTAの対象分野を越える新たな分野を対象とすることを意味しており，電子商取引などに取り組んでいる。「包括的」とは広範な分野を対象とすることを意味しており，RCEPは全20章の包括的FTAとなっている。「質の高い」とは既存のASEAN＋1FTAを上回る自由化や円滑化を意味しており，サービス貿易や投資などで実現している。「互恵的」とはCLMV（カンボジア，ラオス，

表3-3　RCEP交渉の基本指針および目的

①　GATT24条とGATS5条を含むWTO整合性。
②　既存のASEAN＋1FTAよりも相当程度改善したより広く深い約束。
③　貿易および投資を円滑化，貿易および投資関係の透明性向上，国際的，地域的サプライチェーンへの参加国の関与を促進する規定を含む。
④　参加国の異なる発展段階を考慮し，既存のASEAN＋1FTAに整合的な形で，特別のかつ異なる待遇，後発開発途上国に対する追加的な柔軟性についての規定を含む適切な形の柔軟性。
⑤　ASEAN＋1FTAおよび参加国間の二国間・多数国間FTAの存続とRCEP協定は二国間・多数国間FTAの条件に影響を及ぼさない。
⑥　ASEANのFTAパートナーズは交渉参加可能，域外の経済パートナーズは交渉完了後に参加可能。
⑦　技術協力および能力開発に関する規定は途上国および後発開発途上国に利用可能。
⑧　物品貿易，サービス貿易，投資およびその他の分野の交渉は並行して実施。

出所）外務省（2012）

ミャンマー，ベトナム）に対する柔軟性および特別かつ異なる待遇を意味しており，貿易円滑化，サービス貿易，投資などで規定されている。

　RCEPの発効要件もASEAN中心性が具現化している。RCEPの発効は15カ国の過半数の批准ではなく，ASEAN10カ国のうち6カ国と残り5カ国のうち3カ国の批准が必要となっている。米国の著名なアジアの経済連携の研究者は，RCEPはASEAN中心性の「最も具体的で野心的な事例」と評している[12]。RCEPは中国主導のFTAという見方が流布されているが，ASEANが主導したFTAであることをRCEPに関する公文書や関係者の証言は示している。

第3節　ASEAN経済統合とRCEP

　ASEANの経済統合とRCEPの関係はどうなっているのだろうか。ASEAN加盟国はRCEPのメンバーであり，RCEPの自由化やルールはASEAN加盟国に適用される。したがって，ASEANの経済統合（具体的にはASEAN経済共同体：AEC）の自由化とルールはRCEPの自由化とルールに影響し，そのレベルと範囲を制約する。しかし，AECの諸協定よりもRCEPのほうが新しくCPTPP加盟国である日本や豪州が参加しているためRCEPのほうがAECよりも先進的な内容となっている分野もある。また，ASEAN加盟国のみが参加しているAECと異なり，RCEPには産業競争力でASEANに勝る中国が参加しているため警戒感からRCEPのほうが制限的である分野もある。主要な分野をとりあげてRCEPとAECの自由化や円滑化，ルールについて比較をしてみたい[13]。

1. 物品の貿易と原産地規則

　AFTAの関税撤廃率は98.6％とRCEPの91％を上回る。早川（2021）によると，RCEPでのCLMの特恵対象品目率は発効1年目でカンボジアが30％，ラオスが48％，ミャンマーが52％，関税削減の最終年でカンボジアが87％，

ラオスが 86％，ミャンマーが 86％である[14]。AFTA では ASEAN6 の関税撤廃率は 99.3％，CLMV の関税撤廃率は 97.7％となっている[15]。RCEP は既存の ASEAN＋1FTA を相当改善した自由化レベルを目標としていた。RCEP での日本の ASEAN に対する自由化率は 88％（工業製品は 99.1％）となっており，AJCEP での自由化率 91.8％より低い。RCEP は 7 カ国（インドネシア，フィリピン，タイ，ベトナム，日本，中国，韓国）が輸出国により関税率が異なる個別譲許方式，残りの 8 カ国が共通譲許方式を採用しているが，AFTA は同じ関税率を一律に適用するよりシンプルな共通譲許方式である。このように物品の貿易では AFTA の自由化が RCEP を上回っている。

　RCEP の原産地規則の実質的変更基準は関税番号変更基準，付加価値基準（40％）およびこの 2 つの基準の選択方式であり，AFTA の原産地規則を基本的に踏襲したものとなっている。AFTA の原産地規則の実質的変更基準は，2007 年から付加価値基準 40％に加え関税番号変更基準（CTC4 桁）の選択制となっている。ASEAN＋1FTA の原産地規則は，ASEAN インド FTA を除いて AFTA の原産地規則を採用しており，AFTA 原産地規則が事実上の標準となっている。ACFTA の原産地規則は付加価値基準 40％のみだったが，2015 年の第 2 修正議定書により関税番号変更基準も採用した。付加価値の累積については，AFTA は 2004 年から「ASEAN コンテント 20％以上 40％未満」を累積の対象とできる部分累積をみとめている。RCEP は RCEP 参加国の原産材料を使用した場合自国の原産材料とみなす「累積（物の累積）」が規定されているが，付加価値の累積は規定されていない。RCEP では，発効後に他の RCEP 参加国での生産行為や付加価値を累積の対象に含める（生産行為の累積）ことを検討し協定を見直す義務が規定されている。

　原産地証明については，AFTA は第三者証明制度だったが，ASEAN 全体での自己証明制度（ASEAN-wide Self-Certification）の導入が 2018 年の第 33 回経済大臣会議で決定した。シンガポール，ブルネイ，マレーシア，タイ，カンボジア，ミャンマーが参加する第 1 認定輸出者自己証明制度とインドネシア，フィリピン，ラオス，タイ，ベトナムが参加する第 2 認定輸出者自己証明制度の 2 つの自己証明制度がパイロットプロジェクトとして進められてきており，その統合が課題となっていた。RCEP の原産地証明は第三者証明制度，認

表 3 - 4　　AFTA と ASEAN＋1FTA の概要

協定名	自由化率	原産地規則（実質変更基準のみ）	特徴
AFTA	ASEAN6 は 99.3%，CLMV は 97.7%	付加価値基準 40% と関税番号変更基準の選択	サービス貿易協定，投資協定，人の移動協定を別途締結
ACFTA	92.5% 94.6%（中国）	付加価値基準 40% と関税番号変更基準の選択	AFTA 型協定，サービス貿易協定，投資協定を別途締結
AKFTA	89.8% 92.1%（韓国）	付加価値基準 40% と関税番号変更基準（HS4 桁）の選択	A FTA 型協定，サービス貿易協定，投資協定を別途締結
AJCEP	89.8% 91.9%（日本）	付加価値基準 40% と関税番号変更基準の選択	CLM 以外の 7 カ国とは包括的な二国間協定を併せて締結
AIFTA	77.0% 74.2%（インド）	付加価値基準 35% および関税番号変更基準（HS6 桁）の併用	AFTA 型協定，関税削減・撤廃制度は複雑，原産地規則は最も厳格
AANZFTA	93.5% 100%（豪州 NZ）	付加価値基準 40% と関税番号変更基準（HS4 桁の選択）	自由化率が最も高い，包括的だが政府調達は含まない

注）概況を示すものであり詳細は協定を参照。原産地規則は実質変更基準のほかに完全生産品基準が
　　ある。日本との EPA は 2 国間協定のほうが AJCEP より自由化水準が高い。原産地規則は，ほか
　　に完全生産基準と加工工程基準がある。
出所）各協定から作成。自由化率は助川成也氏による。

定輸出者自己証明制度および自己申告制度（輸出者，生産者，輸入者による）
が採用されており，発効後一定期間以内に自己申告制度を導入することが義務
となっている。日本への輸入は発効日から自己申告制度が導入できる。RCEP
の税関手続きでは，48 時間以内の通関および急送貨物の 6 時間以内の迅速通
関が規定されているが，ATIGA（ASEAN 物品貿易協定）ではこうした規定
はない。

2.　サービス貿易と投資

　RCEP のサービス貿易章では，日本など 7 カ国（日本，韓国，インドネシ
ア，マレーシア，シンガポール，ブルネイ，オーストラリア）で透明性が高
いネガティブリスト方式が採用され，付属書Ⅱに記載する特定の分野につい
てポジティブリスト方式を採用した国（中国，カンボジア，ラオス，ミャン
マー，フィリピン，タイ，ベトナム，ニュージーランド）は発効後 3 年以内に

ネガティブリスト方式に転換する手続きを開始し，6年以内に移行を完了しなければならないと規定され，CLM は 12 年以内にネガティブリストに転換する手続きを開始し 15 年以内に移行を完了しなければならないと規定されている。ASEAN サービス枠組み協定（AFAS）は，ポジティブリスト方式を採用していたが，2020 年 10 月に署名された ASEAN サービス貿易協定（ATISA）はネガティブリスト方式が採用された[16]。ただし，ATISA でのネガティブリストの採用には移行期間が置かれている。ASEAN6（ブルネイ，インドネシア，マレーシア，フィリピン，シンガポール，タイ）は発効日から5年以内，ベトナムは発効日から7年以内，カンボジア，ラオス，ミャンマーは 13 年以内にネガティブリストを ASEAN 事務局に提出することになっている。また，AFAS の約束表（ポジティブリスト）は，ASEAN6 は発効後7年間，ベトナムは9年間，CLM は 13 年間有効（ネガティブリストと併存）であり，解釈の相違が起きた場合はポジティブリストが優先する。一方，ATISA の第 36 条は，AFAS と AFAS の約束表は ATISA の発効後7年間は有効であること，ベトナムは発効後9年間，カンボジア，ラオス，ミャンマーは 15 年間有効であると規定している。

　RCEP の投資章は，特定措置の履行要求（パフォーマンス要求）の禁止について WTO の TRIMs 協定（貿易に関連する投資措置に関する協定）を上回る内容（ロイヤリティ規制の禁止，技術移転要求の禁止）を規定している。2020 年7月に調印された ASEAN 包括的投資協定（ACIA）の第4改訂議定書は，WTO の TRIMs 協定で禁止されているパフォーマンス要求を超える（TRIMs プラス）6つのパフォーマンス要求の禁止を ACIA に盛り込んでいる。RCEP 協定で禁止されている① ロイヤリティ規制の禁止（ライセンス契約に基づくロイヤリティ支払いに関する特定の対価率等の要求を禁止）と② 技術移転要求の禁止（投資先企業への技術移転や関連情報の開示等の要求を禁止）は規定されていない。ASEAN 各国については，ACIA ではなく RCEP の規定が事実上の規定となる。RCEP には ISDS（投資家と国との間の投資紛争解決）手続きは規定されていないが，発効後2年以内に協議を開始し3年以内に結論を得る義務が規定されている。ACIA では 14 条で ISDS について詳細な規定を設けている。

3. 自然人の移動，電子商取引，政府調達

　RCEP の自然人の一時的移動章では，物品の貿易，サービスの提供または投資の遂行に従事する自然人の一時的入国および一時的な滞在の許可および許可に関する手続きなどを行う際のルールを規定している。また，一時的な入国および滞在を許可する義務，出入国管理に関する文書の申請について可能な限り速やかに処理する義務などを規定している。対象となるのは，商用訪問者，企業内転勤者，その他であり，単純労働者は対象ではない。ASEAN は，2012年に ASEAN 自然人移動協定（AMNP）の署名を行った。AMNP は，物品の貿易，サービスの貿易，投資に従事する自然人の移動を円滑にすることを目的とし，一時的な入国・滞在のための入国申請の効率的で透明性のある手続きを確立することを規定している[17]。対象となるのは商用訪問者，企業内転勤者，契約で合意したサービス提供者，その他（約束表に規定）である。また，加盟国内の労働力および常用雇用を保護することが規定されている。RCEP の人の移動に関する規定は AMNP をほぼ踏襲している。

　RCEP の電子商取引章では，① データフリーフロー（情報の電子的手段による越境移転）を妨げてはならない，② データローカライゼーション（コンピュータ関連設備を自国の領域内に設置する）を要求してはならないことが規定されたが，TPP で規定されている ③ ソースコードの開示要求の禁止は規定されなかった。ソースコードの開示要求の禁止は，対話を行い発効後の見直しにおいて対話結果について考慮すると規定されている。ASEAN は2019 年 1 月に ASEAN 電子商取引協定（ASEAN Agreement on Electronic Commerce）に署名した。ASEAN 電子商取引協定は，① データフリーフロー，② データローカリゼーションが規定されているが，RCEP の規定が拘束的であるのに対し法的な拘束力は弱く目標を示す規定になっている[18]。③ ソースコードの開示要求の禁止は規定されていない。ソースコードの開示要求禁止が含まれていないのは同じだが，RCEP のほうが法的拘束力をもつ強い規定となっている。

　RCEP の政府調達章は，中央政府機関が行う政府調達に関する法令と手続きの透明性，締約国の協力促進，政府調達章の規定を将来改善することを目的と

した見直しなどが規定されている。政府調達を RCEP 参加国の企業に開放する市場アクセスは規定されていない。AEC では政府調達に関する協定や取決めは結ばれていない。ASEAN が締結している FTA で政府調達が対象となったのは初めてである。

第 4 節　新規加盟国への特別な待遇と協力

　RCEP は自由化レベルが低くルールが緩いというのが一般的評価である。しかし，高いレベルの自由化と新たな分野を含む質の高いルールを志向しながら後発開発途上国を含めた包括的な FTA が東アジアで締結されたことは高く評価すべきである。産業発展が遅れ所得水準が低い後発開発途上国が高い水準の自由化とルールを受け入れることは容易ではない。RCEP 参加国の 1 人当たり GNI は格差が大きく，シンガポールの 5 万 4,920 ドル（2020 年）に対してカンボジアは 1,490 ドル，ミャンマーは 1,260 ドルである。この 2 カ国とラオス（1 人当たり GDP2,480 ドル）が後発開発途上国である[19]。後発開発途上国を置き去りにせずに東アジアの経済統合を進めるという「包摂（Inclusiveness）」が RCEP の特徴である。

　RCEP 協定の第 1 条では，「締約国とくに後発開発途上締約国の発展段階および経済上のニーズを考慮しつつ，現代的な，包括的な，質の高い，および互恵的な経済上の連携を構築する」ことを目的として明記している。「現代的」，「質が高い」，「包括的」，「互恵的」という 4 つの特徴を同時に実現することは難しい。RCEP は，適当な形態の柔軟性および特別のかつ異なる待遇のための規定を含む様々な方法により互恵を実現するとしている。そして，柔軟性と特別かつ異なる待遇には，カンボジア，ラオス，ミャンマーおよびベトナムのためのものおよび後発開発途上締約国（カンボジア，ラオス，ミャンマー）のための追加的な柔軟性が含まれる。

　柔軟性および特別かつ異なる待遇の例をみておこう。税関手続きおよび貿易円滑化（第 4 章）では，ブルネイ，カンボジア，中国，インドネシア，ラオス，マレーシア，ベトナムについて発効後一定期間内あるいは特定の期日まで

に実施する経過措置が設けられている。ブルネイ，中国，インドネシア，マレーシアの対象となる措置はひとつか2つであるが，CLMは多くの措置が対象となっている。たとえば，「到着の前の処理」については，カンボジアは物品の引き取り許可，情報技術の利用，認定事業者のための円滑化措置，急送貨物，税関協力の6項目について5年の移行期間が認められている。ラオスは6項目について3年あるいは6年，ミャンマーは15項目について5年（1措置は2年）の経過期間が認められている。ベトナムは7項目について2021年12月31日あるいは2023年12月31日から実施となっている。

　サービス貿易については，前述のように付属書Ⅱに記載する特定の分野について CLMVはポジティブリスト方式採用が認められており，ベトナムは発効後3年以内，CLMは12年以内にネガティブリスト方式に転換する手続きを開始する。また，付属書Ⅱ（サービスに関する特定の約束に係る表）の自国の表において，将来の自由化の対象となる分野又は小分野を特定することが規定されているが，後発開発途上国（CLM）は将来の自由化の対象となる分野または小分野を特定する義務を負わず，後発開発途上締約国は，当該分野または小分野を任意に特定することができると規定されている。また，後発開発途上締約国の参加を増大させるために，① これらの締約国の国内のサービスに関する能力並びにその効率性および競争力の強化（特に，商業的な原則に基づく技術の利用によるもの），② 流通経路および情報網へのアクセスの改善，③ これらの締約国が輸出について関心を有する分野およびサービスの提供の態様における市場アクセスの自由化並びにこれらの締約国に有益な分野における市場アクセスの提供などの支援，を行うと規定されている。

　投資（第10章）では，4条の最恵国待遇はカンボジア，ラオス，ミャンマーおよびベトナムについては適用しないこととこの条の規定に基づく待遇は，カンボジア，ラオス，ミャンマーおよびベトナムの投資家およびその対象投資財産には与えられないと規定されている。6条の特定措置の履行要求の禁止では，(f) 技術移転要求の禁止と (h) ロイヤリティ規制の禁止（ライセンス契約に基づくロイヤリティ支払いに関する特定の対価率などの要求を禁止）という2つの規定は，カンボジア，ラオスおよびミャンマーについては，適用しないと規定されている。付属書Ⅲでは，インドネシア，フィリピンとともにカンボジ

ア，ラオス，ミャンマーについてラチェット義務（投資制限を緩和する改正を行った場合，その後改正された水準から制限的なものに再改正することを禁止する）は適用されず，スタンドスティル義務（協定発効日の自由化水準から制限を強化することを禁止する）が規定されている。

　知的財産（第11条）では，各締約国の異なる発展段階に留意して，および前条（貿易関連知的所有権協定に基づく後発開発途上締約国のための経過期間）の規定の適用を妨げることなく，付属書11A（締約国別の経過期間）の規定に従ってこの章の特定の規定の実施を遅らせることができると規定されている。たとえば，ミャンマーは多数国間協定への加入について10年の経過期間など7項目について3年，5年，10年の経過期間が認められており，カンボジアは10年（5年延長可能），ラオスは10年あるいは15年の経過期間が多くの項目について認められている。

　競争（第13章）では，反競争的行為に対する適当な措置（13・3条）および協力（13・4条）についてカンボジア，ラオス，ミャンマーは発効後5年以内に義務を履行すると規定されている。紛争解決（第19章）では，後発途上国締約国（CLM）に係る紛争の原因の決定および紛争解決手続きのすべての段階で後発開発途上国の特殊な状況に特別の考慮を払い，後発開発途上国に係る事案を提起することに妥当な自制を行うことなどが規定されている。

おわりに

　RCEPはASEANを中心とする東アジアの地域協力にルーツを持ち，ASEANの中からその主導性と中心性を発揮する形で生まれた広域FTAである。ASEANは域内の経済格差を考慮しCLMVへの配慮と支援を行いながら経済統合を進めてきた。こうしたASEAN経済統合の手法と経験がRCEPに活かされている。ASEANでは，ASEAN統合イニシアチブ（IAI）によりCLMVの統合への参加を支援してきたが，RCEPでも経済協力と技術協力を重視している。前述のようにRCEPの多くの分野で自由化，円滑化，ルールの内容がAECの関連協定の規定に類似している[20]。RCEPはAECと

ASEAN＋1FTA の内容がベースとなっているからである。RCEP は中国が主導したという見方があるが，ASEAN 中心性を具現化した FTA と言ってよい。

　　清水（2019）は，「ASEAN においては，経済統合の政策的特徴が広域の経済統合枠組みの整備を求める。しかし，広域枠組みへ埋没する危険が常に自らの経済統合の深化と広域枠組みにおけるイニシアチブの獲得を求める」と論じている[21]。ASEAN の経済統合がアジアの広域経済統合を促すとともにアジアの広域経済統合が ASEAN の経済統合を深化させるというダイナミズムを指摘したものである。ASEAN 経済統合の深化と RCEP の質の向上を相互に影響を与える形で進めることが RCEP そして ASEAN 経済統合の課題である。RCEP は CPTPP と比べ自由化率とルールのレベルが低いが，多くの分野でCPTPP の高いレベルを視野に入れた見直しが規定されている。CPTPP の水準を視野に入れた RCEP，そして ASEAN 経済統合の深化を進めるべきである。また，CLM が経過期間中に RCEP の規定を施行するための能力開発に向けた支援も必要である。中国の影響拡大が懸念される中で発効した RCEP では，ASEAN とその他の国の共同議長制で運営される RCEP 合同委員会において ASEAN 中心性を機能させることが重要である。

[注]
1）明日山（2005）47-52 頁。
2）助川（2019）96-103 頁。
3）助川（2019）100-101 頁。
4）METI ジャーナル「交渉会合議長　イマン・パンバギョ氏が語る『産みの苦しみ』」2021 年 3 月 30 日。
5）ASEAN（2012）
6）石川（2020）7-16 頁。
7）庄司（2017）108-109 頁，Fukunaga（2014）pp.104-105. は，プロセスの進行役（facilitator of process）と実質的な主導役（driver of substance）と説明している。
8）スリン ASEAN 事務総長（当時）は 2009 年に centrality of goodwill と centrality of substance を区別している，Acharya（2017）p.278.
9）清水（2017）48 頁。
10）TNC では共同議長を要求する対話国があったが ASEAN は中心性を理由に ASEAN が単独で議長を務めることを主張して ASEAN 単独議長が実現した。Fukunaga（2015）p.105.
11）METI ジャーナル「アジア経済統合 15 年史　そして未来へ」，2021 年 3 月 21 日。イマン・パンバギョ氏の役割については本書第 2 章も参照。
12）Petri and Plummer（2014）p.13.
13）本節では RCEP および ASEAN の関連協定の規定の一部のみを取り上げている。全体については RCEP 協定および ASEAN の関連協定を参照願う。

14）早川（2021）

15）ASEAN（2019）p.20.

16）ATISA については，石川（2021）を参照。

17）福永（2016）161-164 頁。

18）清水（2020）31-36 頁。

19）Asian Development Bank（2021）

20）Fukunaga（2015）pp.109-113.

21）清水（2019）63-64 頁。RCEP は shall を使用しているのに対し，ASEAN 電子商取引協定は should を使用している。

［参考文献］

明日山陽子（2005）「東アジアの地域統合の進展と日本の FTA 戦略」，馬田啓一・大木博巳編『新興国の FTA と日本企業』ジェトロ，所収。

石川幸一（2020）「ASEAN 中心性と ASEAN のインド太平洋構想」，『創設 50 周年を迎えた ASEAN の課題と展望』アジア大学アジア研究所シリーズ　No.101. 亜細亜大学アジア研究所，2020 年 3 月。

石川幸一（2021）「コロナ禍で進展した AEC2025 の行動計画」，『コロナ禍と米中対立下の ASEAN ─貿易，サプライチェーン，経済統合の動向─』ITI 調査研究シリーズ No.117，国際貿易投資研究所。

外務省（2012）「東アジア地域包括的経済連携（RCEP）交渉の基本指針及び目的（仮訳）」。

助川成也（2019）「RCEP と東アジア生産ネットワーク」，石川幸一・馬田啓一・清水一史編『アジアの経済統合と保護主義』文眞堂，所収。

清水一史（2017）「ASEAN 経済統合の深化と ASEAN 中心性」，『国際問題』No.665, 2017 年 10 月，日本国際問題研究所。

清水一史（2019）「ASEAN と東アジア通商秩序」，石川幸一・馬田啓一・清水一史編『アジアの経済統合と保護主義』文眞堂，所収。

清水一史（2020）「ASEAN 経済統合と電子商取引（EC）」，『ASEAN の新たな発展戦略─経済統合から成長へ─』ITI 調査研究シリーズ No.102，国際貿易投資研究所。

庄司智孝（2017）「ASEAN の「中心性」─域内・域外関係の視点から─」，『防衛研究所紀要』17 (1)。

早川和伸（2021）「RCEP は本当に質が低いのか？─関税率の観点から─」アジ研ポリシー・ブリーフ，No.140 アジア経済研究所。

福永佳史（2016）「ASEAN 経済共同体における人の移動」，石川幸一・清水一史・助川成也編『ASEAN 経済共同体の創設と日本』文眞堂。

Acharya, Amitav（2017）, "The Myth of ASEAN Centrality", *Contemporary Southeast Asia*, Vol.39. No.2. August 2017, ISEAS.

ASEAN（2011）, "ASEAN Framework for Regional Comprehensive Economic Partnership."

ASEAN（2012）, "Joint Declaration on the Launch of Negotiaions for the Regional Comprehensive Economic Partnership."

ASEAN（2019）, *ASEAN Integration Report 2019.*"

ASEAN（2020）,"Fourth Protocol to Amend the ASEAN Comprehensive Investment Agreement."

Asian Development Bank（2021）, *Key Indicators for Asia and Pacific 2021.*"

Australian Government, Department of Foreign Affairs and Trade（2012）Background to the Regional Comprehensive Economic Partnership（RCEP）Initiative.

Fukunaga, Yoshifumi（2015）, "ASEAN's Leadership in the Regional Comprehensive Economic Partnership." *Asia & The Pacific Policy Studies.* Vol.2. No.1, pp.103–115.

Petri, A Peter and Michael G. Plummer（2014）, "ASEAN Centrality and the ASEAN-US Economic Relationship", *Policy Studies 69,* East-West Centre, Honolulu.

第4章

RCEP と中国

大橋英夫

はじめに

2001年の世界貿易機関（WTO）加盟により，中国は自由貿易の多大なメリットを享受するとともに，経済改革を深化させて市場経済化を進めてきた。しかし世界的に単独主義や保護主義が台頭し，WTO が次第に機能不全に陥るなかで，中国の輸出拡大に対する反発は高まり，最大の輸出市場である米国との間でも深刻な貿易戦争が勃発した[1]。このような背景のもとで，中国は自由貿易協定（FTA）[2]に対する関心を急速に高めてきた。

中国を含む東アジア15カ国は，2020年11月25日に地域的な包括的経済連携協定（RCEP）に署名した。同日の新華社電は，8年間，3回の首脳会議，19回の閣僚会議，28回の交渉を経て，人口22.7億人，GDP26兆ドル，輸出額5.22兆ドル，それぞれ世界全体の3割を占める世界でもっとも発展の可能性がある FTA が誕生したと報じた。

中国にとって初のメガ FTA である RCEP の発効に際して，本章では，まず中国の FTA 戦略を確認したうえで，RCEP 形成過程における中国の対応をアジア太平洋地域における FTA をめぐる大国間の競争として振り返る。次に中国にとっての RCEP の経済的意義と戦略的意義を検討し，ここから得られた中国のアジア太平洋地域に対する戦略とグローバル・ガバナンスへの関与について考察してみたい。

第1節　中国と FTA

1.　中国の FTA 戦略

　改革開放後，中国は階級闘争から経済建設へと工作方針を転換したことから，中国外交においてもグローバルな経済的利益・役割・手段を追求する経済外交が中心的課題となった。特に 2008 年のリーマンショックの直後，中国が打ち出した 4 兆元の景気刺激策が世界経済に多大な貢献をなしたとして，中国の国際的地位は飛躍的に向上した。また国際金融危機のように，グローバル化の進展やボーダーレスな争点の多発化に伴い，中国外交は伝統的な二国間関係から多国間関係へと活動の場を広げてきた。そして，世界の成長センターである東アジアの経済協力は，国際連合およびその専門機関との国際協調とならんで，中国外交の焦点となった（趙 2010）。

　経済外交，多国間外交，東アジアの経済協力を結び付けているのが，2000 年代に入り急展開をみせた FTA をめぐる動きである。中国の FTA への対応は，純粋に経済的な要因だけに立脚しているわけではなく，より包括的な外交戦略の一環として展開されている。たとえば，中国の発効済み・交渉中の FTA を振り返ってみると，おおよそ次のような分類が可能である。(1)香港，マカオとの経済貿易緊密化協定（CEPA）や台湾との経済協力枠組み協定（ECFA）は「両岸四地」の統一戦略，(2)ASEAN，中日韓，パキスタンなどの近隣諸国とは近隣外交，「中国脅威論」の払拭と相互信頼関係の構築，(3)湾岸協力会議（GCC），ラテンアメリカ，南部アフリカ関税同盟（SACU），上海協力機構（SCO），オーストラリアとは資源外交，(4)アイスランドやスイスとは EU 市場への参入を主たる目的としている。

　中国初の FTA は，2000 年 11 月に ASEAN・中国首脳会談で朱鎔基総理が共同研究を提案し，2002 年 11 月に「枠組み協定」が調印された ASEAN 中国 FTA（ACFTA）である。ACFTA は発展途上国を対象とした授権条項に基づく FTA であるために，GATT24 条に合致する FTA ではなく，自由化・円滑化の水準も必ずしも高いわけではない。にもかかわらず，中国が ACFTA

を締結した狙いとしては，次の点が指摘できよう（大橋 2003）。第 1 は，中国経済の台頭に伴い ASEAN 諸国間で認識され始めた「中国脅威論」の払拭，ASEAN との相互信頼関係の醸成である。第 2 は，アジア通貨危機を教訓として設立された外貨の相互融通メカニズム「チェンマイ・イニシアチブ」(CMI)[3] への参加にみられるように，多国間地域協力への積極的関与である。第 3 は，深刻な貿易摩擦に対処するための輸出市場，投資先の多角化である。第 4 は，西部開発の延長線上に位置づけられる「大メコン圏」(GMS) 協力などの近隣諸国との地域開発協力への取り組みである。第 5 は，WTO 加盟達成後の国内改革推進の「外圧」としての FTA という位置づけである。

　一般に FTA の目的としては，市場統合による貿易創出，市場拡大，競争促進などの経済効果の追求にあるが，同時に，長期的には経済交流の拡大を通して相互依存関係を深化させ，信頼関係の増進を図るという狙いもみられる。中国の FTA の展開では，明らかに経済外交の遂行手段としての役割に優先順位が置かれている。またそれは中国外交でも優先順位が高い近隣外交の遂行手段でもある。このように東アジア・ASEAN に対する経済外交の一環としての位置づけ，また「枠組み協定」をまず締結して仔細は具体的交渉に持ち込むという交渉パターンを含めて，ACFTA は中国の FTA の原型をなしている。

2.　中国と FTAAP

　中国は近隣・東アジアに対する経済外交の場として，また成長著しいアジア太平洋地域の経済協力の枠組みとしてアジア太平洋経済協力会議（APEC）を重視してきた。ところが 1997 年のアジア通貨危機により APEC の貿易・投資の自由化・円滑化の動きが減速すると，アジア太平洋地域の貿易・投資の自由化・円滑化の動きは，基本的に WTO に依存することとなり，FTA の空白地帯といわれたアジア太平洋地域も世界的な FTA 締結の動きに同調するようになった。この過程を通して，中国は ASEAN と中日韓からなる ASEAN＋3，さらにその延長線上にある RCEP を軸に東アジアの経済外交を展開することとなった。この間，高度成長を続けてきた中国は，同時にアジア太平洋地域においてそのプレゼンスをさらに高めた。ここから中国のアジア太平洋地域に対

する経済外交は，FTAを中心とする通商秩序全体に対象を広げるとともに，中国は域内の経済大国である米国や日本とリーダーシップを競う姿勢を強めていった。

FTAがアジア太平洋地域の経済協力の焦点になると，2004年のAPECビジネス諮問委員会（ABAC）では，カナダ代表からアジア太平洋自由貿易圏（FTAAP）構想が提起された。しかし2004年のAPEC首脳会議（サンティアゴ）では，「ABACから提言されたFTAAPについては，複数の首脳から慎重な発言があった」[4]。新たな広域FTA構想に対しては，米国，中国，日本はいずれも慎重な姿勢を示した。

ところが，2005年に入ると，中国はASEAN＋3による東アジアFTA（EAFTA）に関する民間レベルの共同研究を提唱した。同年末には東アジア首脳会議（EAS）も開催されるようになり，米国抜きのアジア太平洋協力が独り歩きし始めた。2006年のAPEC首脳会議（ハノイ）では，「現時点ではアジア太平洋の自由貿易圏につき交渉することには現実的な困難さがある」ことから，米国抜きのアジア太平洋協力を懸念する米国は，中国抜きのFTAを創設してAPEC全体に発展させる構想を選択するようになった。2008年に入ると，米国はFTAAPへの道筋として，のちに環太平洋パートナーシップ協定（TPP）に繋がるP4加盟交渉を選択した[5]。こうしてアジア太平洋地域の経済協力では，米国排除を図る中国と中国排除を図る米国の動きが明らかとなった（Panda 2014; Hamanaka 2014）。

米中両国のアジア太平洋地域に対する姿勢は，もちろん戦略的な駆け引きにとどまらない。米国はサービス，投資，知的財産を中心としたFTA，中国は物品貿易の自由化を中心としたFTAを志向するなど，発展段階の差異を反映して，両者の経済協力の方向性の違いも明らかであった。さらに2007年には，日本がASEAN＋6による東アジア包括的経済連携（CEPEA）を提案した。これは対象分野をサービス，投資，知的財産に広げるとともに，この水準に合致するオーストラリア，ニュージーランド，さらに中国のカウンター・バランスにもなりうるインドを取り込んだ構想である。2010年のAPEC首脳会議（横浜）では，「FTAAPへの道筋」として，ASEAN＋3，ASEAN＋6，TPPといった「現在進行している地域的な取り組みを基礎としてさらに発展させる

ことにより，包括的な自由貿易協定として追求されるべきである」との方針が示された。

　これ以後，アジア太平洋協力はTPP交渉が先行して進められた。2011年のAPEC首脳会議（ホノルル）では，同時にTPP首脳会議も開催され，日本のTPP交渉への参加も実現した。一方，RCEPに関しては，2011年11月のASEAN首脳会議でASEAN＋3のEAFTAとASEAN＋6のCEPEAを収斂させるRCEP構想が打ち出された。見方を変えると，CEPEAを主導してきた日本がTPPに傾斜している間に，中国はASEAN主導のもとで米国抜きのRCEPを既成事実化したともいえる。しかし総じていえば，TPP交渉が活発化する一方で，RCEP交渉はやや停滞局面に陥った。

　もっとも，2014年のAPEC首脳会議（北京）では，「FTAAPの実現に向けた北京ロードマップ」が採択され，「FTAAPへのありうべき道筋」として「TPPおよびRCEP」の双方が明記され，交渉が進展するTPPがFTAAPへの唯一の道筋でないことが再確認された。中国がTPPへの牽制を強めるなか，同時に北京で開催されたTPP首脳会議は「大きな進展をみた」。そして2015年10月にTPP交渉は大筋合意に達した。調印に際してオバマ大統領は「われわれは中国のような国にグローバル経済のルールを書かせることはできない」と述べた（White House 2015）。翌年1月の一般教書演説でも「TPPに関していえば，われわれがこの地域のルールを定めるのであり，中国ではない」と言明した（White House 2016）。オバマ大統領の痛烈な中国批判から，アジア太平洋協力をめぐって米中間で熾烈な競争が展開されていたことがうかがえよう。

3.　中国とRCEP

　中国側からみると，TPPはアジア太平洋協力の方向性を複雑化し，米国のアジア回帰・「リバランス戦略」を強化する「中国包囲網」の一環をなしている。この間の米中関係において注目すべき動きは，米中二国間投資協定（BIT）交渉である。

　2013年5月の米中戦略経済対話（S&ED）では，2008年に合意されながら，

その後の国際金融危機で棚上げにされてきた米中 BIT 交渉をさらに前進させるとの合意がなされた（U.S. Department of the Treasury 2013）。ここで求められているのは「高水準」の BIT であり，「投資前の内国民待遇」（Pre-establishment National Treatment）とネガティブリスト方式が原則とされた。いずれも TPP の基本方針と相通じるものがある。2014 年 1 月のダボス会議で米通商代表部（USTR）のフロマン代表は，中国の TPP 参加には米中 BIT 交渉がまず進展する必要があると言明した（*Reuters*, January 23, 2014）。興味深いことに，USTR が標準モデルとして公表していた BIT のテキストは，交渉中の TPP 協定と類似した内容であった（大橋 2016）。ここから当時の米国は，米中 BIT 交渉を通して，中国の構造改革をさらに推進させたうえで，中国を TPP 交渉に呼び込むことを狙っていたものと考えられる。しかし中国は米国の狙いとはまったく異なる対応を示した。米中 BIT 交渉で掲げられた改革措置は，2013 年 9 月に設立された中国（上海）自由貿易試験区において，国内的，部分的かつ段階的に進められることになった。

　ところが，2017 年 1 月に成立したトランプ政権は，大統領選挙時の公約に基づき米国の TPP からの離脱を決定した。しかし同年 5 月に米国を除く 11 カ国が TPP の早期発効を目指すことで合意し，11 月の TPP11 閣僚会合（ダナン）で大筋合意をみた。TPP は環太平洋パートナーシップに関する包括的および先進的な協定（CPTPP）として再出発し，2018 年 3 月に署名，同年 12 月に発効した。

　一方，RCEP は 2012 年 11 月の RCEP 首脳会議で「RCEP 交渉の基本指針」が承認され，交渉開始が宣言された。その後，対中貿易赤字に悩むインドが RCEP 交渉から離脱したものの，2020 年 11 月の RCEP 首脳会議で RCEP は署名にいたった。RCEP の交渉分野は，中国が EAFTA で重視した物品貿易（関税・非関税）に加えて，サービス貿易，投資，経済協力，知的財産，競争，紛争処理などが含まれており，日本が CEPEA で固執した分野も対象とされている。また交渉原則として，RCEP は ASEAN と ASEAN の FTA パートナー，つまり ASEAN＋1 の締結国との FTA であるとされた。したがって ASEAN と FTA を締結していない米国は，そもそも RCEP への参加資格をもたないことになる。ASEAN の中心性を強調する RCEP 交渉の原則は，米国排除を最

優先する中国の思惑と見事に一致したといえよう。

第 2 節　RCEP の経済的意義

1.　経済（所得・輸出）効果

　RCEP の目的は，域内貿易・投資を促進し，地域・経済統合と協調的発展を
達成するために，包括的，高品質で相互互恵的な経済連携の枠組みを樹立する
ことにある（呉 2020）。その効果はもちろん多岐に及ぶが，ここではまず総合
的な経済効果をみてみよう。

　TPP，RCEP，FTAAP など，アジア太平洋地域における経済協力の枠組み
がもたらす経済効果に関しては，これまで P・ペトリと M・プラマーが応用
一般均衡（CGE）モデルを用いて域内各国・地域の所得・輸出の変化を継続
的に推計してきた（表 4-1）[6]。一連の研究成果によると，アジア太平洋地域
では，もっとも広域の FTAAP が実現されると，中国をはじめとして，域内
各国・地域全体が大きなプラスの効果を享受することができ，まさにウィン・

表 4-1　アジア太平洋地域における経済協力枠組みの経済効果

	所得増加（10 億ドル）		輸出増加（10 億ドル）	
	CPTPP	RCEP	CPTPP	RCEP
米国	▲4	0	▲8	▲2
カナダ	26	1	40	▲1
メキシコ	21	1	25	▲1
日本	57	60	100	133
中国	▲14	127	▲6	234
韓国	▲4	28	▲6	65
ASEAN	55	28	108	78
オーストラリア	15	2	24	3
ニュージーランド	4	1	5	1
インド	▲5	▲7	▲3	▲5
世界	113	245	217	514

注）ベースラインは 2030 年の所得・輸出。
出所）Park et al.(2021) より作成。

ウィンの連鎖となる。米国が離脱した CPTPP では日本，RCEP では中国が最大のプラスの影響を享受し，一方，CPTPP では中国，RCEP では米国が最大のマイナスの影響を被ることになる[7]。経済効果の多寡はまず各国の経済規模を反映しているが，経済協力の枠組みに不参加の場合には，貿易・投資転換の影響をまともに被ることになる。

　また RCEP が CPTPP よりも大きな経済効果が期待できるのは，第 1 に，RCEP に中日韓といった経済大国が含まれており，第 2 に，RCEP の域内貿易比率が CPTPP よりも高く，第 3 に，RCEP の保護水準が CPTPP よりも高い，つまり自由化の効果がより大きいからである。このように単純化されたマクロ推計でも，中国がアジア太平洋協力の枠組みに参加するメリットはきわめて大きいといえる。ここから，同様のモデルを用いた中国の研究では，アジア太平洋地域の経済協力の枠組として RCEP の推進を最優先とすることが提案されている（向 2018）。

2. 貿易・投資拡大効果

　アジア太平洋地域は「世界の工場」を擁し，重層的な輸出・生産ネットワークに基づき密度の濃い域内貿易・投資が行われていることから，FTA に対する期待はきわめて大きい。RCEP 参加国はいずれも中国にとって重要な貿易相手国である。これまで中国の高度成長に寄与してきた対米・対 EU 輸出は，トランプ政権の対中制裁措置による米中貿易戦争や英国の EU 離脱に伴い，相対的にその重要性を低下させている。2020 年には，中国と RCEP 参加国の貿易は，中国の輸出の 27.0 ％，輸入の 37.7 ％を占めている。また同年には，ASEAN が中国の最大の貿易パートナーとなった。一方，ほとんどの RCEP 参加国にとっても，中国は最大の貿易相手国である（図 4 - 1）。

　中国が世界第 1 位を続けている物品貿易では，多くの品目の関税が既存の ASEAN + 1 の FTA を上回る水準となり，関税撤廃率は品目ベースで 91 ％となる。非関税障壁の削減も物品貿易の自由な移動を促進する。RCEP 参加国は輸出拡大を通して経済成長を加速化し，輸入拡大は多様な消費・生産ニーズを充足させる。また RCEP は原産地基準，通関手続き，検査・検疫，技術基準

図 4-1　RCEP 参加国の対中・対米貿易依存度（2019 年）

国	対中貿易	その他	対米貿易
ミャンマー	33.2	63.6	3.2
オーストラリア	33.0	59.5	7.5
ラオス	30.0	68.9	1.1
カンボジア	23.9	63.8	12.3
ニュージーランド	23.8	66.5	9.7
韓国	23.3	63.7	13.0
日本	21.3	63.1	15.6
インドネシア	21.3	70.8	7.9
ベトナム	22.6	62.8	14.6
フィリピン	19.1	70.4	10.5
マレーシア	17.2	73.8	9.0
タイ	16.5	73.4	10.1
シンガポール	13.4	76.2	10.4
ブルネイ	9.1	88.1	2.8

注）貿易依存度は輸出入（往復）貿易額ベース。
出所）ADB（2021）より作成。

などの統一規則を確立することにより，域内貿易の手続きが大幅に簡素化され，より円滑な貿易活動が期待されている。

　「21世紀型貿易」では，効率的なサプライチェーンの構築が企業の競争力の規定要因とされる（Baldwin 2011）。また米中貿易戦争やコロナ禍の影響を受けて，中国企業や東アジアの輸出・生産ネットワークでも，サプライチェーンの再構築や強靭化が求められている。RCEPを契機として，大規模な潜在的市場を中心に中国企業が新たなサプライチェーンを構築することができれば，外部の不確実性の影響を軽減することも可能となる。また巨大な国内消費市場を擁する中国の輸入企業にとっては，新たな需要創出の機会を手にすることになる。

　また中国が世界第2位にランクされているサービス貿易，さらに投資，電子商取引，政府調達などでも，RCEPはASEAN+1のFTAを上回る規定が含まれている。たとえば，サービス貿易ではネガティブリスト方式が採用されている。投資でも，これまで中国のFTAでは規定されてこなかったロイヤリ

ティ規制の禁止や技術移転要求の禁止の規定が明記されている。電子商取引でも，中国のFTAでは約束されてこなかったデータのフリーフロー，データローカライゼーションの禁止の規定が含まれている[8]。政府調達は，いまだ内容は乏しいものの，ASEAN＋1のFTAにはない新たな章として設けられている。このようにRCEPの貿易・投資拡大効果に対しては，物品貿易以外の分野でも期待が寄せられている。

3.　改革促進効果

　商務部によると，RCEPは中国がこれまでに締結したFTAのなかでも最高水準にある。現行のRCEP協定では中国は701項目の拘束力のある義務を負っている。そのうち613項目，つまり87％はすでに実施準備がなされており，残りの項目も協定発効時に義務を完全に果たすことができるという（『経済日報』2021年3月26日）。ここから，RCEPに参加した中国には制度・構造改革の促進効果が期待されるはずである。ところが，より高度なFTA，たとえば，CPTPPと比べると，RCEPの改革促進効果には一定の限界がみられる。

　RCEPでは，ASEAN＋1のFTAを上回る貿易投資の自由化・円滑化が見込まれている。しかしながら，まず関税撤廃は，ASEAN後発国を中心に長期の移行期間が設定されており，その効果はきわめて漸進的である。またサービス貿易や投資では，すべての参加国がネガティブリスト方式を採用するわけではない。さらにより敏感な分野に関しては，開放スケジュールが未定といった問題も残存する。これに対して中国では，たとえば，サービス貿易や投資では，すでにネガティブリスト方式に基づいた市場開放がなされている。このようにRCEPへの参加により，中国が新たに対応しなければならない要件はさほど厳しいものではなく，すでに実施済みの項目も少なくない。

　次にRCEPはWTOに規定のない電子商取引のルールを定めている（＝WTOエクストラ）。ただし，日米デジタル貿易協定にあるアルゴリズム開示要求の禁止はいうまでもなく，CPTPPにあるソースコード開示要求の禁止の規定もRCEPにはない。知的財産のルールでも，保護水準の向上や権利行使

の強化など，WTOを上回る規定（＝WTOプラス）もみられるが，CPTPP
の植物新品種保護条約への加入義務などの規定と比べると，やはり内容的に見
劣りするところがある。またRCEPには政府調達の規定が存在する。しかし
RCEP参加国のほとんどはWTOの政府調達協定（GPA）に未加盟である。
そのためRCEPの政府調達では，アクセスリストも提示されておらず，市場
開放の範囲を広げる規定というよりは，政府調達の公平性や透明性を高めよう
とする原則を謳ったものにとどまっている。

　さらにCPTPPと比較すると，RCEPでは国有企業，環境，労働に関する高
水準のルールが欠落している。いずれも，社会主義市場経済を標榜する中国で
はきわめて敏感な分野であり，場合によっては，中国の「核心的利益」を損な
う，あるいは「内政干渉」に該当する可能性もある。換言すると，これらの要
件に合致する努力がなされない限り，中国がCPTPPに参加することはきわめ
て困難である。

　このほか，中国の金融部門では，RCEPの人民元の国際化に対する貢献が期
待されている。たとえば，杜ほか（2021）によると，対外貿易は，(1)取引コ
スト（取引コストが低いほど国際貿易において自国通貨が受け入れられる），
(2)取引規模（取引規模が大きいほど自国通貨が国際決済に使われる可能性が
高い），(3)取引対象（広範囲で取引のネットワークが形成されているほど取引
コストが削減される可能性が高い）の3面から，通貨の国際化を促進するとい
う。したがって，中国の対外貿易の規模が継続的に拡大していけば，国際取引
と決済における人民元のコストは効果的に削減され，輸出指向型経済の開放度
が継続的に上昇するに伴い，中国と貿易相手国は人民元の国際化を促進するこ
とになる。もっとも，ここから導かれる人民元の国際化に対するRCEPの貢
献はあくまでも間接的であり，結局のところ，RCEPの貿易拡大効果に期待が
寄せられているにすぎない。

　中国のWTO加盟に際しては，「外圧」としての改革促進効果に高い期待が
寄せられ，実際にWTO加盟は中国の制度・構造改革を加速化した（大
橋 2002）。ところが，RCEP参加に際して，中国に課されたハードルは相対的
に高くはない。したがって，中国国内においてもRCEPの改革促進効果はそ
れほど喧伝されているわけではない。RCEP参加に伴い中国に求められる制

度・構造改革は，やはり国境措置（on the border issues）に集中しており，さらなる国内措置（behind the border issues）を求めるものではない。また RCEP を含めて，中国の FTA は WTO プラス（WTO を上回る自由化）や WTO エクストラ（WTO にない新たなルール）を追求するものではなく，漸進主義的な改革を側面的に支援する程度にとどまっている。

第3節　RCEP の戦略的意義

1. 中日韓（CJK）FTA

　単独主義や保護主義の台頭する世界にあって，経済活動の取引コストと不確実性リスクを大幅に軽減する FTA は，機能不全に陥った WTO の役割を部分的に補完・代替しつつある。いかなる FTA に参加するかは，世界各国が多国間外交を展開する際の重要な選択肢となりうる。そのため中国は，RCEP の戦略的意義を十分に意識して多国間外交を展開しつつある。

　アジア太平洋地域の経済協力の枠組みである RCEP は，同時に日中間，日韓間の初の FTA でもある。中国は ASEAN＋3 のみならず，「＋3」の中日韓の経済協力に対しても，これまで非常に積極的な姿勢をみせてきた。中日韓の協力体制は，1999 年の ASEAN＋3 首脳会議の際に非公式に開催された朝食会にさかのぼる。より具体的な動きをみせたのは，2008 年 12 月に ASEAN＋3 の枠組みを離れて開催された中日韓首脳会議（福岡）からである。CJKFTA に向けての動きは，2010 年の第 3 回首脳会議で産官学共同研究会合が開催されたことに始まる。その後，中日韓協力では，貿易・投資，防災（東日本大震災），環境・エネルギー，人的・文化交流などに関する議論が進められ，2012 年 5 月の第 5 回首脳会議では CJKFTA の先駆けとなる中日韓投資協定が署名された。ところが，同年夏の李明博大統領の竹島上陸などに伴う日韓関係の悪化や尖閣諸島国有化に伴い中国で反日デモが起きたことから，中日韓首脳会議は開催見送りとなり，その後も断続的な開催にとどまっている。CJKFTA 交渉は中日韓首脳会議に大きく依存しており，首脳会議が中断・再開を繰り返す

なか，CJKFTA 交渉はほとんど進展をみせていない。

　にもかかわらず，日本や韓国と比べると，中国の CJKFTA に対する姿勢は引き続き積極的である。中日韓は世界第 2，3，6 位の経済大国である。しかも経済的相補補完性は高く，共通の文化的背景を有する。しかし北米の米国・メキシコ・カナダの隣国関係と比べると，東アジアの中日韓の隣国関係はいまだにその潜在力を十分に発揮しているとはいえない。それは中日韓には，北米自由貿易協定（NAFTA）／米国・メキシコ・カナダ協定（USMCA）のような経済協力の枠組みが存在しないからであり，それゆえ CJKFTA の早期締結が求められているのである（『中国一帯一路網』2020 年 11 月 15 日）。このような論理に基づいて，中国では，RCEP による日中・日韓の合意形成が CJKFTA 交渉を加速化し，CJKFTA を強力に推進する契機になるとの期待が寄せられている。

2.「一帯一路」構想

　「一帯一路」構想は，2013 年秋に習近平国家主席が外遊中に発表した対外構想である。もっともこの構想には，国外新規市場の開拓や対外投資の展開を通した中国国内の過剰生産能力の解消，人民元の国際化，周辺外交の強化などの基本的な狙いが込められている。しかしその綱領的文書（国家発展改革委員会ほか 2015）によると，その基本原則は，(1)主権尊重，相互不可侵，内政不干渉，平和共存，平等互恵の維持，(2)開放的枠組の維持，(3)協調関係の維持，(4)市場メカニズムの維持，(5)ウィン・ウィン関係の維持であり，外交文書としての色彩がかなり強い。「一帯一路」構想は東アジアと欧州の両経済圏を結ぶ構想であり，重点分野として，(1)政策協調，(2)インフラ（交通，エネルギー，通信）整備，(3)貿易・投資協力（円滑化，障壁削減，投資環境改善，FTA），(4)資金融通（通貨交換の拡大，アジア債券市場の育成，アジアインフラ投資銀行（AIIB），BRICS 銀行の推進，シルクロード基金の運営），(5)人的交流が掲げられている。そして協力メカニズムとして，上海協力機構（SCO），ASEAN＋1（中国），APEC，アジア欧州会合（ASEM），GMS 経済協力，中央アジア地域経済協力（CAREC）など，既存の多国間・地域枠組み

が活用される。

　このように「一帯一路」構想は多岐におよび，既存の構想，政策，プロジェクトの「寄せ集め」との印象は拭えない（伊藤 2015）。しかし包括的なメガFTAであるRCEPは，中国の既存の多国間・地域枠組みを包摂し，「一帯一路」構想を具体化する重要な枠組みとなりうる。また「一帯一路」構想が，米国が打ち出したアジア回帰・「リバランス戦略」への対案として誕生したこと（Ohashi 2019），また第13次5カ年計画以後の長期計画に必ず組み込まれるなど，中国の対外戦略の中心的構想として位置づけられていることを考慮に入れると，RCEPの戦略的意義はさらに高まってこよう。中国が「一帯一路」構想を推進するに際しては，もちろん通商ルールの再構築も必要となってくる。RCEPは域内のみならず，中国がグローバルな通商ルールの策定で主導的な役割を果たすための重要な礎石にもなりうるのである。

3. CPTPP 加入問題

　2020年11月のAPEC首脳会議で習近平国家主席は「CPTPPへの参加を積極的に考慮する」と表明した。李克強総理も同年5月の全国人民代表大会で同様の発言をしている。同年12月の中央経済工作会議では，2021年の重点任務・「改革開放の全面推進」のひとつとして，「CPTPPへの参加を積極的に考慮する」ことが掲げられた。こうして2021年9月に中国はCPTPPへの加入を申請した。

　従来から改革派エコノミストなどの間では，改革促進効果の観点からCPTPPへの早期加入が提起されてきたが，習近平国家主席の参加表明を受けて，中国のCPTPP加入の動きは本格化したといえよう。たとえば，中国社会科学院世界経済政治研究所の蘇（2020）によると，RCEPは中国に多大な経済的・戦略的な利益をもたらすが，改革開放の利益は限定的である。それゆえに中国はRCEPを積極的に推進する一方で，CPTPP加入に伴う困難を解決し，できるだけ早くCPTPPに加入する必要があるという。

　しかしながら，中国のCPTPP加入のハードルはかなり高いといわざるをえない。CPTPP協定を文字通りに解釈すれば，第1に，「労働」章が求めてい

る労働基本権の保障や強制労働の廃止，さらに自主的労働組合結成の権利が認められなければならない。第2に，「電子商取引」章では，中国が「データ主権」を主張するなか，データのフリーフロー，データローカライゼーションの禁止の規定を充足させる必要がある。そして第3に，国有企業に対する非商業的な援助（補助金）と競争中立性の問題，国有企業を政治・国家安全の手段として用いるために認められている広範な適用除外，例外や留保と無差別原則との関係をクリアする必要がある。中国の政治経済の根幹をなす国有企業とCPTPP協定との整合性を図ることはきわめて困難な作業である。

　さらに中国にとっては，CPTPP加入に対する米国の影響力も懸念材料である。CPTPPに参加しているカナダやメキシコが「非市場経済」（中国）とFTAを締結する場合には，USMCAの「毒素条項」[9]により，米国は中国のCPTPP加入に対する事実上の「拒否権」をカナダ，メキシコを通して行使することができる。しかも米国がCPTPPに復帰するか否かにかかわらず，今後の通商協定では，労働，環境，人権などに関して，米国は必ずUSMCA水準のFTAを求めてくることになる。

　にもかかわらず，中国がCPTPP加入を申請したのは，米国不在のCPTPPの戦略的有用性にある。中国がアジア太平洋地域においてリーダーシップを発揮するうえで，RCEPに加えて，CPTPPは避けて通れない多国間枠組みである。しかもCPTPP加入により，中国はオバマ政権時のTPP＝「中国包囲網」という性格を一変させることも可能である。2020年4月の中央財経委員会における習近平講話では，「国際産業チェーンを我が国に依存させ，外国の人為的な供給停止に対し強力な反撃・威嚇力を形成する」ことが強調された（『新華網』2020年10月31日）。習近平講話の狙いどおり，RCEPに加えて，CPTPPはアジア太平洋地域の対中依存度を高めるための手段にもなりうる。

　中国のCPTPP参加意思表明の背景を分析した渡邉ほか（2021）によると，中国のCPTPP加入の目的は「制度に埋め込まれたディスコース・パワー」の拡大・追求にあるという。すなわち，中国はグローバル経済秩序の形成において発言力を高め，秩序形成に決定的な影響力をもつ「大国」として自己権益の拡張を意図している。中国は2000年代末に改革開放の「総設計師」・鄧小平氏の外交に関する遺訓である「韜光養晦」[10]（能力を隠して力を蓄え時機を待つ）

を修正し，その後は強大な経済力・軍事力を背景に積極的な外交を展開するようになった。中国はRCEP，そしてCPTPP加入をグローバル・ガバナンスへの積極的関与に向けての第一歩と位置づけているのであろう。

おわりに

2020年5月の中国共産党政治局常務委員会では，「双循環」という概念が初めて提起された。同年7月の習近平国家主席の談話によると，「双循環」は「国内大循環を主体として，国内外の双循環が互いに促進する新たな発展モデル」であるという[11]。ここでは，中国を取り巻く内外情勢の変化を反映して，巨大な国内市場における生産，分配，消費，流通，技術革新などの国内大循環，対外開放の継続・促進による国際大循環，そして両者を繋げるサプライチェーンの強靱化が掲げられている。対外経済貿易大学の崔凡によると，「世界最大のFTAであるRCEPは中国の双循環を促進するうえで重要な役割を果たす」として，「参加国間の関税引き下げは地域内の産業チェーン，サプライチェーン，バリューチェーンの融合促進に資する取り組みである」との見方を示している（『経済日報』2021年12月16日）。このようにRCEPに関しては，中国の新たな発展モデルにおける理論的な位置づけも試みられている。

中国のFTA戦略では，経済的意義にも増して，その戦略的意義が追求されてきた。その形成過程を振り返ってみると，確かにRCEPもその例外ではない。しかし東アジアの経済成長が持続化し，域内相互依存がさらに深化するに伴い，また長期スケジュールが設定されたRCEPの貿易・投資の自由化・円滑化の効果が徐々に顕在化するに伴い，RCEPの経済的意義はさらに高まることが見込まれよう。

[注]
1）中国のWTO加盟に関しては大橋（2002），中国製品に対するアンチダンピング課税や相殺関税に関しては大橋（2011），米中貿易戦争に関しては大橋（2020）を参照。
2）本章では，貿易中心のFTAと貿易以外の分野を含む経済連携協定（EPA）を明確に区別しておらず，FTA/EPAをFTAと表記している。
3）2000年5月にASEAN＋3蔵相会議（タイ・チェンマイ）で合意された二国間通貨スワップ取極

のネットワークであり，その後は域内金融の政策対話や監視の強化にも活用された。

4）APEC首脳会議の宣言・声明・概要は，外務省のAPECサイト（https://www.mofa.go.jp/mofaj/gaiko/apec/index.html）による。

5）TPPの起源は，2002年10月のAPEC首脳会議（ロス・カボス）でチリ，シンガポール，ニュージーランドの3カ国間で交渉が開始されたP3-CEP（Pacific Three Closer Economic Partnership）に求められる。2005年4月にブルネイがこれに参加し，2006年5月にP4が発効した。その後，2010年に米国，2013年に日本が交渉に参加することにより，TPPはアジア太平洋地域の主要な経済協力の枠組みとなった。

6）最近の推計に関してはPetri and Plummer（2020）も参照。

7）最新の国連貿易開発会議（UNCTAD 2021）の試算では，国別の輸出増加幅は日本が最大で，域内向け輸出は2019年比で5.5％，約200億ドル増加すると見積もられている。

8）ただし，この規定と「サイバーセキュリティ法」（2017年6月施行），「データセキュリティ法」（2021年9月施行），「個人情報保護法」（2021年11月施行）が掲げる国家安全との関係には注意する必要がある。

9）USMCAの第32.1条は，企業の敵対的買収の防止策のような意味合いをもつために「毒素条項」（poison pill）と呼ばれている。

10）2000年代末に「韜光養晦，有所作為」（能力を隠して力を蓄え，なすべきことをする）は「堅持韜光養晦，積極有所作為」（韜光養晦を堅持し，積極的になすべきことをする）へと修正された。「韜光養晦」をめぐる議論に関しては増田（2013）を参照。

11）「双循環」については，劉鶴副首相の説明（『人民日報』2020年11月25日）を参照。

[参考文献]

伊藤亜聖（2015）「中国の『一帯一路』の構想と現実―グランドデザインか寄せ集めか？」，『東亜』第579号。

大橋英夫（2002）「中国のWTO加盟と市場経済化」，国分良成編『グローバル化時代の中国』日本国際問題研究所。

大橋英夫（2003）「東アジア経済の再編における日中の役割」，『東亜』第427号。

大橋英夫（2011）「対外的脆弱性の克服：摩擦と協調」，朱炎編『中国経済の持続可能性』勁草書房。

大橋英夫（2016）「TPPと中国の『一帯一路』構想」，『国際問題』第652号。

大橋英夫（2019）「新たな対外開放とグローバル・ガバナンスの追求」，大西康雄編『習近平「新時代」の中国』アジア経済研究所。

大橋英夫（2020）『チャイナ・ショックの経済学―米中貿易戦争の検証』勁草書房。

増田雅之（2013）「胡錦濤政権期の中国外交―『韜光養晦，有所作為』をめぐる議論の再燃」，『政権交代期の中国：胡錦濤時代の総括と習近平時代の展望』日本国際問題研究所。

渡邉真理子・加茂具樹・川島富士雄・川瀬剛志（2021）「中国のCPTPP参加意思表明の背景に関する考察」RIETI Policy Discussion Paper Series 21-P-016.

ADB（2021）, *Key Indicators for Asia and the Pacific*, Asian Development Bank.

Baldwin, Richard（2011）, "21st Century Regionalism: Filling the Gap between 21st Century Trade and 20th Century Trade Rules," CEPR Policy Insight No. 56.

Hamanaka, Shintaro（2014）, "TPP versus RCEP: Control of Membership and Agenda Setting," *East Asian Economic Review*, Vol. 18, No. 2.

Ohashi, Hideo（2019）, "The Belt and Road Initiative（BRI）in the Context of China's Opening-up Policy," *Journal of Contemporary East Asian Studies*, Vol. 7, Issue 2.

Panda, Jagannath P.（2014）, "Factoring the RCEP and the TPP: China, India, and the Politics of

Regional Integration," *Strategic Analysis*, vol. 38, no. 1.

Park, Cyn-Young, Peter A. Petri, and Michael G. Plummer（2021）, "The Economics of Conflict and Cooperation in the Asia-Pacific: RCEP, CPTPP and the US-China Trade War," *East Asian Economic Review*, Vol. 25, No. 3.

Petri, Peter A. and Michael G. Plummer（2020）, "East Asia Decouples from the United States: Trade War, COVID-19, and East Asia's New Trade Block," PIIE Working Paper 20-9.

UNCTAD（2021）, *A New Centre of Gravity: The Regional Comprehensive Economic Partnership and Its Trade Effects*, United Nations Conference on Trade and Development.

U.S. Department of the Treasury（2013）, "Joint U.S.-China Economic Track Fact Sheet of the Fifth Meeting of the U.S.-China Strategic and Economic Dialogue," July 12, 2013.

White House（2015）, "Statement by the President on the Trans-Pacific Partnership," October 5.

White House（2016）, "Remarks of President Barack Obama-State of Union Address," January 13.

国家発展改革委員会・外交部・商務部（2015）「推動共建絲綢之路経済帯和 21 世紀海上絲綢之路的愿景与行動」3 月 28 日。

蘇慶義（2020）「RCEP 給中国帯来的影響及中国的未来選択」,『第一財経』12 月 4 日。

杜金富・張紅地・王遠卓（2021）「RCEP 対中国的積極意義」,『中国金融』第 3 期。

呉関健（2020）「RCEP 正式簽署対中国意味着什麼？」,『央視新聞』2020 年 11 月 15 日。

向方宏（2018）「CPTPP 和 RCEP 対中国経済影響分析」,『中国経貿』第 9 期。

趙進軍編（2010）『中国経済外交年度報告（2010）』経済科学出版社。

第5章

RCEP とインド
—— インドの離脱

熊谷章太郎

はじめに

　2019 年 11 月，2013 年から行われている地域的な包括的経済連携（RCEP）交渉がターニングポイントを迎えた。タイで開催された RCEP 閣僚会議で，インドを除くすべての交渉参加国が全分野で大筋合意に至る一方，インドは「未解決のまま残されている重要な課題がある」として，今後の協議から離脱する可能性を示唆したのである。今後 10 年以内に中国を追い越して世界最大の人口大国となるインドを広域の自由貿易圏に招くことができるか否かは，日系企業のアジアビジネスの行方や自由で開かれたインド太平洋戦略（FOIP）の実現を大きく左右する。そのため，日本はインドを含めて RCEP の発効を目指す方針を示し，2019 年 12 月の日中韓サミットや 2020 年 1 月の茂木外相（当時）の ASEAN 訪問時に各国とインドの交渉復帰に向けて連携することを確認した。しかし，結局インドは交渉に復帰せず，2020 年 11 月，インドを除く 15 カ国で RCEP 協定への署名が行われることとなった。インドのジャイシャンカル外務大臣は，RCEP がインドの製造業の発展を阻害することに対する懸念を RCEP 協定に署名しなかった理由として挙げた（The Indian Express 2020 年 11 月 17 日 "Jaishankar defends decision to not sign RCEP"）。

　インドの RCEP からの離脱は，多くの人に対して様々な疑問を投げかけた。一般的に自由貿易の拡大は製造業を中心に経済発展にとってプラス影響をもたらすと考えられる。なぜインドはそれがマイナス影響をもたらすと考えたのか。インドの不参加は他の RCEP 参加国にどのような影響をもたらすのか。

「未解決のまま残されている重要な課題」の解消が進み，インドは先行き
RCEP に参加するのか。

　本章は，こうした一連の疑問の答えを探るため，インドがどのような経済・
社会問題を抱えているのか，その克服のためにどのような取り組みをこれまで
展開してきたのかについて，インドの視点に立って分析する。まず，1 節でイ
ンドが抱えている課題を整理するとともに，その克服には製造業の発展が不可
欠であることを述べる。2 節で，インドが製造業の振興に向けてどのような取
り組みを展開してきたのかを分析したうえで，RCEP の不参加に至った理由を
考察する。3 節では，RCEP への参加を見送ったインドが今後どのようにして
製造業を発展させようとしているのかを確認し，その実現の可能性を展望す
る。4 節で RCEP への不参加を始めとしたインドの保護主義の強まりが各国に
与える影響を分析し，5 節で将来のインドの RCEP への参加を実現するため
に，RCEP 参加国がどのようにインドと向き合っていくべきかについて考察す
る。

第 1 節　インドの抱える経済・社会課題と製造業振興の重要性

　過去 20 年，インドは世界経済におけるプレゼンスを着実に高めており，
2000 年に世界第 13 位であった名目 GDP は，2020 年に米国，中国，日本，ド
イツ，英国に次ぐ世界第 6 位となった。一方，1 人当たり名目 GDP は依然と
して約 2,000 ドルに過ぎず，所得水準の低さや産業の未発達に伴う様々な経済
的・社会的課題を抱えている。そのため，インド政府は製造業の発展を通じて
以下の 2 つの目的を達成しようとしている（図 5 - 1）。

　第 1 に，失業問題の解消である。インドは年間 1,000 万人を上回るペース
で生産年齢人口（15〜64 歳人口）が増加しており，恒常的に労働供給が需要
を上回りやすい構造を有している。労働力関連の統計の整備が遅れているた
め，雇用状況を包括的に把握することは困難であるが，失業問題が深刻な社会
問題となっていることを示す報道は枚挙にいとまがない。たとえば，2015 年，
ウッタルプラデシュ州政府がお茶くみや警備員などを約 400 人求人したとこ

図 5-1　インドの経済・社会問題の解消に向けた製造業の発展の重要性

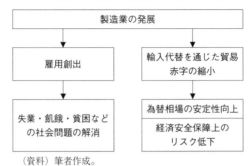

（資料）筆者作成。

ろ，230 万人が応募したことが国内外の耳目を集めた（*Financial Times* 2015 年 9 月 19 日 "Indian job ad recevies 2.3m applicants"）。また，2018 年にインド国鉄が 10 万人の職員を募集したところ，2,000 万人が応募したことも注目を集めた（BBC 2018 年 3 月 27 日 "Twenty million Indians apply for 100,000 railway jobs"）。コロナ禍の発生以降，雇用環境は悪化しており，雇用創出効果が大きい労働集約型の製造業を発展させる重要性は一段と高まっている。

　第 2 に，貿易赤字の拡大に伴うマクロ経済の不安定性の克服である。インドは貿易赤字を主因とする経常収支の赤字体質が続いており，ルピー安とインフレの悪循環により経済が不安定化するリスクを抱えている。実際，2010 年代前半，原油価格が高止まりするなか，米国の量的緩和政策の早期終了観測が広がるとインドからの資金流出が加速し，急速なルピー安が起こった。そのため，インド準備銀行は為替相場と物価の安定に向けて，景気低迷下にもかかわらず金融引き締めを迫られた。

　コロナ禍の発生以降，内需の悪化に伴う輸入の減少や先進国の金融緩和に伴うインドへの資本流入の増加などを背景にルピー安圧力は和らいだ。しかし，各国のワクチン接種の広がりなどを背景にコロナ禍が収束に向かうなか，ルピー安圧力が強まりつつある。その要因としては，輸入の持ち直しと資源価格の上昇に伴う経常収支赤字の拡大や，米国の今後の金融政策正常化に向けた動きなどが挙げられる。

　この他，2020 年 5 月に印中間の国境を巡る係争地域で発生した両国軍兵士

の小競り合いをきっかけに印中関係が急速に悪化するなど，経済安全保障上の
リスクも高まっている。そのため，コロナ収束後のインド経済の安定性を高め
るべく，政府は製造業の振興を通じた貿易赤字の縮小を急いでいる。

第2節　インドがRCEPの不参加に至った経緯

　次に，インドが製造業の振興に向けて，これまでどのような取り組みを展開
してきたのかを振り返るとともに，RCEPへの不参加に至った経緯を確認す
る。

1. 製造業振興に向けたこれまでの取り組み

　2014年9月にモディ政権が製造業振興キャンペーン「メイク・イン・イン
ディア」を打ち出して以降，それに関連した政策が注目を集めているが，その
本質を理解するには，前政権でどのような取り組みが展開されていたのかを把
握する必要がある。そのため，まず，マンモハン・シン政権下（2004年5月～
2014年5月）の取り組みを振り返る。

　2000年代に入り世界的に国際分業の流れが加速するなか，シン政権は自由
貿易協定の締結を通じて中間財や生産設備の輸入コストを低下させることで，
外国企業のインド進出を促進し，輸入代替と輸出拡大を達成しようとした。そ
のため，政府は，南アジア自由貿易地域（2006年1月発効），ASEAN・イン
ド自由貿易協定（2010年1月発効），日本・インド包括的経済連携協定（2011
年8月発効）をはじめ，多数のFTA／EPAを発効させた。一方，改革に消
極的な左派勢力との連立で政権を維持していたこともあり，通商政策以外のビ
ジネス環境の改善につながる経済改革は停滞した。その結果，多国籍企業は，
インドよりもビジネス環境が良好でかつ貿易自由化にも積極的な中国や
ASEANで直接投資を通じた事業を拡大させ，そこからの輸出を通じてインド
での事業展開を進めた。そのため，貿易自由化の進展にもかかわらずインドの
製造業の発展ペースは緩慢な状況が続き，貿易赤字はむしろ拡大した。

　こうした過去の経験は，失業問題の解消や貿易赤字の縮小といった共通の目標を掲げながらも，モディ政権が前政権と対照的なアプローチで製造業の振興を目指す要因となった。モディ政権の発足以降，インドは RCEP を含む広域の自由貿易に慎重な姿勢で臨んでおり，個別国との間でも新規の自由貿易協定を発効させていない。それだけでなく，携帯電話の中間財の輸入関税を段階的に引き上げる段階的製造プログラム（PMP）を導入するとともに，非関税障壁を引き上げるなど保護主義を強めている（モディ政権下の輸入規制の強化については，World Trade Organization（2020）や椎野（2021）を参照）。

　一方，与党（インド人民党）が単独で下院の過半数の議席を確保するなか，モディ政権は前政権下で停滞していた経済改革を加速させることに注力した。注目を集めた取り組みとしては，① 建設や貿易などにかかわる行政手続きの一元化，簡素化，オンライン化，② 2017 年 7 月の財・サービス税（GST）の導入による税制簡素化，③ 2016 年 12 月の倒産・破産法の施行を通じた企業の事業再生・清算手続きの円滑化，④ 2016 年 11 月の高額紙幣の廃止を含むブラックマネー（不正資金）対策の強化や汚職取り締まりの厳格化による事業環境の透明性向上，⑤ 生体認証技術を活用した身分証明書「Aadhaar」の導入による低所得者層の金融アクセス環境の改善，⑥ サービス業を中心とする外資規制の緩和，などが挙げられる。これらの結果，世界銀行が作成するビジネス環境調査（Doing Business）におけるインドの順位は 2014 年の 142 位から 2019 年に 63 位に急上昇した。

2.　ビジネス環境が改善しても製造業が発展しなかった理由

　しかし，これらの取り組みにもかかわらず製造業は政府が期待するペースで拡大しなかった。2010 年代後半以降，経済に占める製造業の比率は低下傾向が鮮明であり，同比率を 2025 年度までに 25％に引き上げるという目標の達成は困難な状況にある（図 5 - 2）。

　ビジネス環境が改善しても製造業が低迷を続けている理由としては，熊谷（2021）が指摘するように，① 相次ぐ大胆な制度変更に伴う一時的な経済・社会活動の混乱，② コロナ禍発生後の活動規制や景気の大幅悪化，③ 様々なビ

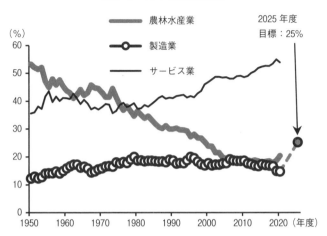

図 5-2　インドの産業構成比

注）2020 年度は上期の比率。GVA（GDP − 純間接税（間接税 − 補助金））
　　に占めるシェア。
出所）Ministry of Statistics and Programme Implementation をもとに作成。

ジネス上の課題の残存，の 3 要因を挙げることができる。

　まず，モディ政権下の大胆な制度変更とそれによる経済・社会活動の一時的
な混乱についてみると，とりわけ大きな混乱をもたらしたのは 2016 年 11 月の
高額紙幣の廃止である。流通現金の 8 割強を占めていた 500 ルピー札と 1,000
ルピー札が突然廃止される一方，新札の供給が遅れたため，現金決済への依存
度の高い中小企業や低所得者層の取引を中心に経済・社会活動に大きな混乱を
もたらした。また，2017 年 7 月に標準税率が決定してから数カ月も経たない
中で GST が導入されたことも大きな混乱をもたらした。GST 導入に伴う混乱
が一巡したあとも，厳格な排ガス規制「BS6（Baharat Stage 6）」の前倒し導
入が金融セクターの信用不安と相まって自動車販売の大幅減少を招いたため，
製造業は低迷が続いた。

　その後，政府の経済対策を受けて，景気は 2020 年初にかけて底打ちしたよ
うに見えたが，コロナ禍の発生により二番底への突入を余儀なくされた。厳格
なロックダウンに伴い生活必需品を除く工場の操業が停止され，製造業の生産
は大幅に減少した。また，2021 年春先もデルタ型変異株の感染爆発に見舞わ

れたため，生産活動は一時停滞した。

　これらに加えて，残存するインドのビジネス環境上の課題も製造業の発展を制約した。経済改革が実施された分野でも様々な課題が残されている。たとえば，第1次モディ政権の最大の功績として挙げられる税制改革についてみると，GST導入後も税制は依然として複雑である。GSTの標準税率は5段階に分かれており，贅沢品に対しては個別にGST補償税が加算される。さらに，品目ごとの税率が定期的に見直されるため，それが企業の財務コストの増加の一因となっている。

　また，土地と労働に関する改革の停滞も製造業の発展を阻害している。まず，土地についてみると，川村（2021）が指摘するように，土地の登記制度が存在せず利用や取引に関する制度が複雑であることや，土地収用に際してハードルの高い合意や高額な補償が必要であることが物流インフラの整備や工場設立に必要な土地収用を困難にしている。

　労働についても，一定規模以上の事業所の閉鎖や従業員の解雇に際して州政府の事前許可が必要であることや，州間で異なる独自の労働法制への対応が複雑であることなどが企業の州を跨ぐ効率的な生産体制の構築を困難にしている（インドの労働法制については，日本貿易振興機構（2021）を参照）。モディ政権は労働法制の一元化・簡素化を目指したが，労働組合からの反対が根強く改革は難航した。その後，政府は既存の約30の労働関連法を統合した新労働法を成立させたが，施行時期は当初計画の2021年4月から延期されており，労働法改革のプラス効果はいまだ顕在化していない。

　期待するように製造業が発展せず，景気と経済改革がともに停滞するなか，政府は貿易自由化が安全保障上の対立要因を抱える中国への経済依存を高めるとともに，国内生産や雇用に対してマイナス影響を及ぼすことを警戒している。これこそが「未解決のまま残されている重要な課題」の本質であり，インドがRCEPへの不参加を決定した理由である。

第3節　RCEPに参加しないインドの新たな製造業振興策

中国の労働コストの上昇や米中対立の深刻化などを背景に中国から東南・南アジア新興国への生産シフトの機運が高まるなか，各国は製造業の発展に向けた投資誘致策を強化している。こうしたなか，RCEPへの不参加を決めたインドは，輸入規制の強化と外資誘致につながる補助金政策の拡充を通じて製造業を発展させようとしている。

1．輸入規制の強化

インドが輸入規制の強化を通じた製造業振興策に自信を深めるようになった背景として，2017年に導入された携帯電話の中間財に対する輸入関税の段階的な引き上げ政策，段階的製造プログラム（PMP）が，一定程度の成功を収めたことを指摘できる。2010年代，Xiaomi，Oppo，Vivoなどの中国製格安スマートフォンの急速な普及により対中赤字を中心に貿易赤字が拡大していた。しかし，PMPが導入されると，中国企業は組立工程を中心にインド国内の生産を拡大し，それが投資や雇用を生み出すとともに，対中貿易赤字の縮小に作用した。高付加価値の中間財の現地調達率は依然として低く，インド国内のスマートフォン販売の増加に伴い，中間財の貿易赤字は拡大が続いているが，完成品については輸入が大きく減少する一方，輸出は中東向けを中心に増加しており，2019年と2020年は輸出が輸入を上回った（図5-3）。

コロナ禍の発生に伴うサプライチェーンの寸断や中国との関係悪化などを背景に中国への依存体制の見直しが進むなか，政府は「自立したインド（Atmanirbhar Bharat）」をスローガンとする経済対策を発表し，輸入依存度を引き下げる姿勢を鮮明にした。その実現に向けて，①輸入関税の引き上げ（例：PET樹脂や太陽光発電装置），②輸入の許可制への変更（例：自動車用タイヤやカラーテレビ），③輸入の禁止（例：冷媒を用いたエアコン），④インド基準局（BIS）による新たな品質基準の導入（例：電子機器），などの取り組みを進めている。

図 5-3　インドの携帯電話（HS8517 類）の輸出入

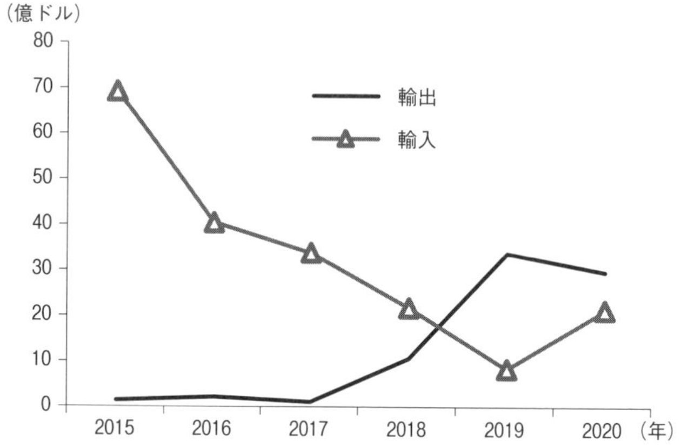

出所）United Nations UN Comtrade をもとに作成。

　さらに，政治対立が深まる中国に対しては，輸入以外の面でも規制を強めている。これまでインド政府は，中国企業の対印投資を促進し，国内生産を拡大させることで対中貿易赤字を抑制しようとしてきた。しかし，印中対立が深刻化するなか，中国からの投資を念頭に国境を接する国からの投資を事前許可制に変更した。また，安全保障上のリスクを理由に We Chat や TikTok などを含む中国製アプリの利用を禁止するとともに，次世代通信の実証実験からファーウェイや ZTE を除外するなど，中国企業の締め出しを進めている。
　中国企業の排除は，インドの製造業の発展を制約する可能性がある。しかし，それにもかかわらずインド政府がこのような措置をとる背景としては，経済成長よりも経済安全保障上のリスクの抑制を重視していることや，中国企業を排除することで国内企業の発展が促進される，もしくは中国以外の海外企業のインド進出が促され，中国に依存せずとも製造業を発展させることができると考えていることを指摘できる。

2.　補助金給付の拡大

　輸入規制を強化する一方，インド政府は外資誘致につながる補助金政策を拡

充させている。現在，特に大きな注目を集めているのは，基準年からの販売の増加額に応じて一定の奨励金を給付する，生産連動型優遇政策（PLI スキーム）である。政府は 2020 年 4 月に携帯電話や医療機器の生産を対象に本政策を導入し，その後同年 11 月に自動車，白物家電，再生可能エネルギー関連設備などを対象に追加し，今後 5 年間で約 2 兆ルピーの予算を投じる計画を打ち出した（表 5-1）。

　販売増加額に対する奨励金の比率は業種，品目，適用年度によって異なるが，先行して同制度が導入された携帯電話・特定電子部品の奨励金比率は生産増加額に対して 5％前後に設定されている。携帯電話では，フォックスコン（鴻海科技集団），ペガトロン（和碩聯合科技），ウィストロン（緯創資通）といった受託生産を行う大手台湾企業や，サムスン電子，インド大手地場メーカーなどが認定企業となった。制度適用初年度となった 2020 年度はコロナ禍

表 5-1　PLI スキームの予算

分野	5 年間の拠出額（億ルピー）
自動車・自動車部品	5,704
携帯電話・特定電子部品	4,095
先端化学・セル電池	1,810
医薬品	1,500
通信ネットワーク機器	1,220
産業用繊維	1,068
食品	1,090
重要な原材料，薬剤中間体，医薬品有効成分	694
特殊鋼	632
白物家電（エアコン，LED）	624
電子・技術製品	500
高効率太陽光発電モジュール	450
医療機器製造	342
合計	19,729

注）自動車・自動車部品の予算は後に 2,606 億ルピーに削減された。
出所）Press Information Bureau "Cabinet approves PLI Scheme to 10 key Sectors for Enhancing India's Manufactuing Capabilities and Enchancing Exports" をもとに作成。

による景気悪化やサプライチェーン寸断の影響を受けて各社の販売は低迷し，奨励金を受け取ったのはサムスン電子のみとなったが，政府は今後各社が大幅に生産を拡大することを期待している。

　予算規模が最も大きい自動車・同部品については，奨励金の給付基準をどのように設定するかの議論が長引いていたが，2021 年 9 月に EV（電気自動車）や FCV（燃料自動車）の車体や部品の生産増加額に対して 10％前後の奨励金を出すことを決定し，現在適用企業の選定が進められている。政府は，リチウムイオンバッテリーの生産拡大に対する奨励金制度との相乗効果により EV 生産が拡大することを期待している。

　さらに，政府は PLI スキームと並行して，特定の産業の支援を目指す補助金政策を打ち出している。電子部品産業では，設備投資やエコシステムの形成につながるプロジェクトに対する複数の補助金制度を導入した。また，政府はインド国内で半導体の製造を開始する企業に対し補助金を給付する新たな制度を導入することを検討していると報道されている。同様に，自動車産業でも EV の早期普及につながる補助金制度を導入するとともに，老朽化した車両の廃棄を伴う新車の購入に対して補助金を給付する廃車政策を導入した。廃車政策の対象となる車両数は，2010 年代後半の年間販売台数の 2 倍強に相当するとみられ，政府は同政策を通じて製造業振興と環境改善の両立を実現させることを目指している。

3.　現在の製造業振興策の成功が困難な 3 つの理由

　このように，インド政府は，海外で製造した商品をインド国内に持ち込むことを規制する一方で国内生産を奨励する，「アメとムチ」を通じて国内の製造業を発展させようとしている。スマートフォン産業では一定の成功を収めたものの，以下 3 点を踏まえると，このような強引ともいえる手法で製造業全体が発展していくとは考えにくい。

　第 1 に，中間財の輸入関税の引き上げや輸入規制は組立型輸出産業のインド進出を阻害する。今後，各国の製造業の発展は，中国からの生産移転がどの程度進むかに大きく左右される。そして，中国が付加価値の高い中間財の開発・

生産を国内にとどめると見込まれることを踏まえると，中国からの中間財を安定的に調達でき，かつ輸出に適した環境を有する国に生産拠点が集中的にシフトすると考えられる。そうした条件を満たしていることで現在注目を集めている地域は保護主義を強めるインドではなく，RCEPを含め貿易自由化を積極的に進めるASEAN諸国である。諸外国の過去の工業化の経験も輸入規制の強化が国内生産の拡大に必ずしも結びつかない可能性を示唆している。世界銀行やアジア開発銀行によるGVC（グローバルバリューチェーン）に関する定量的な実証分析も，関税の引き上げがGVCへの参加を有意に阻害すると分析している（World Bank 2020; Mitra et al. 2020）。

　第2に，財政赤字問題が補助金依存型の製造業の発展を制約する。政府は，PLIスキームをはじめ，様々な補助金政策を打ち出している。しかし，インドの事業環境の厳しさを勘案すると，補助金をけん引役に製造業を発展させるには，既存の補助金制度の補助率の引き上げ，適用対象の拡大，付随条件の緩和などを通じて補助金制度を現状よりも一段と拡充する必要がある。一方，財政状況を踏まえると，補助金制度を拡充できる余地は限られる。コロナ禍による景気悪化に伴う大幅な税収減少を受けて，2020年度の一般政府の財政赤字はGDPの1割超に拡大している。今後，政府は財政責任・予算管理法（FRBM）の改定を通じて従来よりも大きな財政赤字を許容すると見込まれるが，補助金予算の拡大は容易ではないだろう。

　第3に，困難な土地収用や複雑な労働法制をはじめとする既存のビジネス上の課題が残存している。コロナ禍をきっかけに抜本的な経済改革が進むとの見方が一部では出ているが，賛否両論のあるイシューの改革は容易ではない。実際，土地収用法の改革では，上院の反対を理由に，安全保障や産業動脈に関わるインフラ建設を対象に土地収用手続きを簡略化する部分的な改革も実現しなかった。そのことを勘案すれば，抜本的な見直しが進むとは考えにくい。労働についても，新労働法が施行された後も最低賃金をはじめ州独自の様々な規制への対応が求められることに変わりはなく，300人以上の従業員を雇用する工場に対しては引き続き厳しい解雇規制が適用される。それらが生産効率の改善に向けて工場を大規模化することを阻害するだろう。そのため，多国籍企業は事業ハードルやリスクの高いインドに生産拠点を集中させるのではなく，

ASEAN 諸国や中国に分散させることで，サプライチェーンの最適化を図ると見込まれる。

第4節　インドの保護主義が RCEP 各国へどう影響するか

　次に，RCEP の不参加を含め，強まるインドの保護主義が各国に与える影響を考察する。まず，熊谷・野木森（2020）で指摘したように，各国への短期的な影響は限定的なものにとどまるだろう。その理由としては，RCEP 参加国のインドへの経済依存度の低さを指摘できる。各国のインドへの貿易依存度にはばらつきがあるが，対外開放度の高いシンガポールでも輸出入の対名目 GDP 比は 3％程度に過ぎず，15 カ国合計では 1％を下回る（図 5 - 4）。また，日本，韓国，ASEAN はインドとの間で締結している個別の自由貿易協定を活用することができる。

　同様に，各国の対外直接投資に占めるインドのシェアの低さなどを理由に，投資を通じた影響も限定的なものにとどまると判断される。インド側の輸入規

図 5 - 4　RCEP 参加国の対印貿易（対名目 GDP 比，2020 年）

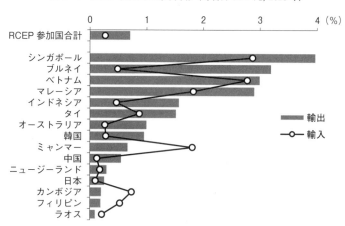

注）インド側の貿易統計をもとに計算。
出所）United Nations UN Comtrade, IMF World Economic Outlook をもとに作成。

制強化に伴う事業リスクを抱える企業のうち，海外ビジネスのノウハウや資金力の豊富な企業は，インドへの輸出を中心とするビジネスモデルからインドでの現地生産への切り替えを検討するだろう。しかし，仮にインドの生産拠点を大規模化することを計画したとしても，土地や労働をはじめとするビジネス上の課題に直面し，計画通り生産能力を拡大できない可能性が大きい。一方，海外進出経験や資金力が限られる中小企業のうち，直接投資を通じてインドで事業を展開することが困難であり，輸出を通じたインド事業も制度変更によるリスクが高いと判断する企業は，インド事業を縮小させ，経営資源を他の新興国における事業拡大に投入する可能性がある。こうしたこともあり，投資先としてインドと競合するタイ，インドネシア，フィリピンなどでは，インドの保護主義の強まりが自国の経済成長にとってむしろプラスとの見方もある。計量的な手法を用いた Mahadevan and Nugroho（2019）などの分析も，インドのRCEP 参加の有無による各国への当面の影響は限定的との研究結果を示している。

　ただし，こうした企業の動きは，インド政府の思惑に反して製造業の発展をかえって遅らせ，中長期的にインドと RCEP 参加国双方の経済成長に対して無視できないマイナス影響をもたらす可能性があることに留意する必要がある。そのため，アジア経済が縮小均衡に陥ることを回避するため，各国は将来の RCEP への合流を含め，インドが自由貿易を推進する路線に転換するように粘り強く働きかけていくべきである。

第 5 節　インドが先行き RCEP に参加する可能性はあるか

　最後に，インドが将来 RCEP に参加する可能性について考察する。現在のインドの製造業振興策の課題や保護主義を強めるインドへの各国の対応を踏まえると，失業問題や貿易赤字が次第に解消され，輸出促進に向けてインドが自らRCEP への参加を希望するようになる可能性は小さいと判断される。現在の製造業振興策が行き詰まることで政策運営方針が見直され，再び貿易自由化路線に転換する可能性は残されているものの，過去の経緯を踏まえると，「製

造業が十分に発展しなかったのは，補助金政策の拡充や輸入規制の強化が不十分だったから」と解釈し，現在のスタンスを一段と先鋭化させるといった展開も視野に入る。

　こうしたなか，インドのRCEP参加を促していくためには，従来どおりの主張を繰り返すだけでなく，インド側の要望の受入余地について踏み込んで検討する必要があるだろう。これまでのRCEP交渉でインドと他の参加国との間で特別セーフガードや原産地規則を巡る折り合いがつかなかったことを踏まえると，物品貿易以外の規定を軸に議論を展開していくことも必要になっていくだろう。具体的には，インドとRCEP参加国の間の国際労働移動に関する自由化が論点になると考えられる。これは，サービス輸出や在外インド人労働者からの送金受取がインドの経常赤字の縮小に作用しており，インド政府はそれらの一段の拡大につながる労働者の国際移動の自由化に高い関心を示しているためである。現在，在外インド人による本国送金は，UAE，米国，サウジアラビアなど在外インド人の多い国に偏っており，わが国や韓国などのインド人の受入人数は数万人にとどまっている（図5-5）。今後，看護師やエンジニアなどの専門的職業労働者の国際移動の円滑化に向けた相互承認協定（MRA）の締結によりRCEP参加国へのインド人労働者の送り出しが拡大し，本国送金の増加が関税削減による貿易赤字の拡大を相殺する見通しが立てば，インド

図5-5　在外インド人（2018年）

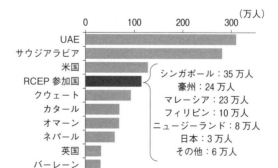

出所）Ministry of External Affairs, "Population of Overseas Indians (Compiled in December, 2018)" をもとに作成。

は RCEP への参加に対して前向きな姿勢を見せる可能性がある。浜中（2019）は，インドは専門的職業労働者の MAR に高い関心を示していた一方，日本が RCEP 交渉のアジェンダから同項目を外し続けてきたと指摘しており，こうしたこともインドが RCEP からの離脱を決定した一因になっていると考えられる。

　わが国では単純労働者を中心に外国人労働者の受け入れに対して慎重論が根強いため，同分野の交渉は難航する可能性が高いが，少子高齢化の進展に伴う労働力不足の深刻化に対応するために外国人就労に関する規則を見直す必要性が高まっている。こうした動きを今後の RCEP の在り方を巡る議論と連携させ，インドを含むすべての国にとってプラスになるように RCEP が発展していくことを期待したい。

[参考文献]

川村隆太郎（2021）『インド不動産法制―理論と実践：不動産に関連する法制度一般から合弁・M&A 等のプロジェクトまで』商事法務。

熊谷章太郎（2021）「メイク・イン・インディアの新展開とその「落とし穴」」，日本総合研究所『環太平洋ビジネス情報 RIM』2021 Vol.21 No.83。

熊谷章太郎・野木森稔（2020）「インドは本当に RCEP から離脱するのか？～2020 年の RCEP 交渉の論点～」日本総合研究所『Research Focus』No.2019-036。

椎野幸平（2021）「保護主義化するインドの貿易政策」，アジア経済研究所『アジ研ポリシー・ブリーフ』2021 年 10 月 8 日。

日本貿易振興機構（2021）『インド新労働法制の概要』。

浜中慎太郎（2019）「インドの RCEP 撤退がアジア経済秩序に及ぼす影響：地経学的観点から」，アジア経済研究所『IDE スクエア　世界を見る眼』2019 年 11 月。

Mahadevan, Renuka and Anda Nugroho (2019), "Can the Regional Comprehensive Economic Partnership minimise the harm from the United States–China trade war?" *The World Economy*, Volume 42, Issue 11.

Mitra, Sabyasachi, Abhijit Sen Gupta, and Atul Sanganeria (2020), "Drivers and Benefits of Enhancing Participation in Global Value Chains, Lesson for India," Asian Development Bank, *ADB South Asia Working Paper Series*, No.79 December 2020.

World Bank (2020), *World Development Report 2020, Trading for Development in the Age of Global Value Chains*.

World Trade Organization (2020), *Trade Policy Review: India*.

第Ⅱ部

RCEP規定と
企業活動

第6章

RCEP の物品貿易規定と日本企業の活動

助川成也

はじめに

　地域的な包括的経済連携（RCEP）協定において最も注目されているのは関税削減である。特に RCEP は日本にとって最大の貿易相手の中国，第3位の韓国との初めての協定であり，貿易拡大効果が期待される。一方，東南アジア諸国連合（ASEAN）加盟各国との間では，すでに二国間経済連携協定（EPA），日 ASEAN 包括的経済連携（AJCEP）協定が締結されており，RCEP はそれらを包含し，さらに重層化する枠組みとして捉えられる。

　RCEP 交渉には8年もの歳月が費やされた。RCEP は5つの ASEAN＋1FTA を土台にし，自由化やルールの上積みを目指したが，一部のパートナー国同士では交渉の土台となる FTA がなく，一からの交渉が求められたことも長期化の要因となった。また交渉の終盤で離脱を決めたインドは RCEP 締結による中国からの輸入急増を警戒し，ASEAN＋1FTA で採用してきた共通譲許方式ではなく，締約国別に関税率を設定する個別譲許方式の採用を主張，両方式が併存する変則的な形となった。

　共通譲許方式は，交渉参加国すべてとの競争関係を考慮するため，自由化は「最大公約数」にとどまり，自由化水準が低くなる欠点がある。一方で，締約国間での競争条件が等しいこと，企業にとって分かりやすいことが長所である。個別譲許方式は，輸出国によって競争条件が異なり，一部の国に貿易転換効果が発生する懸念がある。一方で長所は，相手国の産業や市場状況に応じて，関税交渉でより高い自由化を目指し，深掘りできることである。

　これらを踏まえて本章では，第1節で RCEP の輸出面での経済効果と締約

国の自由化水準を示す。第2節では RCEP と既存の協定との使い分け，そして締約各国の自由化と敏感性の特徴を明らかにする。第3節では RCEP の原産地規則に加えて，利用企業に複数の選択肢を提供する原産地証明手続きについて，その特徴を示す。最後に，RCEP が今後も「生きた協定」として通商環境の変化に伴って進化する重要性について述べる。

第1節　RCEP の経済効果と自由化水準

1. RCEP の経済効果

(1) パートナー国に偏る経済効果

　当初，16 カ国で始まった RCEP 交渉は，2019 年 11 月の首脳会議を最後にインドが離脱，最終的に 20 年 11 月に 15 カ国で署名，22 年 1 月に発効した。RCEP はインドを除く 15 カ国で，世界の経済規模，人口，貿易の約3割を占め，そのほぼすべてで米国・メキシコ・カナダ協定（USMCA）や，欧州連合（EU）を上回る世界最大の地域経済圏である。

　協定発効直前の 21 年 12 月，国連貿易開発会議（UNCTAD）は RCEP における関税削減効果分析を公表した。同研究では，RCEP 経済圏の特徴として，世界貿易機関（WTO）の最恵国待遇（MFN）税率が低いこと，すでに域内で複数の自由貿易協定（FTA）が締結されていること，をあげている（表6-1）。そのため RCEP 域内貿易の大部分ですでに関税が免除されており，RCEP で新たに関税削減・撤廃される品目の割合は平均で約6%，これら品目は RCEP により平均で約9%の幅で関税が削減されるとした。

　世界の往復貿易額（20 年）において，RCEP 締約国のうち中国が世界最大，日本が第4位，韓国は第9位である。RCEP による関税削減は，主にこれまで協定が存在しなかった日本と中国，そして韓国間貿易で初めて行われる。そのため自ずと経済効果もこれら国々に集中する。同研究によれば，RCEP の関税削減・撤廃により域内輸出は 1.8%（418 億ドル）増加する。この輸出増加のほとんどは，RCEP 域外国からの貿易転換効果（252 億ドル）によるものであ

表6-1　RCEP 以前の締約国間の FTA の締結状況

		アジア				大洋州		未締結国数
		ASEAN	日本	中国	韓国	オーストラリア	ニュージーランド	
アジア	ASEAN	○	○	○	○	○	○	0
	日本	○		▲	▲	○	○	2
	中国	○	▲		○	○	○	1
	韓国	○	▲	○		○	○	1
大洋州	オーストラリア	○	○	○	○		○	0
	ニュージーランド	○	○	▲	○	○		1
未締結国数		0	2	2	1	0	0	0

注）○：FTA ／ EPA あり，▲：RCEP 以外でも交渉中，×：FTA なし
出所）ジェトロ等資料をもとに作成。

　り，関税削減による貿易創出効果（166 億ドル）を大きく上回る。特に域外国で影響を受けるのは EU，米国が主で，同地域内に位置する台湾や交渉を離脱したインドもマイナスの影響が予想されている（表6-2）。

　特筆すべきは，RCEP 締約国と言えども必ずしも輸出拡大が期待出来るわけではないことである。同研究によれば RCEP はカンボジア，インドネシア，フィリピン，ベトナムの輸出を減少させると分析している。RCEP 域内でも特に ASEAN 加盟国の多くで，貿易転換効果によりこれら国々の輸出の一部が他の RCEP 締約国からの輸出に切り替わるとされており，前出の4カ国は貿易転換効果が貿易創出効果を上回ることで輸出が減少すると見込まれている。これは，前述のとおり RCEP 締結以前にすでに ASEAN はすべての締約国と FTA ／ EPA を締結していたが，RCEP の発効によって他の RCEP 締約国に輸出が取ってかわられる可能性がある。また RCEP の一部締約国が個別譲許方式を採っており，同じ RCEP 締約国であっても品目によって関税削減・撤廃の可否や削減幅が異なるため，RCEP 域内でも貿易転換効果が生じる可能性がある。

　RCEP により輸出拡大の恩恵を最も受けるのは日本である。RCEP 全体で輸出は 418 億ドルの増加が見込まれているが，そのうち日本は半分近い 202 億ドル増で，これに中国（112 億ドル），韓国（67 億ドル）が続く。そのため RCEP の輸出拡大効果のほぼすべてが ASEAN ではなくパートナー国に発生

表 6-2　RCEP の関税削減・撤廃による輸出への変化

単位：10億ドル

	ブルネイ	カンボジア	インドネシア	ラオス	ミャンマー	マレーシア	フィリピン	シンガポール	タイ	ベトナム	ASEAN
輸出変化額	0.0	▲ 0.3	▲ 0.3	0.1	0.1	0.2	▲ 0.1	0.2	0.0	▲ 1.5	▲ 1.6
貿易転換効果	0.0	▲ 0.4	▲ 0.8	0.0	0.0	▲ 0.3	▲ 0.2	▲ 0.3	▲ 1.1	▲ 2.3	▲ 5.4
貿易創出効果	0.0	0.0	0.4	0.1	0.1	0.6	0.2	0.5	1.1	0.8	3.8
輸出増減（%）	0.6	▲ 3.9	▲ 0.3	2.7	1.2	0.1	▲ 0.1	0.2	0.0	▲ 1.2	n.a.

	オーストラリア	中国	日本	ニュージーランド	韓国	RCEP	非 RCEP	EU	米国	インド	台湾
輸出変化額	4.1	11.2	20.2	1.1	6.7	41.8	▲ 25.2	▲ 8.3	▲ 5.1	▲ 0.9	▲ 3.0
貿易転換効果	2.8	6.9	15.7	0.8	4.4	25.2	▲ 25.2	▲ 8.3	▲ 5.1	▲ 0.9	▲ 3.0
貿易創出効果	1.3	4.3	4.5	0.3	2.3	16.6	-	-	-	-	-
輸出増減（%）	1.9	1.8	5.5	4.5	2.0	1.8	▲ 1.1	▲ 1.7	▲ 1.3	▲ 2.1	▲ 1.4

出所) Alessandro Nicita (2021)

するとされる。交渉中の日中韓 FTA についても，RCEP 妥結・発効により交渉のモメンタムが加速することが期待される。

(2) RCEP の日本経済への波及効果

　RCEP の関税削減により，日本，中国，韓国の輸出拡大が期待できることを示した。一方，日本政府は 21 年 3 月，RCEP 協定による自らの経済効果分析結果を発表した[1]。ここでは関税削減等市場アクセス向上による経済効果以外にも，貿易開放度上昇による全要素生産性（TFP）の上昇，実質賃金上昇による雇用増加，投資による資本ストック増加の効果が加味されている。それによれば RCEP により日本経済は，相当の調整期間を経て，（RCEP がない場合に比べて）最終的には GDP を約 2.7％分押し上げる効果があるとした[2]。2019年度の実質 GDP 水準で換算すると，約 15 兆円に達する。需要項目別での寄与度は，輸入拡大により純輸出は▲ 0.3％と GDP を押し下げるが，それ以外の項目（投資：＋0.7％，民間消費：＋1.8％，政府消費：＋0.5％）はすべて正の効果を予測している。

2. RCEP の自由化水準

(1) CPTPP と RCEP の成り立ちと自由化水準

　メガ FTA の代表である RCEP は，頻繁に「環太平洋パートナーシップに関する包括的および先進的な協定」（CPTPP または TPP11）と比較され，特に物品貿易では自由化水準が低いと言われる。RCEP 参加 15 カ国全体の品目数ベースの関税撤廃率（自由化率）は 91％である。これは CPTPP の 98％には遠く及ばない。RCEP と CPTPP ではその成り立ちが全く異なることが自由化率の差として表れている。

　CPTPP はもともとシンガポール，ニュージーランド，チリ，ブルネイの 4カ国で 2006 年に発効した環太平洋戦略的経済連携協定（TPSEP または P4）が源流である。自由貿易の推進で経済成長を遂げてきた小国が集まったもので，「自由化の例外なし」が原則である。一方，RCEP は ASEAN と域外のパートナー国とで結ばれた 5 つの ASEAN＋1FTA を交渉の土台とし，それら

を広域化・重層化したものである。ASEAN は後発途上国やセンシティブ産業を抱え、ASEAN＋1FTA は最初から一定程度の例外設置を容認する柔軟性を兼ね備えた緩やかな枠組みであった。たとえば、関税削減では、最初にモダリティ[3]等の枠組みを決め、それに従って品目を分類・区分けをしてきた。一定程度の例外を認めるこの方法は、FTA の自由化水準の低下に繋がるが、その一方、各国は品目をモダリティに則って選定・区分けする際にある程度の裁量を有しており、国内の利害調整にかかる時間やコストを最小限に抑えることが可能であった。

(2) 個別譲許方式採用で締約国間で自由化水準に差

RCEP と ASEAN＋1FTA との大きな違いは、輸出元によって RCEP 関税適用の可否や適用する関税率が異なる国があることである。これまで ASEAN が構築してきた5つの ASEAN＋1FTA では、参加国は他の10カ国に同率の関税を一律に適用する「共通譲許方式」を採ってきた。しかし RCEP では、輸出元によって関税率が異なる「個別譲許方式」を採っている国もあり、両方式が混在している。全15カ国のうち個別譲許方式を採っている国は、ASEAN でタイ、フィリピン、インドネシア、ベトナムの4カ国とパートナー国では日本、中国、韓国の3カ国の計7カ国である（表6-3）。

これら国々に輸出をする際は、製造・輸出国によって関税率や原産地認定条件等が異なる可能性がある。それが自由化率にも表れる。締約国はステージング（関税撤廃期間）を設定し、その期間を通じて関税削減・撤廃を行う。ステージングの終了を以って最終的な自由化率が示す水準になる。

RCEP 協定書をもとに各国の相手国別自由化率を算出した（表6-4）。共通譲許方式を採る国は締約国間は等しく同率の関税を適用することから、競争力

表6-3　RCEP 締約国の関税譲許方式

国・地域	ASEAN	パートナー国
共通譲許方式	ブルネイ、カンボジア、ラオス、マレーシア、ミャンマー、シンガポール	オーストラリア、ニュージーランド
個別譲許方式	インドネシア、フィリピン、タイ、ベトナム	日本、中国、韓国

出所）RCEP 協定書から作成。

表 6-4　RCEP の国別自由化率（品目数ベース）

(単位：%)

		輸出国						ステージング期間
		ASEAN	パートナー国					
			中国	日本	韓国	オーストラリア	ニュージーランド	
輸入国 先発加盟国	ブルネイ	97.8	97.8	97.8	97.8	97.8	97.8	25 年
	インドネシア	91.9	89.4	89.4	89.4	90.7	91.4	23 年
	マレーシア	83.5	83.5	83.5	83.5	83.5	83.5	23 年
	フィリピン	91.3	91.3	91.3	90.8	91.3	91.3	20 年
	シンガポール	100.0	100.0	100.0	100.0	100.0	100.0	即時撤廃
	タイ	91.3	85.2	88.5	90.3	91.3	91.3	20 年
後発加盟国	カンボジア	87.1	87.1	87.1	87.1	87.1	87.1	20 年
	ラオス	86.0	86.0	86.0	86.0	86.0	86.0	20 年
	ミャンマー	86.0	86.0	86.0	86.0	86.0	86.0	20 年
	ベトナム	91.1	86.4	87.5	87.5	90.4	90.4	25 年
パートナー国	中国	90.5		86.0	86.0	90.0	90.0	21 年 [注2]
	日本	87.8	85.5		80.7	87.8	87.8	21 年
	韓国	90.7	86.0	83.0		90.5	90.6	20 年 [注2]
	オーストラリア	98.3	98.3	98.3	98.3		98.3	20 年
	ニュージーランド	91.4	91.4	91.4	91.4	91.4		20 年

注 1）国ごとに品目数は異なる。
注 2）中国は対韓国のみ 36 年，韓国も対中国のみ 35 年。
出所）RCEP 協定書をもとに作成。

格差は生じない。ただしその中でもマレーシアの自由化率は同方式を採っている後発加盟国と比べても低い。マレーシアについて除外品目は少ないものの，1 割は実質的に除外される関税維持品目，残りはステージング期間終了後も関税が残存する品目である。

　一方，「個別譲許方式」を採っている国々の特徴は，概して中国，日本，韓国の自由化率を低めに設定するなど，これら国々からの品目流入を警戒している。また高い経済効果が期待される日中韓 3 カ国間の自由化率は 80％台半ばにとどまる。特に日本と韓国の相互の自由化率は双方 85％を割り込んでおり，特に日本の対韓国自由化率は約 8 割にとどまる。

　ASEANで個別譲許方式を採っているいくつかの国では，対日本，中国，韓国で自由化水準が異なる。たとえば，タイの自由化率は85〜92％であるが，日中韓3カ国で約5％ポイントの自由化率差がある。対日本（自由化率88.5％）と対韓国（同90.3％）とでも，約1.8％ポイントの差がある。これはタイへの日本および韓国の市場アクセスは，品目によって競争条件が異なることを意味する。

(3) RCEPにより8割に達した日本のFTAカバー率

　日本の貿易額に占めるEPAやFTA相手国のシェア，いわゆるFTAカバー率について，日本は2013年に策定した「日本再興戦略—JAPAN is BACK—」[4]の国際展開戦略で「貿易のFTA比率を現在の19％から，2018年までに70％に高める」ことを目標として打ち出した。米国でのトランプ政権の誕生や英国のEU離脱等世界的に保護主義の潮流が強まる中，近年，日本はそれに抗うべく，CPTPP，EU，米国など次々と大型のEPA／FTAを締結・発効させてきた。RCEP署名前までFTAカバー率は往復貿易額（20年）で50.9％（輸出：50.8％，輸入：50.9％）であったが，RCEPにより中国分（同23.9％），韓国分（同5.6％）が加算され，最終的なFTAカバー率は80.4％に達し，日本再興戦略の目標であった70％を10％ポイント上回った。RCEP発効により，日本の発効EPA／FTA数は計20本にのぼる[5]。

　RCEPの発効により，日本企業の関税支払減少額はRCEPの関税削減・撤廃の最終年で1兆1,397億円にのぼると推計されている[6]。一方，日本政府は農産品と鉱工業品合計で3,159億円の関税収入を失うが，ネットで8,238億円のプラスとなる。RCEPにより特に中国と韓国への国富流出の抑止が期待できる。

第2節　物品貿易の特徴と既存協定との利用の棲み分け

　ASEANは域内のみならず，すべてのパートナー国との間でFTAを発効させており，ASEANにとってあえてRCEPを構築する必要性はないように見

える。しかし，在ASEAN企業が物品貿易面でRCEPに期待していたのは，① 企業にとってはASEAN＋1FTAとRCEPとで自らに都合の良い協定を選ぶことができ，ツールとしてのFTAの選択肢が増えること，② RCEPで新たに関税削減・撤廃対象になる品目があること，③ RCEP大で「原産地規則」が一本化されること，等があげられる。

2012年8月，ASEAN10カ国およびパートナー6カ国が参加したカンボジアでの「ASEAN経済相（AEM）＋ASEAN FTAパートナーズ経済相会議」において，RCEPの「交渉の基本指針および目的」に合意した。ここでは，① ASEANの中心性の維持，② 既存のASEAN＋1FTAよりも相当程度改善，③ 物品において，RCEP参加国間の既存の自由化水準をもとに，品目数・貿易額双方で高い自由化率達成，が謳われている。

ASEAN＋1FTAをベースに広域化・重層化したRCEPでは，物品貿易関連（物品貿易，原産地規則，税関手続き・貿易円滑化）がその中心であるが，どの部分が従来のASEAN＋1FTAを上回るのか等を検討する。

1. RCEPと既存FTA／EPAとの使い分け

ASEAN域内ではASEAN物品貿易協定（ATIGA）によってすでに高水準の自由化を実現しており，追加的改善の余地は少ない。2019年9月のAEMにおいて，域内の自由化率は先発加盟6カ国で99.3％，後発加盟国で97.7％，ASEAN全体で98.6％と報告されている。そのためRCEPでの追加的な関税削減・撤廃は後発加盟国（CLMV）のごく一部の品目が主となる。

RCEPのパートナー国については，「交渉の基本指針および目的」にある通り，ASEAN＋1FTAの自由化水準をベースに，品目数・貿易額双方で自由化の上積みが求められている。本節では日本とASEANとの間の関税譲許表をベースに自由化状況について検討する。

(1) 日本とASEAN間での複数の協定の比較

2022年1月にRCEPが発効したことで，日本とASEAN先発加盟国およびベトナムでは3種類の，CLMでは2種類[7]の，それぞれ協定が利用できるよ

うになった。前者は二国間 EPA，AJCEP，そして RCEP である。後者は
AJCEP と RCEP のみで，二国間 EPA はない。

　企業にとっての課題は，これら重層的に構築された EPA の特徴を理解した
上での使い分けである。これら 3 つの協定は各々が別々の協定であり，原産地
規則など利用条件や関税撤廃までの期間，適用される EPA 特恵税率が異なる
場合が多い。また交渉環境や条件によって，品目数ベースの関税撤廃率（いわ
ゆる自由化率）も異なる。

　RCEP で共通譲許方式を採っている国では，日本との関係のみならず，中国
や韓国などとの競争環境を意識した交渉を行う必要があり，自由化は最大公約
数にとどまる傾向にある。その結果，自由化水準で必ずしも RCEP が ASEAN
＋1FTA を上回っているとは言えない。

　RCEP について，日本からの輸入における自由化率は，ASEAN では最も低
いマレーシアから最も高いブルネイまで 14.3％ポイントの差がある。加盟国の
中で RCEP の自由化率が他の協定に比べて高いのは，インドネシアと CLM の
計 4 カ国である。これは RCEP で初めて関税撤廃に踏み込んだ品目があるこ
とを意味している。特にカンボジアでは，AJCEP に比べ RCEP の自由化率の
改善は 10％ポイント以上である（表 6-5）。

　それ以外の国々では，タイを除き，二国間 EPA の方がより自由化率が高い。
加盟各国は二国間 EPA の関税交渉に際し，純粋に日本製品と国内産品・産業
との競争関係のみを踏まえて交渉すればよく，自由化の深掘りを行いやすい。
それに対して RCEP は，前述のとおり，他の国々との競争関係も考慮する必
要がある。その中で唯一，タイだけが AJCEP の自由化率（96.9％）が最も高
く，RCEP や日タイ経済連携協定（JTEPA）で有税品目であっても，AJCEP
で関税が撤廃される品目が相当程度存在する。

　一方，日本側の輸入における自由化率は，フィリピンとの二国間 EPA
（JPEPA）を除き，RCEP が 87.8％で最も高く，RCEP で初めて自由化が約束
される品目も一定程度ある（表 6-6）。日本は RCEP の「交渉の基本指針およ
び目的」を遵守していることを示している。

表 6-5　日本・ASEAN 間の EPA 別自由化率（ASEAN 側が輸入国の場合）

単位：%

輸出国	日本								
輸入国	ブルネイ	インドネシア	マレーシア	フィリピン	タイ	ベトナム	カンボジア	ラオス	ミャンマー
RCEP	97.8	89.4	83.5	91.3	88.5	87.5	87.1	86.0	86.0
二国間 EPA	99.1	77.7	98.2*	98.8	93.8	91.6			
AJCEP	97.3	88.1	88.1*	96.0	96.9	85.1	75.4	84.2	79.4

注 1）AJCEP および二国間 EPA のマレーシアの自由化率は、HS4 桁と 9 桁が混在しており、単純に比較できない。
注 2）網掛けは 3 つの EPA の中で最も自由化率が高い協定。
出所）各協定書より著者が算出。

表 6-6　日本・ASEAN 間の EPA 別自由化率（日本側が輸入国の場合）

単位：%

輸出国	日本								
輸入国	ブルネイ	インドネシア	マレーシア	フィリピン	タイ	ベトナム	カンボジア	ラオス	ミャンマー
RCEP					87.8				
二国間 EPA	84.6	86.6	86.8	88.4	87.2	86.5			
AJCEP					86.5※				

注）AJCEP の日本側自由化率、タイ側資料では 85.8％。
出所）各協定書より著者が算出。

(2) EPA 発効年とステージング

ASEAN との貿易で FTA ／ EPA 協定を使用するに際して，企業は各々の EPA の発効年，ステージングに注目する必要がある。その上で，利用を想定している品目が各々の協定でステージングのどの段階にあるか確認することになる。発効と同時に関税を撤廃する「即時撤廃品目」も少なくないが，品目の多くは年１回の関税削減で中長期にわたって徐々に関税が削減される。

日本は 2004 年頃に ASEAN 主要国との二国間 EPA 交渉を次々と立ち上げた。以降，2006 年 7 月にマレーシアとの間で発効させたのを皮切りに，次々と EPA を構築してきた。ASEAN 加盟国で最後となったのはベトナムで 2009 年 10 月に発効した。一方，AJCEP は 2008 年 12 月に発効している（表 6 - 7）。

インドネシアとベトナムを除き，二国間 EPA のステージングは 10 年である。そのため 2022 年時点でこれら国々の関税削減・撤廃作業は完了している。一方，インドネシアとベトナムについては，前者は 2023 年に，後者は 2025 年に，それぞれ関税削減・撤廃作業が完了する。また AJCEP については，主要国ではベトナムのみが 16 年であり，2024 年頃に関税削減作業が完了する[8]。ただし，インドネシアとベトナム両国も二国間 EPA や AJCEP 発効からすでに 13～14 年が経過し，関税は相当程度低下している。

一方，RCEP では他の EPA に比べてステージングが 20～25 年と長い。即時撤廃品目も少なくないが，当該締約国にとって重要品目であればあるほど，

表 6 - 7　日本と ASEAN 各国との EPA の発行年とステージング期間

	二国間 EPA		AJCEP		RCEP	
	発効	ステージング	発効	ステージング	発効	ステージング
ブルネイ	2008 年 7 月	10 年		10 年		25 年
インドネシア	2008 年 7 月	15 年		10 年		23 年
マレーシア	2006 年 7 月	10 年		10 年		23 年
フィリピン	2008 年 12 月	10 年	2008 年 12 月	10 年	2022 年 1 月	20 年
タイ	2007 年 11 月	10 年		10 年		20 年
ベトナム	2009 年 10 月	16 年		16 年		25 年
CLM				18 年		20 年

出所）各種資料より著者が作成。

関税削減・撤廃期間は長期にわたることから，その利用には企業がメリットを感じる水準にまで関税低減を待たねばならない。最終的に企業の利用は原産地規則面で管理し易いRCEPにシフトするであろうが，多くの企業はRCEP発効にも関わらず，短中期では二国間EPAまたはAJCEPを引き続き用いることになろう。

　ただしCLMについては，AJCEPでは関税削減・撤廃対象でなかった品目のうち，一定割合（1.8～11.7％ポイント）の品目が新たにRCEPで関税削減・撤廃が約束された。これら品目については，発効と同時に関税削減の恩恵を享受できることになる。

2. 重要品目（敏感品目）の分野別分布

(1) RCEPの国別重要品目分布の特徴

　RCEPにおいて締約国は輸入から保護したい品目を敏感品目として関税削減・撤廃から「除外」している。しかし敏感品目はそれだけではない。RCEP特恵税率は設定されているものの，発効後も基準税率から一切削減されないままステージングを終えるなど，実質的に除外される「関税維持品目」があることに注意が必要である。これら除外・関税維持品目を本章では重要品目と称し，分野別に分けて，当該分野でのシェアを計測することで，当該国の凡その姿勢が明らかになる（表6‐8）。

　たとえば日本の場合，伝統的にEPAでは米，麦，牛肉・豚肉，乳製品，甘味資源作物を重要5品目として関税削減・撤廃から除外しており，RCEPでもその方針が踏襲された。また個別譲許方式を採っている日本は中国に対して，鶏肉調製品や野菜等（たまねぎ，ねぎ，にんじん，しいたけ，冷凍さといも，冷凍ブロッコリー，うなぎ調製品等）を関税削減・撤廃の対象から外している。

　個別譲許方式を採っている国々について，その特徴として，① ASEANおよびオーストラリア・ニュージーランドに対して重要品目比率が低いこと，② タイとベトナムで対日中韓3カ国の重要品目比率差が3～5％ポイントと大きく，競争条件が大きく異なる品目が多いこと，等があげられる。① につい

表6-8　RCEP の重要品目（除外・関税維持品目）比率（品目数ベース）

			輸出国					
			ASEAN	パートナー国				
				中国	日本	韓国	オーストラリア	ニュージーランド
輸入国	先発加盟国	ブルネイ	1.4					
		インドネシア	4.1	7.7	7.0	7.3	5.6	4.9
		マレーシア	11.4					
		フィリピン	2.2	2.5	2.3	2.7	2.2	
		シンガポール	0.0					
		タイ	7.5	13.6	10.3	8.5	7.5	
	後発加盟国	カンボジア	12.9					
		ラオス	14.0					
		ミャンマー	14.0					
		ベトナム	6.0	10.1	6.8	6.8	6.0	6.0
	パートナー国	中国	4.1		13.6	13.0	4.5	4.4
		日本	11.5	14.5		18.8	11.5	
		韓国	5.1	12.9	17.0		3.8	3.8
		オーストラリア	1.7					1.7
		ニュージーランド	2.3					

注）国ごとに品目数は異なる。
出所）RCEP 協定書をもとに作成。

ては，発効済の ATIGA や ASEAN＋1FTA で一定水準の自由化をすでに実現
していること，さらにオーストラリアは RCEP ではシンガポール（100％）に
次ぐ高い自由化率を締約国に提供していること，等が背景にある。特に RCEP
最大の市場である中国について，日本や韓国からの輸出以上に ASEAN やオー
ストラリア・ニュージーランドからの輸出が優位な品目がある。また②につ
いては，タイとベトナムの重要品目の国別分野別分布でその特徴を明らかにす
る。

(2)　RCEP 最大市場「中国」のアクセス条件

　RCEP で日本は初めて中国と EPA を締結した結果，市場アクセス面で米国

や EU に比べ優位に立った。中国の RCEP 譲許表から締約国別分野別品目数
のうち重要品目比率を算出した。これによって中国自体の大まかな敏感性が明
らかになるとともに，締約国別に重要品目比率を比較することで，複数国に拠
点がある企業は，どこから中国市場にアクセスするのが有利か判断の一助にな
る（表 6 - 9）。

　中国は主に，木材パルプ・紙製品（HS47～49），木材製品（HS44～46），動
物性・植物性油脂（HS15），輸送機器関連品（HS86～89）で重要品目の割合
が高い。また同国は特に日本と韓国からの輸入に注意を払っており，プラス

表 6 - 9　RCEP における中国の敏感品目の国別分野別シェア

HS 番号	品目	品目数	除外・関税維持品目比率（%）				
			ASEAN	日本	韓国	豪州	NZ
全品目	全品目	8277	4.1	13.6	13.0	4.5	4.4
01-05	動物および動物性生産品	488	0.0	7.6	3.3	1.6	0.0
06-14	植物性生産品	511	6.7	11.7	8.6	6.7	6.7
15	動物性・植物性油脂	56	50.0	53.6	53.6	50.0	50.0
16-24	調製食料品，飲料，たばこ等	306	6.2	19.9	19.9	6.2	6.2
25-27	鉱物性生産品	201	0.0	2.0	2.0	0.0	0.0
28-38	化学工業生産品	1286	1.1	6.5	6.3	1.1	1.1
39-40	プラスチックおよびゴム製品	272	2.2	14.7	14.3	2.2	2.2
41-43	皮革・毛皮製品，ハンドバッグ	106	0.0	2.8	5.7	0.0	0.0
44-46	木材製品	208	19.7	28.8	28.8	19.7	19.7
47-49	木材パルプ，紙製品	161	67.7	73.3	73.3	70.8	70.8
50-63	紡織用繊維およびその製品	1141	1.5	8.2	7.7	1.5	1.5
64-67	履物，帽子，傘等	71	0.0	19.7	21.1	0.0	0.0
68-70	セメント，陶磁器，ガラス等	197	0.0	13.7	9.1	0.0	0.0
71	真珠，貴石，貴金属製品	90	0.0	18.9	16.7	0.0	0.0
72-83	卑金属およびその製品	770	0.0	10.9	11.2	0.0	0.0
84-85	機械類および電気機器	1511	1.4	14.7	14.0	1.5	1.5
86-89	輸送機器関連品	351	14.2	33.6	39.0	18.5	18.5
90-92	精密機器等	334	0.0	7.2	6.3	0.0	0.0
93	武器および銃砲弾	21	0.0	0.0	0.0	0.0	0.0
94-96	雑品	186	0.5	17.2	12.9	0.5	0.5
97	美術品，骨董品	10	0.0	0.0	0.0	0.0	0.0

出所）RCEP 協定書をもとに作成。

チックおよびゴム製品（HS39〜40），履物・帽子・傘等（HS64〜67），セメント・陶磁器・ガラス等（HS68〜70），真珠・貴石・貴金属製品（HS71），卑金属およびその製品（HS72〜83），機械類および電気機器（HS84〜85）で，重要品目への組み入れ比率が高い。また輸送機器関連製品は中国にとって重要分野であるが，特に日本，韓国は前者は 3 分の 1 超，後者は約 4 割の品目で関税削減・撤廃の恩恵が受けられない。そのため中国が対日本・韓国で重要品目に設定した場合，仮に ASEAN に製造拠点があれば，ASEAN に対中国市場向け輸出機能を担わせるなど，拠点所在国別での役割分担が考えられる。

（3）タイの国別分野別重要品目の分布の特徴

　タイの総品数 9,558 品目のうち除外品目は最も少ない ASEAN・オーストラリア・ニュージーランドからの輸入で 440 品目，最も多い中国で 1,025 品目にのぼる。さらに RCEP の恩恵が受けられない「関税維持品目」として，輸送機器関連品分野，機械類および電気機器分野，動物および動物性生産品分野を中心とした 279 品目が締約国共通で指定されている。

　重要品目の国別分野別シェアで，1 割以上を占めるものに色を付けた（表6‐10）。農水産品と加工食品に加え，特に輸送機器関連品は同分野の品目の 6割前後が重要品目である。特に日本の比率は 63.5％と他の国々に比べて高い。また履物・帽子や陶磁器などの軽工業品や卑金属製品などの分野については，中国製品の流入を懸念し，重要品目に各々の分野で 1 割弱程度組み込んでいる。また機械類および電気機器については，中国とともに日本も重要品目が多い。

　タイの RCEP 関税譲許表から，日本製品と韓国製品とで競争力格差が生じる品目が相当数あることが示されている。タイの総品目数に占める重要品目数のシェアは，日本の 10.3％に対して，韓国は 8.5％である。その差分は，タイ向け輸出において韓国は RCEP により低関税または無税を享受できる一方，日本は通常の関税での輸出を余儀なくされる品目を示している。

　韓国製品の関税が撤廃される一方，一般的な MFN 関税が課される日本製品は 210 品目あった。自動車用エンジン，スターターおよび始動充電発電機等の機械類および電気機器，魚など動物および動物性生産品，輸送機器用の部分品

表6-10　RCEPにおけるタイとベトナムの重要品目の国別分野別シェア

HS番号	品目	タイ 品目数	タイ 除外・関税維持品目比率 (%) A/豪NZ	中国	日本	韓国	ベトナム 品目数	ベトナム 除外・関税維持品目比率 ASEAN	中国	日本	韓国	豪州	NZ
全品目	全品目	9,558	7.5	13.6	10.3	8.5	9,558	6.0	10.1	6.8	6.8	6.0	6.0
01-05	動物および動物性生産品	521	23.0	23.0	36.9	23.2	521	1.2	1.5	2.3	2.3	1.2	1.2
06-14	植物性生産品	474	12.9	13.5	12.9	13.3	474	0.6	8.2	0.6	0.6	0.6	0.6
15	動物性・植物性油脂	156	18.6	18.6	18.6	18.6	156	0.0	6.4	0.0	0.0	0.0	0.0
16-24	調製食料品、飲料、たばこ等	443	13.8	19.4	14.0	16.0	443	12.2	14.7	17.6	17.6	12.2	12.2
25-27	鉱物性生産品	204	1.5	5.4	2.0	1.5	204	24.0	24.0	24.0	24.0	24.0	24.0
28-38	化学工業生産品	1,157	0.0	3.5	0.2	1.6	1157	1.6	2.5	1.6	1.6	1.6	1.6
39-40	プラスチックおよびゴム製品	480	0.0	5.0	0.0	0.2	480	9.0	15.4	9.0	9.0	9.0	9.0
41-43	皮革・毛皮製品、ハンドバッグ	100	0.0	0.0	0.0	2.0	100	0.0	0.0	0.0	0.0	0.0	0.0
44-46	木材製品	157	0.0	0.0	0.0	0.0	157	0.0	7.0	0.0	0.0	0.0	0.0
47-49	木材パルプ、紙製品	269	0.0	4.5	0.0	0.0	269	4.1	60.2	4.1	4.1	4.1	4.1
50-63	紡織用繊維およびその製品	1,079	0.1	1.9	0.1	0.5	1079	0.0	1.9	0.0	0.0	0.0	0.0
64-67	履物、帽子、傘等	74	0.0	37.8	0.0	0.0	74	0.0	0.0	0.0	0.0	0.0	0.0
68-70	セメント、陶磁器、ガラス等	215	4.7	16.3	4.7	5.6	215	7.0	16.3	10.2	10.2	7.0	7.0
71	真珠、貴石、貴金属製品	81	0.0	0.0	0.0	0.0	81	0.0	0.0	0.0	0.0	0.0	0.0
72-83	卑金属およびその製品	909	4.1	18.0	4.3	4.8	909	4.2	5.8	6.2	6.2	4.2	4.2
84-85	機械類および電気機器	2,067	3.2	16.1	10.7	5.6	2067	4.9	7.0	5.0	5.0	4.9	4.9
86-89	輸送機器関連品	565	58.1	58.1	63.5	58.1	565	36.6	40.5	38.9	38.9	36.6	36.6
90-92	精密機器等	329	0.6	0.6	0.6	0.6	329	0.0	0.0	0.0	0.0	0.0	0.0
93	武器および銃砲弾	27	0.0	0.0	0.0	0.0	27	100.0	100.0	100.0	100.0	100.0	100.0
94-96	雑品	239	0.0	2.9	0.0	0.0	239	0.4	3.3	1.3	1.3	0.4	0.4
97	美術品、骨董品	12	0.0	0.0	0.0	0.0	12	0.0	0.0	0.0	0.0	0.0	0.0

出所）RCEP協定書をもとに作成。

や付属品が主な品目である。

　一方，数は少ないながらも，その逆の品目もある。日本製品の関税が撤廃される一方で，MFN 関税が課される韓国製品は，一部の医薬品や診断用試薬など化学工業生産品，電動機，トランスフォーマー，テレビ用部分品など 41 品目ある。

(4) ベトナムの国別分野別重要品目の分布の特徴

　ベトナムの総品目数 9,471 品目のうち，除外品目は最も少ない ASEAN で 161 品目，最も多い中国で 568 品目である[9]。さらに RCEP の恩恵が受けられない「関税維持品目」として，国別に 264 品目（日本）～413 品目（ASEAN）が指定されている。その結果，総品目のうち 6％（ASEAN，オーストラリア，ニュージーランド）～10.1％（中国）は RCEP を利用できない。

　ベトナムの主な重要分野は，輸送機器関連品，石油および瀝青油，石油ガス等に代表される鉱物性生産品，たばこ製品などの調製食料品・飲料・たばこ等である[10]。また中国に対しては，プラスチックおよびゴム製品分野，木材パルプ・紙製品分野等の輸入を警戒し，重要品目に組み込んでいる。

　一方，前述のタイと異なり，ベトナムは対日本と対韓国とで，自由化率は 87.5％で同水準である。ただし品目によっては，関税撤廃までのステージングの間で関税差が生じる品目もあるので注意が必要である。

3. その他の特徴

(1) 個別譲許方式で採られる税率差ルール

　個別譲許の場合，より関税率の低い RCEP 締約国を経由する迂回輸出の発生が懸念される。迂回輸出により本来適用される RCEP 税率が回避された場合，個別譲許制度自体が意味をなさないことになる。

　RCEP では迂回輸出を予防すべく，「税率差メカニズム」を設けている。輸出元に応じて税率が異なる一部特定品目について，どの RCEP 締約国の関税率を適用するかは「税率差ルール」で原産地が判定される。このルールでは，当該一部特定品目について「輸出締約国で原産材料価額の 20％以上を提供」

という追加要件を満たす必要がある。つまり最終輸出国の RCEP 特恵関税を享受するには，同国で少なくとも 2 割の付加価値を付けることが条件となる。この追加要件を満たせない場合，原産材料提供国のうち最大価額提供国が原産国となる。

　これら税率差メカニズムを設定している国は，ASEAN ではマレーシア，フィリピン，タイ，ベトナムの 4 カ国，パートナー国では日本，中国，韓国の 3 カ国の計 7 カ国である。ただしマレーシアは，本措置を締結前年まで交渉に参加していたインドに対して設定を予定していたが，インドが RCEP に加盟するまで，本措置を停止した。税率差メカニズム設定品目数は最も少ないフィリピンで 41 品目，最も多い日本とベトナムで 100 品目である。日本とベトナムは「調製食料品・飲料・たばこ等」（HS16〜24）を中心に設定し，中国は半分以上を「紡織用繊維およびその製品」（HS50〜63）に，タイは主に「卑金属およびその製品」（HS72〜83），「機械類および電気機器」（HS84〜85）に設定している。

　これら品目に該当する場合，原産材料や付加価値の徹底した把握が必要となり，利用企業の管理負担が増す懸念がある。RCEP 締約国一律で共通譲許方式を採用できなかったことは，原産地証明方式の複雑化という形で利用者にその皺寄せが及んでいる。

(2) HS システムの更新を義務化

　RCEP の特恵税率は，HS コード[11]別に細かく定められている。HS 品目表は技術の進歩や新たな概念の製品の登場もあり，5 年に 1 度改正されている。現在，実際の貿易手続きでは HS2022（2022 年版）に移行している。これまで HS の改正の度に凡そ 200〜400 品目の番号が変更されている。

　通常，FTA における関税削減交渉は，交渉開始時に用いられている最恵国待遇（MFN）関税率表をベースに行われる。RCEP の場合，2012 年に交渉立ち上げが宣言され，実際の交渉は 2013 年に開始された。そのためベースとなる関税率表は HS2012 である。

　これまで HS コードは，HS1996 以降，HS2022 まで計 6 回の見直しが行われている。FTA の発効から年数が経過すると，FTA の HS バージョンと貿易手

続き上の HS バージョンとが異なることになる。その場合，ASEAN と対話国との間で，FTA の関税率表を最新の HS バージョンに更新する追加的交渉・作業が必要になる。

　現在，日本は CPTPP に生まれ変わった TPP を除き，20 本の EPA ／ FTA を有する。日本はこれまで締結した EPA ／ FTA の譲許表について，HS コードの更新を一度も行っていない。そのため 4 種類の HS バージョンが混在している[12]。企業は，原産地証明書用の HS コードと貿易手続きで用いる HS コードとを，仕向け先ごとに管理することが求められ，品目によっては極めて煩雑になっていた。企業側の管理負担を軽減するには，協定の関税率表の更新が不可欠である。しかし，これには必ず相手国との交渉が必要になる。日本はFTA ／ EPA 網の拡充・構築に人員・時間を相当程度割いてきた関係で，HS コードの見直しは後回しにされてきた。

　RCEP はこれまでの協定と異なり，HS コードの見直しを義務規定にした。その結果，HS コードが更新されれば，各国の RCEP 譲許表についても一斉に見直し作業が行われることになり，企業にとって煩雑な HS コード管理負担の軽減が期待される。

第 3 節　RCEP の原産地証明手続き

1.　RCEP 域内で同一品目・同一規則を実現

(1)　原産地規則の統一と簡素化

　RCEP の関税譲許方式が複雑であった一方，原産地規則は同一品目・同一原産地規則が実現，原産地証明書申請の際のフォーマットや必要記載事項も統一されるなど，企業の原産地規則の管理負担が軽減されている。これまでASEAN ＋ 1FTA では，製造・輸出拠点が ASEAN の場合，仕向け国毎に原産地規則が異なる場合もあった。また，輸出の際に取得する原産地証明書についても，フォーマットや必要記載事項が FTA 毎に異なり，申請書作成上の負担になっていた。

表 6-11　FTA 別原産地規則の分布

		品目数			対総品目シェア		
		ATIGA (ASEAN)	AJCEP (日本)	RCEP	ATIGA (ASEAN)	AJCEP (日本)	RCEP
単一方式	WO：完全生産品基準	4	3	164	0.1	0.1	3.2
	CC：関税番号変更2桁	—	1,479	1,100	0.0	28.4	21.1
	CTH：関税番号変更4桁	—	416	475	0.0	8.0	9.1
	CTSH：関税番号変更6桁	—	7	16	0.0	0.1	0.3
	VA40：付加価値基準40%	1	222	39	0.0	4.3	0.7
選択方式	CC /VA40	511	122	288	9.8	2.3	5.5
	CTH /VA40	4,559	2,921	2,410	87.6	56.1	46.3
	CTH /VA40/TECH (加工工程基準)	—	—	78	0.0	0.0	1.5
	CTSH /VA40	129	34	634	2.5	0.7	12.2
	合計品目数	5,204	5,204	5,204	100.0	100.0	100.0

出所）早川（2021）。

表 6-12　原産地規則が緩和された品目例（対 AJCEP）

品目名	HS 番号	RCEP	AJCEP
自動車部品（ギアボックス，ブレーキ等）	8708	CTH，または RVC40%	RVC40%
エンジン	8407，8408	CTH（一部 CC），または RVC40%	RVC40%
綿製のニットシャツ	6109.1	CC（＝1工程）	CC＋域内で編み工程
エアコン	8415	CTH／CTSH，または RVC40%	CTH，または RVC40%
カラーテレビ	8528.72	CTH，または RVC40%	RVC40%
熱延鋼板	7208.1	CTH（半製品からの変更除く），または RVC40%	RVC40%

出所）RCEP 協定書。

　RCEP では全体で9種類の原産地規則が用いられているが，中でも「関税番号変更基準4桁または付加価値基準40%」，「関税番号変更基準2桁」，「関税番号変更基準6桁または付加価値基準40%」の3つが主に適用されており，総品目の約8割で用いられている。また複数の原産地規則を企業が選べる選択方式は，全体の65.5%を占める3,410品目で適用される（表6-11）。

　RCEP の原産地規則は ASEAN＋1FTA に比べ，より利用し易く，条件が緩和されている品目も少なくない。たとえば。綿製ニットシャツは，AJCEP では関税番号の 2 桁変更に加えて編み工程が必要であったが，RCEP では 1 工程で原産地証明書が取得出来る。CPTPP は 3 工程，日 EU EPA は域内で 2 工程が求められることから，繊維・アパレル分野への経済効果が期待できる（表6 - 12）。たとえば，ATIGA と RCEP の原産地規則を比較した場合，全 5,204品目のうち 710 品目でより緩い条件の原産地規則が適用されている。

(2) 累積と在 RCEP 日系企業への影響

　RCEP は日本に拠点を置く企業のみならず，RCEP 地域にサプライチェーンを張り巡らす日系企業に影響を及ぼす。経済産業省（2021）によれば，日本企業の海外進出現地法人企業（2 万 5,693 社）のうち RCEP に拠点を置く企業（1万 5,022 社）は 6 割弱を占める。製造業に注目すると，その比率は約 7 割に達する（全世界 1 万 1,199 社，RCEP は 7,800 社）。

　日本企業の海外生産ネットワークに対するインパクトを測る観点から，RCEP に拠点を持つ日系企業の輸出・調達先をみると，RCEP の重要性がより明らかになる（表6 - 13）。

　RCEP に進出している日系企業について，日本貿易振興機構（2021 年）によれば，総輸出で 8 割強（81.3％），域内調達で 9 割台半ば（94.8％）が RCEP域内取引である。RCEP 締約国各々では輸出で 72〜98 ％を，調達で 87〜96.8％を，それぞれ域内に依存している。そのため RCEP はこれら日系企業のサプライチェーンの効率化とコスト削減に寄与することになろう。

　RCEP の原産地規則のもうひとつの特徴は「累積」である。これは RCEPの他の締約国を原産とする原材料を用いて生産する場合，その生産された物品の原産判定において，当該「RCEP 締約国原材料」を「原産品」とみなすことが認められるルールである。たとえ現地調達が困難な国であっても，RCEP 締約国から調達し，この累積ルールを用いれば，最終製品の RCEP 域内輸出に際し，RCEP 特恵関税率が適用できる可能性がある。

　特に，裾野産業が脆弱で国内調達に難がある国々にとっては重要な救済ルールである。アジアでの FTA／EPA 利用の際，ひとつの基準が現地調達率

表 6-13　在 RCEP 日系企業の域内輸出・調達比率（2021 年）

（単位：％）

		RCEP 域内 輸出比率	RCEP 域内調達率	
				現地調達
ASEAN		82.9	94.5	41.3
	カンボジア	89.1	95.1	7.9
	インドネシア	83.4	95.6	45.5
	ラオス	98.3	96.1	9.5
	マレーシア	78.0	92.1	35.5
	ミャンマー	90.4	93.4	27.8
	フィリピン	83.3	93.0	30.7
	シンガポール	80.1	89.1	23.7
	タイ	80.0	95.4	56.4
	ベトナム	86.4	95.0	37.4
オーストラリア		87.8	87.0	39.3
ニュージーランド		92.7	95.8	93.4
中国		74.7	96.8	69.5
韓国		71.9	88.8	35.3
RCEP		81.3	94.8	48.3

出所）在アジア・オセアニア日系企業活動実態調査（2021 年／ジェトロ）。

40％である。後発加盟国やシンガポール，フィリピン，マレーシアにおいても，日系企業の現地調達率はその水準に届かない。これら国々は国内で調達出来ない原材料や部品を輸入調達することになるが，RCEP 締約国からの調達を合算すれば，RCEP の付加価値基準を満たすことが可能である。現地調達に大きな制約がある後発途上国であっても，RCEP の累積ルールを活用することで，RCEP を用いて輸出を促進することが可能である。この累積ルールは，締約国以外からの調達を締約国にシフトさせる貿易転換効果により，RCEP 域内貿易を拡大させる可能性もある。

　またCPTPPでも採用された「完全累積制度」については，RCEP 全署名国での発効後，見直しが義務化されており，5 年以内に検討を終了させることが盛り込まれている。

2.　複数の原産地証明制度で企業の選択肢を拡大

　RCEPの原産地証明制度の特徴は，利用企業の状況に応じて複数の制度が使えることである。具体的には，　①第三者証明制度，②認定輸出者制度，③輸出者・生産者による自己申告制度，の3種類である。ただし③については，制度の導入に一定の猶予期間[13]を設けているが，日本，オーストラリア，ニュージーランドは発効時から同制度を使うことができる。また日本のみ発効時から④「輸入者自己申告制度」を導入した[14]。たとえば，ASEANや中国の子会社から日本の親会社向けに出荷する貨物について，子会社側の事務手続き軽減のため，輸入者である親会社側の自己申告でのRCEP利用が可能になった。

　②認定輸出者制度については，20年9月にATIGA認定輸出者自己証明制度をASEAN10カ国で導入していた。このようにASEANでの導入の進捗を踏まえ，RCEPに措置を移植した形である。③および④の証明制度について，RCEP発効時点ではASEAN各国では導入されていないが，将来的にはASEANでも企業のFTA利用拡大を促すべく，導入されることになろう。このように複数の制度の中から企業自らが使用する制度を選べることは，企業の意思決定や経営を柔軟化させ，FTA利用を促すことになろう。

　またRCEPの特徴として，輸入国税関で「電子的な原産地証明書（e-CO）」での提出も認められた[15]。通常，FTAの関税減免を受けるには，紙原本のCOの提出が求められる。しかし20年に新型コロナウイルスの世界的な感染拡大により，暫定的にスキャンしたCOを用いて輸入申告のための申請書を作成し，税関への提出を可能にした。ただし，後日，原本の提出が求められていた。

　日本はe-COを22年1月からRCEPに加えて，日タイEPAでも正式に導入した。一方，ASEANは日本に先んじて，電子的原産地証明書e-ATIGAフォームDを18年1月から準備ができた国から導入し，20年8月に10カ国すべてで導入が完了していた[16]。これら新たな措置の導入には，後発途上国を抱えるASEANの実施の可否が大きく影響するが，ASEANが先んじて導入したことで，RCEPでも円滑に導入することができた。

おわりに

　日本にとって RCEP は 2 つの意味で重要な枠組みである。第 1 に日本企業のサプライチェーンは主に RCEP 域内を中心に構築されており，RCEP によりそれらチェーンの効率化・強靭化を通じて，同地域の競争力強化に重要な役割を担うことである。第 2 に，RCEP は物品貿易において，新たな制度を組み入れることでビルディング・ブロック（積み石）の役割を担っていることである。

　もともと RCEP は ASEAN が中心性を発揮し，ASEAN＋1FTA を重層化することで実現したメガ FTA である。RCEP の様々な条項には，ASEAN や ASEAN＋1FTA で時間をかけて積み上げ，磨いてきた各種措置が組み込まれている。特に ASEAN は，民間企業の声を ASEAN 経済共同体（AEC）形成および深化を目的に積極的に吸い上げ，継続的に見直しを行うことで制度を磨いてきた。それら措置は ASEAN＋1FTA に展開され，また RCEP に移植された。

　RCEP においても，今後もその下に設置される合同委員会や事務局を通じて，広く産業界のニーズを拾い上げ，RCEP をよりビジネスニーズに合致した制度・ルールに改善・整備する「生きた協定」にしていくことが，RCEP をより魅力的でかつ競争力のある経済圏に進化させることに繋がる。

　ただしインドを含めた交渉参加国間の経済的利害から，関税削減方式を「共通譲許方式」で統一出来ず，締約国のうち日本を含めた 7 カ国が「個別譲許方式」を採用したことは，RCEP 自体を複雑化させた。「個別譲許方式」を採る国への市場アクセスについては，同じ RCEP 締約国であっても競争条件が同じとは限らず，域内企業との競争環境が変わる可能性があることには注意が必要である。

　また，RCEP により経済効果が期待されるが，その大半はパートナー国に帰属し，ASEAN ではない。むしろ ASEAN には「貿易転換効果」が発生する可能性がある。RCEP 拡大のモメンタムを維持するためには，その中心に位置する ASEAN にとっても魅力的な枠組みに進化させる必要がある。

「質的に劣る」,「対象範囲が狭い」など指摘される RCEP ではあるが, ピーターソン研究所は,「経済史上最も生産性の高い地域連携となることは間違いない[17]」としている。開かれかつ進化し続ける RCEP に昇華させることができれば, 今後, 高い関心と求心力が集まることは間違いない。

[注]
1 ）外務省・財務省・農林水産省・経済産業省（2021）。算出の前提条件は, 関税撤廃および物流パフォーマンス指標（LPI：logistics performance index）改善による取引コスト低下（日米以外）を政策変更とするもので, 直接投資への効果は含まない。また他の既存 EPA の効果は控除している。
2 ）ただし, 政府は RCEP 協定による純効果を求めるに際し, 日本が既に締結している経済連携協定による効果を控除している。実際は, 日本は韓国, 中国以外, すべての国と協定があることから, 貿易に関する経済効果は, 圧縮されるとみられる。
3 ）FTA での貿易自由化を進めていく上で, 各国に共通に適用されるルールや自由化の方式・水準。
4 ）https://www.kantei.go.jp/jp/singi/keizaisaisei/pdf/saikou_jpn.pdf
5 ）米国が離脱した TPP は除く。
6 ）外務省・財務省・農林水産省・経済産業省（2021）。
7 ）日本は CLM 諸国を特別特恵受益国（LDC）としている。そのため実際は, AJCEP, RCEP に加えて, 特別特恵制度も利用可能である。本章では EPA のみ検討対象とする。
8 ）15 年目または 16 年目での関税撤廃品目割合は, 日本・ベトナム経済連携協定（JVEPA）で 15％強, AJCEP で約 25％にのぼる。
9 ）譲許表上の総品目数は 9,558 品目, ここには無効となった自動車用組立部品（CKD）87 品目が含まれている。また除外品目には本協定外で指定される関税割当対象 30 品目を含めた。
10）一般には流通しない「武器および銃砲弾」を除く。
11）商品の名称および分類についての統一システム
12）HS2002 は 9 協定, HS2007 は 4 協定, HS2012 は RCEP も含め 4 協定, HS2017 は 3 協定。
13）発効から 10 年以内（カンボジア, ラオス, ミャンマーは 20 年以内）の猶予期間が設けられているが, さらに 10 年を限度に延長が認められている。また輸出国・輸入国の双方で導入された場合に限って利用可能としている。
14）他の締約国は RCEP がすべての署名国で発効した後, 5 年以内に導入を検討する。
15）ただしすべての RCEP 締約国が e-CO を発給できる, または提出を受理するとは限らない。日本は発給, 受理とも制度や体制を整備済み。
16）助川成也（2020b）。
17）Peterson Institute for International Economics（2020）。

[参考文献]
石川幸一（2020）「RCEP の意義とは何か」, 世界経済評論インパクト。
石川幸一（2021）「RCEP の評価：包括的で包摂的な FTA」, 世界経済評論インパクト。
外務省・財務省・農林水産省・経済産業省（2021）「RCEP 協定の経済効果分析」（https://www.mofa.go.jp/mofaj/files/100162437.pdf）。
経済産業省（2021）「第 50 回海外事業活動基本調査」。
財務省・農林水産省・経済産業省（2021）「地域的な包括的経済連携（RCEP）協定に係る関税収入減少額及び関税支払減少額の試算について」。（https://www.mof.go.jp/customs_tariff/trade/

international/epa/jrcep_kanzei.pdf）

助川成也（2018）「ASENAN における日本企業の FTA 利用状況と課題」，『政経論叢』通号第 184 号，国士舘大学。

助川成也（2019）「RCEP と日本の東アジア生産ネットワーク」，馬田啓一・石川幸一・清水一史編著『アジアの経済統合と保護主義―変わる通商秩序の構図―』文眞堂。

助川成也（2020a）「15 カ国で推進する RCEP の意義」，『世界経済評論』（2020 vol.66 No.2/ 通巻 707 号），国際貿易投資研究所。

助川成也（2020b）「AFTA で自己証明制度を導入」，時事速報 2020 年 9 月 18 日付。

日本貿易振興機構（2021）「アジア・オセアニア日系企業実態調査」。

早川和伸（2021）「RCEP の貿易創出効果――原産地規則の観点から」，アジ研ポリシー・ブリーフ No.141。

METI ジャーナル（2021）「政策特集：RCEP の世界へようこそ」。

Alessandro Nicita（2021）"An Assessment of the Regional Comprehensive Economic Partnership (RCEP) Tariff Concessions", UNCTAD Research Paper No.73, UNCTAD/SER.RP/2021/16.

Peterson Institute for International Economics (2020)" East Asia Decouples from the United States: Trade War, COVID-19, and East Asia's New Trade Blocs". (https://www.piie.com/publications/ working-papers/east-asia-decouples-united-states-trade-war-covid-19-and-east-asias-new).

第7章

RCEPのサービス貿易規定とサービス投資の可能性

助川成也

はじめに

　世界はインターネットなど情報通信技術（ICT）の急速な発達を背景に，海外の事業者が他国の消費者に容易に自らのサービスを提供できるようになるなど目に見えないサービスの「越境取引」が急速に拡大している。経済発展は産業構造の「サービス化」をもたらすが，20年の世界経済のサービス化率は7割に迫るなど，サービス産業の重要性が増している。

　一方で世界のサービス貿易は物品貿易の約3割を占めるに過ぎない。サービス貿易額は国際収支（BOP）統計で把握することができるが，現地拠点を通じたサービスの提供，いわゆる第3モードが計上されておらず，過小評価されている。

　年々重要性を増しているサービス貿易は，世界貿易機関（WTO）の下で「サービスの貿易に関する一般協定」（GATS）が規律している。しかし同協定はインターネットが本格的に普及する以前（1995年）のものであり，現代のサービス分野の商慣行を必ずしも反映しているわけではない。規律の更新が急務であるものの，多角的貿易交渉の停滞を受け，今やルール設定の主役は地域貿易協定（RTA）に移っている。その中で環太平洋パートナーシップに関する包括的および先進的な協定（CPTPP）が規律面で高水準の規定を策定し，地域的な包括的経済連携協定（RCEP）はそれら規定を開発途上国も取り込める形に調整・改変し，世界の成長センターでの導入に貢献する役割を担う。

　しかしRCEP交渉においてサービス貿易はあまり注目されてこなかった。多くの参加国はサービス貿易の赤字国であり，自由化に対して消極的な声が大

きかったことが背景にある。現に交渉当時，サービス貿易に競争力を有するインドは，情報技術（IT）人材の移動（第4モード）自由化を強く要求したが，ASEANなどは消極的な姿勢に終始した。そのことがインドにRCEP離脱を決断させた遠因のひとつである。

　本章では，RCEPのサービス貿易章の規律を概観するとともに，特にサービス分野の投資自由化（第3モード）に注目して，その実態と課題，日本企業への影響を明らかにする。第1節では世界経済におけるサービス貿易の位置づけ，多国間交渉の現状を述べる。第2節では，RCEPのサービス貿易章の特徴と概要を述べる。第3節では，サービス貿易の市場アクセス，特に現地拠点を通じたサービスの提供，いわゆる第3モードに注目する。中でも日本企業のサービス投資の観点から，日本とASEAN加盟国とが締結する3つの協定を比較し，その自由化水準や相互補完関係を検討する。

第1節　サービス貿易の潮流と現状

1. サービス貿易の位置づけ

　経済のサービス化の進展はその国の経済発展水準を表す。概して経済が発展するにつれて，サービス産業の比重が高まる傾向にある。経済発展とともに一国の産業構造の比重が第1次産業より第2次，次いで第3次産業へ移る現象は「ペティ・クラークの法則」と呼ばれる。UNCTAD（国連貿易開発会議）によれば，世界のGDPに占める第3次産業の割合（経済のサービス化率）は67.9％である。経済開発水準をベースに，世界を「先進地域」と「開発途上地域」とに分けると，サービス化率は前者で75.8％，後者は56.4％である。また世界のサービス産業の産出の7割弱は先進地域によるもので，開発途上地域は3分の1弱にとどまる。GDP全体の構成比（先進地域6割，開発途上地域4割）と比べ，サービス産業では先進地域に競争力がある。

　サービス貿易でもこの傾向が見て取れる。近年，グローバル化とFTAによる関税削減の進展で，国境を越えてサプライチェーンが構築されてきた。いわ

ゆるフラグメンテーションである。その結果，労働コスト面で競争力のある開発途上地域が生産および貿易において重要な役割を果たすようになってきた。現在，物品貿易では 40％台半ばを担う開発途上地域であるが，サービス貿易では約３割に過ぎず，世界のサービス貿易の主役は依然として先進地域である。

　世界ではサービス貿易額の水準は物品に比べて圧倒的に低いと認識されている。その水準は輸出でも輸入でも３割に至らない。サービス貿易は国際収支（BOP）統計で取りまとめられているが，必ず通関を経由する物品貿易と異なり，すべてのサービス貿易の態様を把握・計上しているわけではない。サービス提供の態様は４つある。サービス事業者が自国に居ながらにして海外にいる顧客にサービス提供を行う第１モード（越境取引），自国にいるサービス事業者が自国にきた他国の顧客に対してサービスを提供する第２モード（国外消費），サービス事業者が自国を離れて他国に支店・現地法人などの拠点を設置し，その拠点からサービスの提供を行う第３モード（現地拠点を通じたサービス提供），最後に，自国のサービス事業者が，自らの社員や専門家を他国に派遣して，他国の顧客にサービスを提供する第４モード（人の移動）である。

　特に第３モード（現地拠点を通じたサービス提供）については，居住者間の取引であり，国際収支統計には反映されない。また目には見えないサービス貿易の定量的な把握・捕捉には限界があり，サービス貿易の重要性が正しく認識されているわけではない。アジア太平洋地域において網の目のように FTA が

表7-1　サービス貿易の4態様

	形態	概要
第1モード	越境取引	サービスの提供者が，自国に居ながらにして，他国にいる消費者にサービス提供を行う形態
第2モード	国外消費	消費者がサービスの提供者側の国に移動することによってサービスの提供が行われる形態。
第3モード	商業拠点	サービスの提供者が設置した現地拠点を通じてサービスの提供が行われるもの。サービス業の対外直接投資。
第4モード	人の移動	サービスの提供者が相手国に移動して相手国の消費者にサービスを提供する形態。

出所）通商白書 2016 年版（経済産業省）。

構築されてきたが，その交渉の中心は関税削減・撤廃であり，開発途上国も多
い同地域でサービス貿易に重点が置かれることはなかった。

　RCEP の経済における第 3 次産業が占める比率，いわゆる経済のサービス化
率は開発途上地域のそれに近い。そのため世界のサービス産業規模に占める
RCEP の割合も，GDP の水準（約 3 割）に比べて見劣りする。また RCEP は
世界貿易の約 3 割を占めるが，サービス貿易では 2 割にとどまる。

　RCEP のサービス貿易はこの 15 年間で着実に世界での位置づけを高めてい
るが，物品貿易のそれには遠く及ばない。またその取引規模も物品貿易の約 2
割にとどまるなど，RCEP 交渉でサービス貿易交渉があまり注目されなかった
背景にもなっている。

表 7−2　世界の先進・開発途上地域別サービス関連指標

単位：%

	経済のサービス化率	サービス産業構成比	(参考)GDP	サービス貿易構成費			サービス貿易の対物品貿易比		
					輸出	輸入		輸出	輸入
世界	67.9	100.0	100.0	100.0	100.0	100.0	28.4	29.2	27.6
開発途上地域	56.4	32.8	40.5	31.5	28.2	35.1	20.3	18.1	22.7
先進地域	75.8	67.2	59.5	68.5	71.8	64.9	34.9	38.6	31.3
RCEP	58.3	26.1	29.5	20.1	18.1	22.2	20.0	17.2	23.3

注）GDP 関連指標は 2019 年。貿易は 2020 年。
出所）UNCTADSTAT

表 7−3　RCEP のサービス貿易の位置づけと対物品貿易シェア

単位：%

	輸出				輸入				往復貿易			
	2005	2010	2015	2020	2005	2010	2015	2020	2005	2010	2015	2020
対世界シェア	14.4	17.0	17.3	18.1	17.6	19.3	23.0	22.2	16.0	18.1	20.1	20.1
対物品貿易シェア	16.7	17.1	18.5	17.2	23.4	22.1	29.0	23.3	19.8	19.4	23.2	20.0

出所）UNCTADSTAT

2.　サービス貿易の規律

　世界貿易機関（WTO）ではサービス貿易に関して，「世界貿易機関を設立するマラケシュ協定」を構成する付属書のひとつとして 1995 年 1 月に「サービスの貿易に関する一般協定」（GATS）を発効させた。GATS ではサービス自由化を推進する二本柱として 1）市場アクセス，2）内国民待遇，を掲げている。

　GATS 第 16 条「市場アクセス」では，自国の約束表で定めない限り，① サービス提供者の数の制限，② サービスの取引総額または取引資産の制限，③ サービスの事業の総数または指定された数量単位によって表示されたサービスの産出量の制限，④ サービス提供に必要でありかつサービス提供に直接関係する自然人の総数の制限，⑤ サービスを提供する事業体の形態の制限，⑥ 外国資本の参加の制限，の 6 種類の措置を採ることができない旨規定されている。WTO 加盟国は，特定約束表にこれらの措置を採らない場合は「制限しない」と，留保する場合はその内容を，それぞれ明記する。

　サービス貿易自由化約束表において，何らかの制限を設けた上で限定的な自由化を約束している場合は，「分野横断的な約束」（Horizontal Commitment），または「分野毎の約束」（Sector-specific Commitments）において，具体的な制限事項が記載されている。それら 6 種類の措置を一切採らない場合，「制限しない」（None）と，自由化を一切約束しない場合は「約束しない」（Unbound）と，それぞれ記載される。この約束表方式は，後述するポジティブリスト方式と呼ばれる。

　一方，「内国民待遇」では，他の加盟国のサービスおよびサービス供給者について，内国のサービスおよびサービス供給者と比べて不利でない待遇を付与しなければならない。

3.　サービス貿易規律の近代化に向けた多国間交渉の現状

　1995 年の GATS 発効から 30 年近くが経過している。その間，インターネットとスマートフォンの全世界的な普及と，ICT などの分野での技術革新やス

マートフォン用アプリが次々と開発され，新たなサービスが提供されるなど，サービス産業自体も格段に多様化した。

　GATS が発効した 95 年時点ではわずか 0.68％であった世界のインターネット普及率[1]は，2019 年には 56.7％にまで向上した。さらに 100 人当たりの携帯電話保有者数は，95 年の 1.6 人から 20 年には 107.5 人と，普及率は 100％を超えた。インターネットやスマートフォンなど ICT サービスがサービス貿易に占めるシェアは年々拡大，統計が遡れる 2005 年で 6.1％であったシェアは，20 年には 13.6％へと倍増した[2]。GATS 交渉当時は全く想定されていなかったサービス取引が次々と登場しており，常に対象範囲の見直しやルールの改善が求められてきた。WTO ではその意義や必要性は認識されながらも，サービス貿易交渉は一進一退を繰り返し，2022 年現在も妥結していない。

　これまでの WTO でのサービス貿易自由化交渉への取り組みを振り返ると，同分野は新ラウンド（ドーハ開発アジェンダ）の立ち上げを待たずに交渉を行うビルト・イン・アジェンダに組み込まれ，2000 年から交渉が開始された。2001 年 3 月に「交渉のガイドライン」が策定され，交渉の目的，原則，範囲，方法等が決められ，リクエスト・オファー方式でサービス自由化交渉が行われた。サービス分野は概して先進国の競争力が強く，特に先進国は第 3 モード（商業拠点の設立）の自由化に高い関心を有する。その一方，開発途上国側は概してサービスの輸出競争力が乏しく，第 4 モード（人の移動）以外のメリットはなかなか見出しにくい。そのためサービス産業が未発達な開発途上国は，サービスの自由化は自国産業に影響を及ぼしかねず，慎重なスタンスをとる国が多い。

　またサービス自由化は一括受諾（シングルアンダーテイキング）の対象であったことから，他の分野の交渉状況に引きずられる形で，交渉は幾度となく中断を余儀なくされた。その状況を踏まえて，2011 年 12 月の第 8 回 WTO 閣僚会議では，一括受諾方式を断念，部分合意など妥結可能な成果を積み上げる「新たなアプローチ」を試みることで合意した。サービス貿易では有志国による新たな協定の策定に向け，プルリ（複数国間）のイニシアチブが開始された。これは新サービス貿易協定（TiSA）と呼ばれる。世界のサービス貿易交渉は，有志によるプルリの交渉と自由貿易協定（FTA）や経済連携協定

（EPA）を通じて，規律の現代化と自由化を推進することになった。

　TiSA の交渉参加国は EU を 1 地域と数えると，23 カ国・地域（2016 年 12 月現在）である。ここには RCEP 参加国では，オーストラリア，ニュージーランド，日本，韓国の 4 カ国が参加しており，ASEAN からの参加はない。TiSA では，現行の GATS 以上のハイレベルなサービス貿易分野の自由化とこれまでの FTA の成果，現行のサービス業態を踏まえた 21 世紀に相応しい新協定の策定を目指している。2013 年には本格的な交渉の段階に入ったが，16 年末を目指した協定策定が困難になって以降，交渉が中断，22 年現在も交渉再開には至っていない。

　一方，ビルト・イン・アジェンダでもあったサービス貿易に関する国内規制ルール交渉[3]については進展があった。2021 年下半期に新型コロナウイルス・オミクロン株が急速に拡大し，WTO 閣僚会議（MC13）は中止された。同会議に代わり，同年 12 月に開かれた大使級会議で，日本を含む 67 カ国・地域で同交渉妥結を確認する宣言が発出された。宣言に名を連ねた国・地域による法令の整備等を通じて，海外サービス事業を実施・検討する企業は，ビジネス環境の透明性や予見可能性が高まることになる。

　政府が外国のサービス事業者に資格審査等を要求する場合には，合理的な期間内に審査，出願のために必要な合理的な時間的猶予，合理的・透明で制限的でない手数料，必要な時間の目安の伝達，必要な情報の速やかな公表，パブリック・コメントの機会付与，などが求められる。宣言に名を連ねた 67 カ国・地域のうち，RCEP 参加国は，TiSA の有志国にも名を連ねたオーストラリア，ニュージーランド，日本，韓国に加えて，中国，フィリピン，シンガポール，タイが参加しており，これら国々の事業環境改善が期待される。

第 2 節　RCEP のサービス貿易

1.　RCEP のサービス章の概要

　マレーシア国際貿易産業省（MITI）で RCEP 主席交渉官を務めた Wan

Wadrina Wan Abdul Wahab 氏は、RCEP の交渉・構築の理念の核は「ASEAN 中心性」であり、そのキーワードとして、①ビルディング・ブロック・アプローチ、②GATS と ASEAN＋1FTA、③補完性、④近代的、をあげた[4]。ASEAN はこれまで FTA 交渉に際し、加盟 10 カ国の経済格差に起因するニーズの相違から、可能なところから進めるビルディング・ブロック・アプローチを採ってきた。同アプローチは、次のステージに進むためのひとつの礎になることを意味し、それを支援すべくサービスにも「協力」の要素が盛り込まれている。RCEP のサービス交渉の基盤は GATS、そして GATS の約束を改善してきた ASEAN＋1FTA である。さらに RCEP は WTO と ASEAN＋1FTA を補完し、現在の貿易・商慣行に合致した「近代的」な協定にすることが求められていた。

　また、同じ RCEP でも物品貿易とサービス貿易とで異なる特徴を持つ。物品貿易ではステージングがあり、その間、徐々に関税が引き下げられる。日本が協定を用いて ASEAN 加盟国に輸出する場合、二国間 EPA、ASEAN＋1FTA、そして RCEP の 3 つの方法がある。3 つの協定各々で、利用時点での関税率に相違が出てくる場合が多々ある。利用企業は関税水準や原産地規則などを鑑み、どの協定を使うか慎重な検討が求められる。一方、サービス貿易は基本的に発効と同時に約束履行が求められる。また、RCEP の物品貿易では約半数の国が個別譲許方式を採り、相手国によって条件や適用される関税が異なる場合があった。サービス貿易は他の RCEP 締約国に共通適用される。

　RCEP を日 ASEAN 包括的経済連携協定（AJCEP）や環太平洋パートナーシップに関する包括的および先進的な協定（CPTPP）と比較することで、その特徴を明らかにする。

(1) 構成

　サービス貿易の規律の原点となる GATS は、サービス貿易全般を規定している。それに対し、25 の条文で構成されている RCEP のサービス貿易章は、1) 金融サービス、2) 電気通信サービス、3) 自由職業サービス、の 3 つが付属書として切り出されている。一方、AJCEP のサービス貿易章は、1) 金融サービス、2) 電気通信サービス、の 2 つが付属書で規定されている。CPTPP

表7-4　RCEP サービス貿易章の構成の AJCEP, CPTPP との比較

主な特徴		AJCEP	RCEP	CPTPP
自由化方式	ポジティブリスト方式	○	○	×
	ネガティブリスト方式	×	○	○
自動的な最恵国待遇（MFN）		×	○	○
透明性に係る表		○	×	×
移行		×	○	×
現地拠点（ローカルプレゼンス）		×	○	○
国内規制の規律向上		○	○	○
認識		○	○	○
協力		○	○	×
見直し／約束の見直し		○	○	×
独占禁止		○	○	○
商習慣		○	○	○
利益の否認		○	○	○
セーフガード措置		○	○	○
補助金		○	○	○

出所）マレーシア通商産業省 ASEAN 経済統合課 Wan Wadrina Wan Abdul Wahab 氏（2022 年 3 月 1 日付日本 ASEAN センター講演会）

の国境を越えるサービス貿易章は 12 の条文で構成され，付属書として 1）自由職業サービス，2）急送便サービス，を規定している。また，金融サービスおよび電気通信サービスは，別章（各々 11 章，13 章）になっている。RCEPの「自由職業サービス」は CPTPP から移植されたものである（Wadrina 氏）。

　本章では，付属書として切り出されている分野を除き，その特徴を概観する。

(2) 適用範囲

　RCEP の適用範囲の書きぶりは，AJCEP 第一改正議定書と概ね同様で，また適用範囲と義務については CPTPP を参考にしている（Wadrina 氏）。適用範囲に含まれない分野について，RCEP では政府調達，補助金または贈与，政府権限の行使として提供されるサービス，海上運送サービスのうち内航海運に係るもの，航空交通権[5]，雇用市場[6]，であるが，AJCEP では RCEP の適用

されなかった範囲のうち，補助金または贈与，政府権限の行使として提供されるサービスは含められている。

(3) 約束方式

　WTO 発足とともに 95 年に発効した GATS では，その自由化についてポジティブリスト方式（約束表方式）が採られている。以降，ASEAN は，AJCEP も含めてすべての ASEAN＋1FTA で同方式を採用，踏襲している。

　ポジティブリスト方式の場合，市場アクセス，内国民待遇について，自由化の約束を行う分野とその条件・制限を約束表に明示するが，約束表に記載されない分野は自由化義務の対象にはならない。一方で，参入を制限する規制や措置については，別途国内法で定められている場合があり，約束表を見ただけでは，どのような制限や規制があるのか不明であった。また約束表に記載されていない分野であっても，必ずしも「自由化していない」とは限らない。規制自体は残しながらも，経済・社会情勢に応じて柔軟に運用している場合も少なくない。ポジティブリスト方式は概して透明性が低いと言われる所以である。

　またネガティブリスト方式（留保表方式）では一般義務として内国民待遇，最恵国待遇等の自由化義務を課し，その例外となる措置や分野を留保表の中に示すことになる。そのため基本的に記載した制限措置・内容以外はすべて自由化することが求められる。同方式を採る国は，そこで示した措置以外の制限を設けることは認められていない。近年締結される FTA では，CPTPP をはじめネガティブリスト方式が採られる場合も多い。

　これらサービス貿易の 2 つの方式では，一般的にネガティブリスト方式の方が透明性が高く，より自由化志向が強いとされる。ASEAN でも近年，ネガティブリスト方式の採用に向けた取り組みを開始していた。従来，ASEAN サービス枠組み協定（AFAS）の下で自由化する業種を「パッケージ」化し，パッケージを積み上げることで漸進的自由化を進めてきた。AFAS では最終的に第 10 パッケージまである。

　ただし AFAS 自体も GATS 同様，1995 年に策定されており，その内容と形式両面で見直しが行われてきた。その結果，AFAS は国際水準の「ASEAN サービス貿易協定」（ATISA）として 2020 年 10 月に調印，180 日後の 21 年 4

月に発効した。この ATISA ではネガティブリスト方式が採用されている。ATISA の協定自体は公表されたものの，加盟国の留保表は未だ作成されていない。留保表は先発加盟国が発効から 5 年以内，ベトナムは 7 年以内，残る後発国は 13 年以内にそれぞれ作成，ASEAN 事務局に提出することが求められている。これら一定の猶予期間を経てネガティブリスト方式に転換する手法は，RCEP 交渉からの影響を受けている。

RCEP の交渉は 8 年に及んだが，サービス貿易ではどちらの方式を採るかを巡り 4 年もの年月が費やされたという（Wadrina 氏）。ASEAN には発展格差があることに加えて，CPTPP に参加していない ASEAN 加盟国はネガティブリスト方式を用いた経験がほぼ皆無であり，ASEAN としてのコンセンサス構築が難航したという。その間，日本がオーストラリア，韓国と共に ASEANの説得を続けた結果，一定期間は両方の方式を採れる余地を残し，ポジティブリスト方式採用国は一定期間後，ネガティブリスト方式に移行することで合意した。RCEP は一定の猶予期間を経て，最終的にネガティブリスト方式に収斂する。

ASEAN 4 カ国，パートナー国 3 カ国の計 7 カ国[7]は最初からネガティブリスト方式を採用し，留保表を公表した。後発途上国のカンボジア，ラオス，ミャンマーは発効後 12 年以内，残る国々は 3 年以内に，それぞれ約束表を留保表に転換した上で公表が求められる。RCEP では最終的に自由化の留保業種について，その法的根拠の「見える化」の進展により，予見可能性の向上が期待できる。

RCEP での特徴的な取り組みは，ポジティブリスト方式を採る締約国を対象に，約束表において「将来の自由化の対象となる分野または小分野」（FL：future liberalization）[8]と MFN を付与する業種を明記することである。ただしFL はサービス分野の直接投資，いわゆる第 3 モードの約束のみに適用され，協定発効日から 3 年経過以降に実施することになる。また MFN を付与しない場合，「透明性にかかる表」の作成が求められる。また市場アクセスおよび内国民待遇に掲げる措置や制限について，自由化を後退させないことを約束するラチェット条項[9]が盛り込まれていることも特徴である。

(4) 基本義務

　RCEPのサービス貿易章では，最恵国待遇（MFN）義務，内国民待遇（NT）義務，市場アクセス義務，規制・措置の透明性の確保等を規定している。また金融サービスなど一部分野では追加的ルールを規定している。

　特に原則として自動的に「MFN」が採られることはRCEPの特徴である。これは，あるRCEP締約国が非締約国に対してRCEPに比べて有利な約束を提供する場合，当該締約国は非締約国に提供した待遇より不利でない待遇の提供を義務づける規定であり，その待遇は当該締約国により一方的に提供されることになる。この規定はこれまでのASEAN＋1FTAでは採用されていない。たとえばAJCEPでは，日本側はMFNを約束したものの，一方のASEAN側はMFNを「考慮するよう努める」とした努力義務になっている。また二国間EPAでは，日本はブルネイやフィリピンからMFNを獲得できていたが，他の国については限定または制限されていた。

　ただしRCEPにおいては，すべての分野でMFNが提供されるわけではないことに注意する必要がある。ネガティブリスト国で例外は付属書（留保表）に記載することになる。一方，ポジティブリスト国は，MFNが約束できるセクターを約束表にて明示している。また，一部の国に対しては柔軟な措置を設けている。フィリピンはMFN義務を負わない代わりに，法的拘束力はないものの，NTまたは市場アクセスに関する義務規定に適合しない現行の措置を記載した「透明性に係る表」を作成・公表する義務を負う。一方，カンボジア，ラオス，ミャンマーは，MFN義務および透明性に係る表の作成・公表の義務の双方を負わない。

　またRCEPではMFN義務例外が設けられている。それは，ア）既存のFTAを含む国際協定に基づき異なる待遇等措置の留保（第3項），イ）ASEAN構成国は物品貿易，サービス貿易，投資の自由化など他のASEAN協定に基づき，差別的取扱いを認める措置・権利の留保（第4項），ウ）隣接国との国境地帯における有利な措置の容認（第5条）である。

　特にイ）について，ASEANは2007年に策定したASEAN経済共同体（AEC）ブループリントの下，「単一の市場と生産基地」を実現する重要なファクターとして「サービスの自由化」を掲げ，AFASのもとでサービスの漸進

的自由化に取り組んできた。ASEAN はサービス貿易の 4 態様のうち，第 1 モード（越境取引）や第 2 モード（国外消費）は，すべての加盟国による同意を条件に善意に基づく制限（公共の安全など）がある場合は例外とするものの，完全自由化を目指した。一方，サービス分野の投資にあたる第 3 モード，そして人の移動を意味する第 4 モードは，必ずしも完全自由化には踏み込んでいないが，最も ASEAN でのビジネスや競争環境を変えるインパクトがある。

特に第 3 モード（外国資本出資比率制限）について，AFAS で最終となる第 10 パッケージの目標は，域内企業に対して「出資比率 70％以上」の容認である。第 10 パッケージは 2019 年 2 月 9 日に発効し，ASEAN では対象範囲の広狭はあるものの，「出資比率 70％以上」を達成している。

自動的な MFN 付与が義務化されれば，これら自由化の恩恵が日本他パートナー国にも均霑されるが，RCEP では前述の第 4 項の ASEAN 協定留保措置により例外扱いとなる。そのため物品貿易同様，サービス貿易でも ASEAN の自由化水準が最も高く，ASEAN の求心力確保に一役買っている。

(5) 国内規制

RCEP では第 8 条 15 項（国内規制）で，サービス貿易に影響を与える措置の合理的，客観的かつ公平な方法での運用確保が約束されている。外国のサービス供給者の要請に応じて，サービス貿易に影響を与える行政上の決定を迅速に審査することが盛り込まれ，また申請が却下された場合，その理由を問うことが可能になる。これは従来の GATS にはなく，AJCEP で盛り込まれていたものである。

国内規制については GATS 第 6 条 4 項に基づき，WTO の下で日本を含む 67 カ国・地域は資格要件，資格の審査に係る手続，技術上の基準および免許要件に関連する措置について交渉してきた。この交渉は前述のとおり，21 年 12 月に開かれた大使級会議で，同交渉妥結を確認する宣言が発出された。RCEP では，WTO の交渉結果が発効した場合，協議のうえでこの条項を改正することが明記されており，WTO での合意結果に則った形で一部内容の見直しが行われることになろう。

表 7-5　サービス貿易章の AJCEP, CPTPP との比較

名称	AJCEP 協定　第一改正議定書	RCEP 協定	CPTPP 協定
発効日	2020 年 1 月 1 日発効	2020 年 11 月 15 日署名	2018 年 12 月 30 日発効
適用されない範囲	政府調達。海上運送サービスのうち内航海運に係るもの。航空交通権。雇用市場。	政府調達。補助金または贈与。政府権限の行使として提供されるサービス。海上運送サービスのうち内航海運に係るもの。航空交通権。雇用市場。	金融サービス。政府調達、政府権限の行使として提供されるサービス、補助金または贈与。サービスおよび航空サービス支援関連サービス。
付属書（約束表）方式	ポジティブリスト方式	ネガティブリストとポジティブリスト採用国は一定期間後にネガティブリストに移行）	ネガティブリスト方式
最恵国待遇（MFN）	原則 MFN。ASEAN 側は努力義務。	ネガティブリスト国は原則 MFN。例外は付属書（留保表）に記載。ポジティブリスト国は約束できるセクターを約束表にて明示。	原則 MFN 規定。例外は付属書（留保表）に記載。
内国民待遇（NT）	約束表に記載した範囲での自由化付与。	ネガティブリスト国は原則付与し。例外は付属書（留保表）に記載。ポジティブリスト国は約束表に記載した範囲での自由化付与。	原則付与。例外は付属書（留保表）に記載。
市場アクセス（MA）	GATS 第 16 条の市場アクセスと同様の規定（約束表記載の範囲での自由化付与）。	GATS 第 16 条の市場アクセスと同様の内容。ネガティブリスト国は原則付与。例外を付属書（留保表）に記載。ポジティブリスト国は約束表に記載した範囲での自由化付与。	GATS 第 16 条（（f）外資制限を除く）の市場アクセスと同様の内容に回帰するため拠点設置要求禁止の義務を採用し。例外は付属書（留保表）に記載。
透明性	照会所の指定と他国からの要請に応じて情報提供などを行う義務や、サービスに関する措置を迅速に除き、特定の約束について、遅くとも施行時までに公表する義務、他の締約国からの質問にも法令に基づき対応することなどを定める規定。	サービス貿易に関係する措置については通常例を迅速に除き、遅くとも施行時までに公表する義務、他の締約国からの要請に応じて情報提供などを定める規定。	本章の規定の対象である事項に関する自国の規制について、利害関係者からの照会に回答するための照会窓口を採用し、または維持すること等を規定。
スタンドスティル義務	約束表において SS のマークが付された分野を約束とし、SS のマークについて、内国民待遇等に非整合的な現行措置を記載する内国民待遇等の義務に限定し、条件および制限に基づく旨を規定。	ネガティブリスト国の場合、これらの政府が行う分野の措置として、これらの政府が行う分野（現行措置に基づき留保のリスト）に記載する内国民待遇等の義務に非整合的な現行措置をポジティブリスト国の場合。約束できるセクターを明示する。	中央政府や地域政府の措置として、留保表（現行措置）が維持し、留保のリスト）に記載する内国民待遇等の義務に非整合的な現行措置を対象と規定。
支払い及び資金移動	約束した分野のみを対象として当該規制措置を課してはならない旨を規定。	約束した分野のみを対象として当該規制措置を課してはならない旨を明示する。	国境を越えるサービスの提供に関連するすべての資金の移転および支払が自国の領域へまたは自国の領域から自由に、かつ、遅滞なく行われることを認める旨規定。

出所）不公正貿易報告書（経済産業省）2019 年版、21 年版を一部加工。

第3節　RCEP の市場アクセス

1. サービス貿易の 4 態様別市場アクセス

　近年のサービス貿易の特徴として，サービス提供の 4 態様（モード）のうち，情報通信技術の進展により第 1 モードの取引が拡大している。たとえば，米国ハリウッド映画やドラマ，音楽について，日本など国境を越えた国の家庭に居ながらにして視聴したり，PC 端末用ソフトウェアやスマートフォンに搭載するアプリも，今やインターネット経由で購入，インストール，更新などのサポートもネット経由で受けられる。

　前述のとおり，サービス貿易の 4 態様のうち，国際収支統計には出てこないのが第 3 モードである。国際収支は居住者と非居住者との間の取引を記録したものであり，消費国に支店・現地法人を設立し，消費国居住者にサービスを提供する第 3 モードは，居住者間の取引と見なされ，同収支表には計上されない。

　WTO は供給モード別サービス貿易（TiSMoS）を推計している。この第 1 ～第 4 モードの合計額は「真のサービス貿易額」とも言えよう。世界の TiSMoS ベースのサービス貿易額は，BOP ベースに比べて輸出入とも 2.5 倍の規模にのぼる。その最大の要因は，グローバル化に伴い，サービス業の海外展開が進展したことにある。推計された第 3 モードのサービス貿易額は，入手可能な 2017 年のデータで全体の約 6 割（輸出：61.7%，輸入：53.2%）を占める。競争力がある先進国が第 3 モードの自由化に最も関心を持つ理由でもある。

　また当該国の直接投資競争力とも解釈できる第 3 モードの貿易特化指数[10]を算出したところ，RCEP 締約国の中では日本が最も競争力があり，オーストラリア，韓国も「プラス」を示している。日本がサービス投資の自由化に強い関心を持つ理由でもある。一方，長年に亘り投資誘致による経済開発に取り組んできた ASEAN について，唯一，シンガポールが「プラス」を示しているものの，それ以外の加盟国は恒常的に「マイナス」である。以降では，サービス貿易で最大の位置づけを占め，また日本の関心が高い第 3 モードに絞り，

表 7-6　RCEP 締約国のサービス貿易特化指数（2017 年）

	RCEP	ASEAN	日本	中国	韓国	豪州	NZ
全モード計	0.01	-0.05	0.26	-0.12	-0.03	0.18	-0.03
第 3 モード	0.08	-0.12	0.42	-0.07	0.06	0.26	-0.08

出所）TiSMoS（WTO）をもとに作成。

RCEP によるサービス投資の環境変化を検討する。

2.　RCEP の現地拠点を通じたサービス提供とその特徴

　ASEAN でのサービス貿易の自由化に向けた取り組みは，AFAS の下で推進されてきた。ASEAN が締結する協定において，AFAS の自由化水準が最も高く，ASEAN の求心力維持に寄与している。RCEP では自動的な MFN が義務化されたものの，ASEAN 協定留保措置により日本他パートナー国に均霑されない。

　外国資本出資比率の緩和に向けた取り組みについて，最終的に AFAS が加盟各国に求めたのは，ASEAN 加盟国企業に対する「出資比率 70％以上」の容認である。ただし，金融サービスと航空運送サービスは各々財務相会議，交通相会議の下で，また農林業，水産業，鉱業，製造業等に付随するサービスは ASEAN 投資地域（AIA）評議会のもとで，それぞれ自由化が推進されることから，AFAS の対象業種には含まれていない。そのため全 155 業種のうち AFAS では 128 業種の自由化が求められる。ただし，最大 29 業種分の柔軟性（例外）が容認されるため，少なくとも 99 業種での自由化が約束される。

　サービス貿易の約束表は「市場アクセス制限」と「内国民待遇制限」，そして「追加的約束」の欄で構成されるが，サービス投資の自由化水準を計る観点から，市場アクセス制限のうち「外資出資」に焦点をあて，自由化対象業種数とその水準の数値化を試みる。

　ここでは当該業種全体で自由化を約束している業種について，外資 100％を容認した場合は「1.0 ポイント」，外資 70％以上 100％未満で「0.7 ポイント」，51％以上 70％未満で「0.5 ポイント」とした。また，当該業種の一部について自由化を約束している業種について，外資 100％を容認した場合は「0.5 ポイ

表7-7　ASEAN主要国の域内サービス自由化の現状（第10パッケージ）

タイ	マレーシア	インドネシア	フィリピン	ベトナム
43.4	51.4	48.2	36.6	72.0

注）点数は，① 対象範囲（業種全体＝1，業種内の一部＝0.5），② 外資容認比率（51％未満：
0，51-69％：0.5，70-100％未満：0.7，100％＝1）をベースに，① と ② を乗じた。
出所）ASEAN 事務局 AFAS 第10パッケージをもとに計測。

ント」，外資70％以上100％未満で「0.35 ポイント」，51％以上70％未満で「0.25 ポイント」とした。AFAS では全128業種すべてで外資出資規制がない場合，最大の128ポイントとなる。

　AFAS における自由化水準を計測したところ，主要国の中ではベトナムが最も高い。ベトナムは2007年に WTO に加盟したが，加盟する際に先行加盟国・地域から様々な業種の自由化が求められたためである。タイの自由化水準は43.4 ポイントであり，域内では決して自由化推進国ではない。

3. 日本との協定における自由化水準（タイの事例）

　RCEP は ASEAN と域外のパートナー国とで結ばれた5つの ASEAN＋1FTA を交渉の土台とし，それらを広域化・重層化したものである。ASEAN主要国と日本との間には，今回の RCEP に加えて，ASEAN＋1FTA であるAJCEP，そして二国間 EPA があり，3層構造になっている。日本のサービス投資可能性の面から，これら3本の協定の自由化水準を計測，比較するが，RCEP でポジティブリスト方式を採っているタイを取り上げて比較する。日本企業進出数で ASEAN 最大国のタイでは，日タイ経済連携協定（JTEPA）が2007年に発効し，翌2008年には AJCEP が，22年1月には RCEP がそれぞれ発効した。

　タイでは製造業の外資規制はほぼないことに加えて，さらにタイ投資委員会（BOI）が自国の産業発展に資する分野については投資奨励恩典を付与し，主に製造業の直接投資を誘致している。その結果，ASEAN 随一とも言われる産業集積が構築された。

　一方，サービス産業の様相は一変する。サービス産業は製造業と比べて事業

開始資金は製造業に比べて少なくて済む一方，先進国企業には競争力の源泉となるノウハウが蓄積されており，同じ土俵で対等に競争すれば，地場サービス産業は太刀打ちできず，撤退に追い込まれかねない。そのため，タイでは地場産業を外国企業との競争から保護すべく，外国人事業法により外資参入を制限している。同法で言う「外国企業」とは，資本のマジョリティ（51％以上）を外国資本が有する企業を指し，日系企業など外資の出資比率は49％以下に制限される。製造業に付随する修理・メンテナンスもサービス業に該当し，外資参入が制限されている。

　日本がタイと締結する3つの協定は，JTEPA，AJCEP，RCEP の順番で発効してきた。これらは各々独立した協定であり，また新しく締結された協定が必ずしも自由化水準がより高いとは限らない。特に RCEP の場合，ASEAN と日本以外にも4カ国が締約国として参加しており，物品貿易と同様，自由化約束は他の締約国の競争力を鑑みた上で「最大公約数」にならざるを得ない。

　日本とタイとの3つの協定を比べ，RCEP で外資制限が緩和された業種について，保険の補助的なサービスのうち保険顧問サービス，損失調整サービス，保険数理士サービス，金融仲介関連補助サービスのうち金融顧問サービス，高等教育サービスの科学・技術学部について，外資比率制限は「なし」（None）とされ，外資による単独の投資も可能になった。また当該業種の一部分も含めれば，タイは50近い業種で RCEP 締約国資本比率を70％まで容認した。緩和業種例として，居住型福祉施設サービス（デイケアサービスを除く），海運貨物取扱サービス，冷凍・冷蔵貨物向け倉庫サービス，鉄道運送機器の保守および修理のサービス，翻訳・通訳サービス，天気予報・気象サービスなどがある。

　しかし，3つの協定の中で RCEP の自由化が最も進んでいるわけではない。日本がタイと締結している3つの協定において，「外資出資」に焦点をあて，AFAS の自由化水準を数値化した同様の手法で計測する。ただし対象業種数は異なる。サービス産業は全体で12分野155業種あるが，前述の AFAS ではうち128業種が自由化の対象であり，満点は128ポイントであった。一方，RCEP と AJCEP は，海上運送サービスのうち内航海運関連（6業種），航空交通権関連（3業種）には適用されないため，146業種が自由化の対象となる。

JTEPA では，航空交通権関連（3 業種），海上運送事業におけるカボタージュ
（国内の港間の旅客，貨物の沿岸輸送；3 業種）に加えて，金融サービスは
GATS の金融サービスに関する付属書を準用するとされており，ここでは「銀
行およびその他の金融サービス（保険を除く）」の 12 業種を除く計 137 業種に
ついて自由化水準を検討する。

　サービス産業全体の自由化水準を計測すると，3 つの協定のうち 2007 年に
発効した JTEPA が最も高い（24.35 ポイント）。また JTEPA であっても，前
述の AFAS でのタイの自由化水準（43.4 ポイント）と比べると見劣りする。
サービス産業の大分類である 12 分野の平均自由化水準について 3 つの協定を
比較すると，通信サービス，健康に関連するサービスおよび社会事業サービ
ス，娯楽，文化およびスポーツのサービスの 3 分野については RCEP が最も
自由化水準が高いが，残る 12 分野はすべて JTEPA に劣後する。自由化の獲
得の観点から見れば，物品貿易同様，二国間での交渉がより自由化の深掘りに
より，多くの恩恵が得られることを示している。

表7-8　日本のタイとの協定におけるサービス自由化指数

サービス分野	RCEP	AJCEP	JTEPA
1．実務サービス	0.16	0.05	0.23
2．通信サービス	0.30	0.11	0.06
3．建設サービスおよび関連のエンジニアリング・サービス	0.33	0.20	0.50
4．流通サービス	0.21	0.00	0.30
5．教育サービス	0.20	0.15	0.50
6．環境サービス	0.24	0.06	0.88
7．金融サービス	0.06	0.00	0.10
8．健康に関連するサービスおよび社会事業サービス	0.35	0.00	0.00
9．観光サービスおよび旅行に関連するサービス	0.00	0.13	0.17
10．娯楽，文化およびスポーツのサービス	0.18	0.13	0.13
11．運送サービス	0.08	0.01	0.09
12．いずれにも含まれないその他のサービス	0.00	0.00	0.00
全体平均	0.17	0.06	0.19
合計自由化指数	24.35	8.50	26.05

出所）各協定書をもとに作成。

おわりに

WTO 多角的貿易交渉が暗礁に乗り上げる中，メガ FTA に期待されるのは現行のサービス貿易慣行に合致した規律やルール整備，自由化の推進役である。CPTPP は高い水準の規律の策定面で，RCEP はこれらを開発途上国も受け入れ可能なものに調整・改変することで，それぞれ世界に貢献できる。

開発途上国が数多く参加している RCEP では，サービス貿易の自由化に対して後ろ向きな国が多い。特にサービス分野の投資自由化については，二国間 EPA に比べても自由化水準は低く，課題があることは確かである。しかしその中で，一定期間の猶予を経てネガティブリスト方式に移行することを決断したことや，すべての業種ではないものの，自動的な MFN を導入したこと等は大いに評価すべきである。

また 2020 年以降，新型コロナ危機によりサービス貿易の重要性や存在感は否応なく高まった。同危機は ICT のさらなる発展とその積極的利用を促した。そのため RCEP の規律自体，既に現行の慣行との間で齟齬が出ている可能性がある。RCEP は今後もビジネス環境・慣行に合わせて改変が続けられる「生きた協定」である。RCEP は原則として毎年，閣僚会議が開かれる。また合同委員会の下には 4 つの委員会が設けられ，そのうちのひとつが「サービス及び投資に関する委員会」である。委員会は主にピア・プレッシャーを積極的に活用し，継続的に協定の履行状況を確認，確保する役割を担うが，この場は RCEP をよりビジネスニーズに合致した制度・ルールに改善・整備する貴重な機会である。広く産業界のニーズを拾い上げ，RCEP に取り込んでいくことが，より魅力的でかつ競争力のある経済圏構築への道である。

［注］
1）インターネットを利用している個人（対人口比）。世界銀行データによる。
2）UNCTADSTAT。International trade in ICT services。
3）GATS 第 6 条 4 項では，サービス提供のために許可が必要な場合には資格要件，資格の審査に係る手続，技術上の基準および免許要件に関する措置がサービス貿易に対する不必要な障害とならないようにするため，サービス貿易に関する理事会が設置する適当な機関を通じて必要な規律を作成するとしている。

4）日本アセアンセンター主催 RCEP ウェビナー（2022 年 3 月 1 日開催）での発言。

5）航空輸送サービス，付与された交通権，または交通権の行使に直接関連するサービス，等に影響を与える措置。

6）締約国の雇用市場へのアクセスを求める自然人に影響を与える措置，および国籍，市民権，居住または永続的な雇用に関する措置には適用されない。

7）最初からネガティブリスト方式を採用しているのは，ASEAN ではブルネイ，インドネシア，マレーシア，シンガポール。パートナー国は，日本，韓国，オーストラリア。

8）後発開発途上締約国は義務免除，任意。

9）協定発効後に規制の緩和や撤廃を行う場合，現行の措置より自由化の程度を後退させないとする条項。自由化への変更のみ許容され，自由化に逆行する変更は認められない。

10）貿易特化指数は，輸出額から輸入額を引いた純輸出額を輸出額と輸入額を足した往復貿易額で除すことで算出される。同指数が「1」に近ければ近いほど当該分野の貿易構造は輸出に偏り，比較優位があることを示す。一方，「－1」に近づく程輸入に偏っていることを意味し，貿易相手国の比較優位（自国の比較劣位）を示す。「0」ならば輸出入が均衡していることを表す。

[参考文献]

石川幸一（2021）「東アジアの経済統合：展開と課題」，アジア研究 Vol.64, No.4, October 2018。

経済産業省（2021，2019）「不公正貿易報告書」。

助川成也（2019）「RCEP と日本の東アジア生産ネットワーク」馬田啓一・石川幸一・清水一史編著『アジアの経済統合と保護主義―変わる通商秩序の構図―』文眞堂。

助川成也（2020a）「15 カ国で推進する RCEP の意義」，『世界経済評論』（2020 vol.66 No.2/ 通巻 707号），国際貿易投資研究所。

助川成也（2020b）「ASEAN の新たなサービス貿易自由化に向けた取り組み」，『ASEAN の新たな発展戦略―経済統合から成長へ―』ITI 調査研究シリーズ No.102，国際貿易投資研究所。

菅原淳一（2020）「『成長』が課題の RCEP」，みずほインサイト 2020 年 11 月 30 日付，みずほ総研。

国松麻希（2021）「RCEP コメンタール」，『貿易と関税』（2021 年 9 月号），日本関税協会。

METI ジャーナル（2021）「政策特集：RCEP の世界へようこそ」。

第8章

RCEP協定における主なルール規律

福永佳史

はじめに

2020年11月，日本を含む，東アジア15カ国によって地域的包括的経済連携協定（以下，RCEP協定）が署名された。2012年に交渉入りが決定してから実に8年かかる長期の交渉の成果である。

RCEP協定は，我が国にとっては，中国および韓国との間でのはじめての経済連携協定であり，市場アクセスの大幅な改善（典型的には日本から両国に輸出する際の関税の削減・撤廃）が期待される。

RCEP協定の特徴のひとつは「地域的」である点にある。これは単に，署名国が地理的に近接していることを示すだけではない。日系企業を中心に東アジアに高度なサプライチェーンが形成されている現実を踏まえ，域内企業が部素材を各国から調達し合いながら製造することが容易となるような物品貿易ルールを規定する（統一的な原産地規則，累積規定など）。

RCEP協定のもうひとつの特徴が「包括的」である点にある。RCEP協定は全20章および17の付属書から構成されている。この中で，物品貿易に留まらず，投資，知的財産，電子商取引，競争など，幅広い分野でのルール（規律）を設けている。こうしたことを反映し，協定署名時に採択されたRCEP共同首脳声明（2020年11月）は，「RCEP協定は，ASEANとRCEP参加国との間の既存の自由貿易協定がかつて対象としていなかった分野および規律を含むもの」[1]である点を強調している。

本章では，RCEP協定のルール規律に焦点を当てる。まず第1節において，公表資料に基づき，RCEP協定が対象とするルール分野が拡大していった交渉

過程を紹介する。第2節では，RCEP 協定の主なルール規律の内容を簡単に紹介したい。その際，比較対象としては，RCEP 協定交渉の基礎となった「ASEAN＋1 FTA」（特に最も分野のカバーが広い ASEAN 豪ニュージーランド FTA）や，ASEAN 関連協定（ASEAN10 カ国の協定），さらには包括的および先進的な環太平洋パートナーシップ協定（CPTPP）を参照する。第3節は，履行確保の観点から，RCEP 協定発効後の運用メカニズムについて紹介し，まとめとしたい。

第1節 RCEP 交渉におけるルール分野の拡大

ASEAN 諸国は，RCEP 協定の交渉が始まる前の段階ですでに，RCEP 交渉参加国のすべて（日本，中国，韓国，オーストラリア，ニュージーランド，インド）との間で，計5本の FTA を締結していた[2)3)]。ASEAN の立場からすれば，RCEP 交渉は新たに FTA を結ぶ相手がいない交渉であり，5つの FTA を一体化するだけでなく，RCEP 交渉を通じて，その内容の改善を図ることとなった。

こうした ASEAN の考え方は，2011 年の「RCEP のための ASEAN 枠組み」に示されている[4)]。同文書の中で，ASEAN 諸国は，RCEP によって，既存の ASEAN＋1 FTA を大幅に改善し，より広く，より深い内容とするとの立場を明示していた。

RCEP 交渉入りが正式に決定された 2012 年8月には，RCEP 交渉参加国 16 カ国によって，「RCEP 交渉の基本指針および目的」がとりまとめられた[5)]。同文書は，RCEP 協定の目的について，「現代的，包括的で，質が高く，互恵的な経済連携協定を達成する」こととした上で，「既存の ASEAN＋1 FTA よりも相当程度改善した，より広く，深い約束がなされる」と規定した（交渉原則2）。同時に，RCEP 交渉では，参加国の多様性を前提としており，「基本指針および目的」では，参加国の異なる発展段階を考慮すること，特に ASEAN 加盟国の後発開発途上国に対して柔軟性を設ける旨を規定していた（交渉原則4）。さらに，「基本指針および目的」では交渉分野がある程度具体化され，物

品貿易，サービス貿易，投資，経済技術協力，知的財産，競争，紛争解決，その他のイシューが交渉される旨が述べられている。このように，RCEP 協定の交渉最初期段階において，すでに幅広いルールの形成が念頭におかれていた。

　2013 年から開始された RCEP 交渉では，ルール分野の範囲が拡大されていった。2017 年 4 月に東京で開催された日 ASEAN 特別経済大臣会合の共同声明では，RCEP 交渉分野について，物品貿易，サービス貿易，投資に加え，貿易円滑化に寄与するルール（① 税関手続，② 電子商取引，③ 知的財産等）を規定する重要性を強調している[6]。また，日本が政府調達および国有企業を RCEP 交渉に盛り込むことを主張していた旨が記載されている。

　こうした努力の結果，2017 年末までには交渉分野が概ね確定した。具体的には，2017 年 11 月に発出された RCEP 首脳共同声明では，18 章の分野で交渉がなされている旨が公表された[7]。「物品貿易」「サービス貿易」に関連する章立てが具体化・細分化されるとともに（税関手続・貿易円滑化を含む），新たなルール分野として，競争・知的財産に加え，電子商取引や政府調達が盛り込まれている。他方，国有企業は独立した交渉分野にはならなかった。

　以上の経緯を経て 2020 年に署名された RCEP 協定では，上記分野のうち金融サービスおよび電気通信サービスがサービス貿易章の付属書と位置づけられる一方，冒頭の規定および一般的規定（第 1 章），一般的規定および例外（第 17 章），制度に関する規定（第 18 章）および最終規定（第 20 章）を設け，計 20 章となった（本書第 1 章表 1 - 1 参照）。

　なお，CPTPP では，章の構成がより細分化していること（たとえば，サービス貿易について，金融サービスおよび電気通信サービスについてそれぞれ 1 章を設けている）に加え，国有企業および指定独占企業（第 17 章），労働（第 19 章），環境（第 20 章），規制の整合性（第 25 章）等が設けられており，全体として 30 章の構成となっている。

第 2 節　RCEP 協定の主なルール規律

　本節では RCEP 協定の主なルール規律として，① 税関手続および貿易円滑

化，②投資，③知的財産，④電子商取引，⑤その他（競争，政府調達）について紹介する。

1. 税関手続および貿易円滑化

　RCEP協定第4章は，税関手続および貿易円滑化章であり，各国の関税法令の適用における予見可能性，一貫性および透明性を確保するとともに，通関の迅速化や税関手続の簡素化を図るためのルールを規定する[8]。迅速な税関手続は，サプライチェーンを有効に活用する上で重要な役割を果たすものといえる。

　第1に，各国国内における税関手続の一貫運用の確保（第4.4条）や手続の透明性確保を規定する（第4.5条）。

　第2に，事前教示制度について規定するとともに，必要な情報の受領後，可能な限り，90日以内に事前教示を行う義務や，教示された内容を原則として，少なくとも3年間有効なものとし，根拠法令等の変更により，教示の内容に変更が生じる場合には書面で通知する義務を規定する（第4.10条）。

　第3に，貨物の通関許可を得て物品の引取までに要する時間について規定している。すなわち，貿易を円滑にするため，可能な限り，物品が到着し，かつ，通関に必要なすべての情報が提出された後48時間以内に物品の通関を許可する手続を採用・維持する義務を規定する（第4.11条）。また，腐敗しやすい貨物については，通関に必要なすべての情報が提出された後6時間未満での引取りの許可を規定している（同条）。さらに，急送貨物の通関を迅速に行うため，可能な限り，6時間以内に急送貨物の引取りの許可を行う手続を採用・維持する義務を規定する（第4.15条）。

　なお，ブルネイ，カンボジア，中国，インドネシア，ラオス，マレーシア，ミャンマー，ベトナムについては，付属書4Aに特定するものの実施について，協定発効後一定の期間内または特定の期日までに実施する旨規定している。

　以上の税関手続関連規定について，ASEAN+1 FTAのひとつであるASEAN豪ニュージーランドFTAを例にとると，事前教示制度の規定はあるものの，回答期限や回答の有効期限に関する規定はない。また，貨物の通関に

要する時間についての規定はない。このように，RCEP 協定は ASEAN＋1 FTA を強化する内容となっている。

　CPTPP にも事前教示に関する期限設定はあるが，「要請受領後 150 日以内」とされており，RCEP 協定の方がより厳しい期限設定がなされている。物品の引取り許可については，CPTPP は「物品の到着後 48 時間以内」とされており，RCEP 協定とはカウント開始時点が異なる。急送貨物については，CPTPP も RCEP 協定と同様に，税関書類の提出後 6 時間以内とされている。

2.　投資

　RCEP 協定第 10 章は，投資家の権利の保護や投資環境整備にかかる規律を設けている。一般的に EPA 投資章や投資協定における「投資」の概念は幅広く，日系企業が海外展開し，現地に子会社等を有する場合も「投資」に該当する。

　第 1 に，RCEP 協定は投資家・投資財産に関し，参入段階での内国民待遇義務（第 10.3 条）や最恵国待遇義務（第 10.4 条）を規定する[9]。内国民待遇義務とは，締約国の投資家・投資財産に対し，自国の投資家・投資財産に与えるよりも不利でない待遇を与える義務である。また，最恵国待遇義務とは，ある締約国の投資家・投資財産に対し，他の締約国の投資家・投資財産に与えるよりも不利でない待遇を与える義務である。

　第 2 に，RCEP 協定は特定措置履行要求（いわゆるパフォーマンス要求）の禁止を規定する（第 10.6 条）。同条では禁止されるパフォーマンス要求の種類について，具体的に 8 つの措置を規定している（たとえば，現地調達要求や経営幹部への特定の国籍を有する者の任命の要求など）。特に，日系企業の関心が高い内容として，政府による技術移転要求の禁止（第一項（f））や，ロイヤリティ規制の禁止（同項（h））を設けている点に特徴がある。たとえば，前者については，日系企業の工場建設にあたって，建設許可を出す条件として技術資料の提供を要求することが禁止される。また，後者については，日本企業と現地企業の知的財産権使用契約において，企業間では 5％のロイヤリティで合意していたにもかかわらず，現地政府からより低い比率（例：3％）を義務

づけられるといった規制が禁止される。多くの RCEP 参加国にとって，こうした規律に同意するのは，RCEP 協定がはじめてであり，現地に展開する日系企業の事業環境改善の効果が期待される[10]。

　これらの義務に適合しない各締約国の現行の措置および特定の分野または活動に関し採用する措置は，付属書Ⅲに記載され，義務の適用が留保されている。パフォーマンス要求禁止についてみると，非 ASEAN 諸国（日本・中国・韓国・オーストラリア・ニュージーランド）およびシンガポールは，限定的な留保となっている。たとえば，中国の場合，原子力関連等への適用が留保されている。これに対し，ASEAN の多くの国は，技術移転要求の禁止またはロイヤリティ規制の禁止のいずれかを包括留保している。また，付属書Ⅲに記載された現行の措置については，自由化の程度を悪化させる改正は行わないことを約束する，いわゆるラチェット義務（インドネシア，フィリピン並びに後発開発途上国であるカンボジア，ラオスおよびミャンマーについては協定発効日の時点よりも自由化の程度を悪化させないことを約束する，いわゆるスタンドスティル義務）が規定されている。

　RCEP 協定は，投資家と国との紛争解決（ISDS）手続は規定せず，作業計画として今後議論していくこととされた（第 10.18 条）。他方，日本は RCEP 参加国との関係では二国間経済連携協定または投資協定もしくは CPTPP 等によって，すでに ISDS 規定が設けられている点には留意する必要がある。

　ASEAN＋1 FTA と比較した場合，RCEP 協定投資章のパフォーマンス要求禁止条は，追加的な意義を有する。たとえば，ASEAN 豪ニュージーランド FTA にも投資章は存在するが，技術移転要求禁止やロイヤリティ規制禁止に関する規律は存在しない。また，ASEAN 包括的投資協定ではパフォーマンス要求禁止を規定するが（第 7 条），その内容は WTO 協定の範囲内に留まっている。

　他方，CPTPP にはパフォーマンス要求禁止規定（技術移転要求禁止およびロイヤリティ規制禁止を含む）があることに加え（第 9.10 条），RCEP には存在しない ISDS 規定がある点（第 9 章セクション B）で，CPTPP の方が充実していると言えよう。

3.　知的財産

　RCEP 協定第 11 章は知的財産に関するルールを規定している。知的財産については，世界貿易機関（WTO）の TRIPS 協定が比較的包括的な規律を置いているが，その後の経済社会の発展を踏まえ，RCEP 協定において追加的な規律を設けたものである。

　第 1 に，RCEP 協定は周知商標の保護に関する規律を設けている（第 11.26 条）。すなわち，広く認識されている商標（周知商標）の条件として，自国・他国での商標登録を要求することを禁止した。これにより，日本の著名な商標に類似した商標の登録の取消し等を求める際，当該商標が相手国や他の RCEP 締約国において登録されていることは要求されなくなる。

　第 2 に，RCEP 協定は，当局に対し，悪意による商標の出願を拒絶し，または登録を取り消す権限を付与する義務を設けている（第 11.27 条）。これにより，日本企業が保有する周知商標と同一または類似の商標についての出願が悪意で行われた場合には，当局がその出願を拒絶または登録を取り消しできることとなる。同様の規定は，CPTPP には設けられていない。

　RCEP 協定では，上記 2 点の他にも，① 音響商標を保護の対象としたこと（第 11.19 条），② 物品の一部についての意匠も保護されることを確認したこと（第 11.49 条），③ インターネット上で公衆に利用可能とされた情報が特許における先行技術や意匠における先行意匠の一部となり得ることを確認したこと（第 11.45 条，第 11.50 条）など，知的財産の保護強化の規律を設けている。

　さらに，RCEP 協定は，知的財産権の行使（いわゆるエンフォースメント）についても WTO TRIPS 協定よりも充実した規定を設けている。たとえば，知的財産権の侵害にかかる損害賠償において，司法当局が，権利者が提示する合理的な価値の評価を考慮し，侵害者に対し損害賠償を支払うよう命じる権限が確保された（第 11.60 条）。また，著作権侵害物品または不正商標商品の疑いのある物品について，輸入国税関の職権による差し止め権限（第 11.69 条）や，権限のある当局による廃棄命令権限（第 11.72 条）などが規定されている。

　RCEP 協定の知財章は，ASEAN＋1 FTA と比較した場合，大幅な改善が図れていると言える。一部の ASEAN＋1 FTA は知的財産章を設けているが，

その内容は協力的な内容が中心である。たとえば，ASEAN 豪州ニュージーランド FTA では，協力について規定しているが，商標については WTO TRIPS 協定を準用するに留まる。また，特許や意匠に関する個別の規定は設けられていない。ASEAN10 カ国の間では，知的財産協力に関する古い協定があるが，発効しないまま現在に至っている。

　CPTPP と比較した場合，RCEP 協定において規律されているが CPTPP において規律されていないものがある一方（悪意の商標出願関連規定），逆に CPTPP に規定されているが RCEP 協定に規定されていない内容もある（新品種保護条約への加入義務，特許権の存続期間の延長，著作権の権利期間の延長など）。

4．電子商取引

　RCEP 協定第 12 章は電子商取引にかかるルールを規定している。ここで言う「電子商取引」とは，いわゆるネット通販に限られるものではなく，製造業やサービス業など，幅広い業種の事業活動に影響を与えるものである。このため，海外に展開する幅広い日系企業にとっての事業環境を整備する狙いがある。

　第 1 に，国を超えた自由なデータ移転，いわゆる「データフリーフロー」を規定する（第 12.15 条）。すなわち，公共政策の正当な目的を達成するために必要な場合や安全保障上の重大な利益の保護に必要な場合を除き，政府が企業に対し，ビジネス実施のために行う情報の越境移転を妨げてはならないことが定められた。たとえば，日系企業が締約国に設置している子会社から，機器の稼働状況等のデータを本社に送ることによって，機器のモニタリングを行い，運転管理・メンテナンスを行う場合がある。こうしたデータ移転が，原則として自由にできることとなる。

　第 2 に，いわゆる「データローカライゼーション要求禁止」を規定する（第 12.14 条）。すなわち，第 12.15 条と同様の前提の下で，政府が企業に対し，ビジネス実施の条件として当該国内におけるコンピュータ関連設備（サーバーなど）の設置や利用を求めることが禁止された。海外に展開する日系企業にとっ

て，国ごとにサーバーを置くことは，設備および人材の面で大きな負担となる。本規定により，クラウド等の利用が可能となり，企業の負担軽減が図られる。

　RCEP電子商取引章はこの他にも，①電子署名の法的有効性を否定しない義務（第12.6条），②Eコマースを利用する消費者を保護することを定める法令を採用または維持する義務（第12.7条），個人情報の保護を確保する法的枠組みを採用または維持する義務（第12.8条）などを規定している。

　これまでのASEAN＋1 FTAを見ると，その多くは電子商取引に特化した章を置いていなかった。唯一，ASEAN豪ニュージーランドFTAが電子商取引章を置いているが，2010年に署名されたものであり，データに関する規律がないなど，その内容は従来型のものに留まっていた。こうした中，RCEP協定によって，規律の内容がより包括的で充実したものとなった。また，「データフリーフロー」および「データローカライゼーション要求禁止」といった規律は，CPTPPにも規定されていることから，日本・オーストラリア・ニュージーランドに加え，ASEAN諸国の中でも，ブルネイ・マレーシア・シンガポール・ベトナムはすでに受け入れている規律であった。他方，その他のASEAN諸国（6カ国）および中国・韓国にとっては，RCEP協定においてははじめて受け入れることとなった[11]。なお，RCEP協定では後発国への配慮として，一定の適用猶予期限が設けられている（第12.14条脚注，第12.15条脚注など）[12]。

　他方，CPTPP協定と比較した場合には，両協定の参加国の差異を反映し，CPTPPに規律があるがRCEP協定に規定されていない規律も存在する（デジタル・プロダクトの待遇やソースコードの開示要求禁止等）。こうした点を踏まえ，RCEP協定では，必要に応じて利害関係者を交え，「電子商取引に関する対話」を実施する旨を規定している（第12.16条）。同対話では，デジタル・プロダクトの待遇，ソースコードの開示要求禁止，金融分野にかかるデータフリーフローやデータローカライゼーション等の扱い，反競争的慣行やオンライン紛争解決等について議論する（同条1項）。議論の結果は，将来的な協定見直しにおいてその内容が考慮される（同条第3項）。

5.　その他の規律

　上記 4 分野の他にも一定のルールが設けられている。

　競争章（第 13 章）は，RCEP 締約国が競争法令（日本でいえば独占禁止法等）の制定・執行等を行う旨を規定する。たとえば，① 反競争的行為を禁止するための法令の制定・維持および執行する義務，② 競争法令を実施する当局を設置・維持する義務，③ 当局による意思決定の独立，④ 競争法の適用・執行における国籍による無差別原則，⑤ 企業の所有形態にかかわらず「商業活動に従事するすべての団体」に対して競争法令を適用する義務，⑤ 競争法令の執行における透明性や公平性を確保するための手続等を規定している（第 13.3 条各号）[13]。また，締約国の協力促進（第 13.4 条），協力にかかる情報の保秘（第 13.5 条），消費者保護（第 13.7 条）等が規定されている。なお，ブルネイ・カンボジア・ラオス・ミャンマーに関する経過規定が認められている。このような競争に関する規律は，ASEAN 豪ニュージーランド FTA（協力的な内容に留まる）を除き，既存の ASEAN＋1 FTAs には設けられていない。ASEAN 経済共同体に向けた取組において，ASEAN 各国の競争法令の整備等が目標とされているが，条約等は存在せず，また RCEP 協定の規定する無差別原則等は設けられていない。なお，現状において，ブルネイ・カンボジア以外の各国では何らかの競争法令が整備されている。CPTPP には RCEP 協定と同様の規律がある他，私訴による権利（第 16.3 条）が規定されている。

　政府調達章（第 16 章）は，本協定の適用対象を中央政府機関が行う政府調達に関する法令および手続とし，関連法令および手続の透明性（第 16.4 条），締約国の協力促進（第 16.5 条），本章の規定を将来改善することを目的とした見直し（第 16.6 条）等が規定する。なお，後発途上国締約国（カンボジア・ラオス・ミャンマー）には，本章の規定は適用されない（第 16.2 条第 2 項）。政府調達章は既存の ASEAN＋1 FTAs には存在せず，また ASEAN 域内にも関連の協定はないため，RCEP 協定には追加的な意義がある。他方，RCEP 協定では，WTO 政府調達協定や CPTPP とは異なり，政府調達に関する市場アクセスは規定されていない。

　上記のほか，衛生植物検疫措置（第 5 章）および任意規格，強制規格および

適合性評価手続章（第6章）は，要請に応じ，措置や手続の内容を英語で提供する義務を規定している（第5.12条および第6.11条）。このような規律は，WTO 協定上は，先進加盟国のみの義務とされているが，RCEP 参加国は途上国を含む義務とされた。

第3節　RCEP 協定の運用

　RCEP 協定は，技術移転要求の禁止やデータフリーフロー，知財の保護など，自由で公正な経済秩序の構築に資するルールを備えた協定である。中国や後発開発途上国を含め，発展段階や制度が異なる15カ国で，こうしたルールに合意できた点に意義がある。

　RCEP 協定は2022年1月1日，批准等の国内手続を終えた10カ国の間で発効した[14]。さらに，2月1日に韓国，3月18日にマレーシアについて，順次発効した。今後，各国による完全な履行の確保やルールのさらなる改善・向上を図っていく必要がある。こうした観点から，本節では，最後に RCEP 協定の運用にかかる規定を簡単に紹介したい。

　RCEP 発効後の運用については，RCEP 閣僚会合を原則毎年開催することが規定されている（第18.1条）。また，RCEP 事務局，RCEP 合同委員会および補助機関（各委員会）を設置することが規定されている（それぞれ第18.3条，第18.2条，第18.6条）[15]。FTA を運用するために事務局が設置されるのは極めて稀であり，今後，事務局の機能・規模・予算等を検討していく必要がある[16]。

　RCEP 協定の履行に関する紛争が発生した場合には，WTO や他の FTA と同様，紛争解決規定が設けられている（第19章）。なお，一部の章については紛争解決規定が適用されない。たとえば，電子商取引章については，紛争解決の対象とならず（第12.17条），締約国間で協議を行い，意見の相違があれば RCEP 合同委員会に解決を付託することとなる。

　＊　本章の執筆（特に協定の内容の解説）にあたり，日本政府公表資料や日本貿易振興機構『RCEP協定解説書』を参照している（いずれも筆者自身が作成に関与したものである）。

[注]

1) Joint Leaders' Statement on the Regional Comprehensive Economic Partnership, November 15, 2020, available at: https://www.meti.go.jp/press/2020/11/20201115001/20201115001-1.pdf.

2) 日 ASEAN 経済連携協定（AJCEP）の他，ASEAN 中国 FTA，ASEAN 韓国 FTA，ASEAN 豪州ニュージーランド FTA，ASEAN インド FTA を指す。

3) インドは 2012 年以来，RCEP 交渉に参加していたが，2019 年 11 月の閣僚会合を最後に交渉への参加を取りやめた。

4) ASEAN Framework for Regional Comprehensive Economic Partnership, available at: https://asean.org/asean-framework-for-regional-comprehensive-economic-partnership/.

5) Guiding Principles and Objectives for Negotiating the Regional Comprehensive Economic Partnership, available at: https://www.mofa.go.jp/mofaj/press/release/24/11/pdfs/20121120_03_03.pdf.

6) Joint Media Statement on ASEAN Economic Ministers Roadshow to Japan, April 11, 2017, available at: https://warp.da.ndl.go.jp/info:ndljp/pid/10357241/www.meti.go.jp/press/2017/04/20170411004/20170411004-2.pdf.こうした貿易円滑化に寄与するルールについて，一部の RCEP 交渉参加国がセンシティビティを有していた旨も記載されている。

7) Joint Leaders' Statement on the Negotiations for the Regional Comprehensive Economic Partnership (RCEP), November 14, 2017, available at: https://asean.org/wp-content/uploads/2017/11/RCEP-Summit_Leaders-Joint-Statement-FINAL1.pdf. 記載された交渉分野は，① 物品貿易，② 原産地規則，③ 税関手続及び貿易円滑化，④ 衛生植物検疫措置，⑤ 任意規格，強制規格及び適合性評価手続，⑥ 貿易上の救済，⑦ サービス貿易，⑧ 金融サービス，⑨ 電気通信サービス，⑩ 自然人の一般的な移動，⑪ 投資，⑫ 知的財産，⑬ 電子商取引，⑭ 競争，⑮ 中小企業，⑯ 経済協力及び技術協力，⑰ 政府調達，⑱ 紛争解決であった。

8) 税関手続は，RCEP 協定の最も基本的な要素のひとつであり，正式交渉入りする前の 2010 年時点ですでに検討が開始されていた（当時は RCEP という名称はなく，ASEAN＋3 および ASEAN＋6 双方に関する作業部会のひとつとされていた）。外務省ホームページ「地域的な包括的経済連携（RCEP）協定」（https://www.mofa.go.jp/mofaj/gaiko/fta/j-eacepia/）。

9) ただし，最恵国待遇義務については，カンボジア・ラオス・ミャンマーおよびベトナムについては適用されない。逆に他の締約国は，当該四カ国に対して最恵国待遇義務を負わない（第 10.14 条）。

10) 中国を例にとると，中豪 FTA では，両項目とも見直し規定の対象とされていた。また，米中第一弾合意は技術移転要求禁止について規定しているが，ロイヤリティ規制禁止は規定していない。

11) 2019 年には ASEAN 電子章取引協定（ASEAN Agreement on Electronic Commerce）が署名された。RCEP 交渉が影響を与えた可能性が高いものと考えられる。

12) 適用猶予期間は，ベトナムについて 5 年間，カンボジア・ラオス・ミャンマーについて最大 8 年間である。

13)「所有形態によらない適用」は，国有企業との関係で重要な意義を有する。

14) 10 カ国は，ブルネイ，カンボジア，ラオス，シンガポール，タイ，ベトナム，日本，中国，オーストラリア，ニュージーランドである。

15) 補助機関としては，物品に関する委員会（物品，原産地，貿易円滑化，TBT 等），サービスおよび投資に関する委員会（サービス，投資，人の移動等），持続可能な成長に関する委員会（中小企業，経済協力及び技術協力等）およびビジネス環境に関する委員会（知財，電商，競争，政府調達等）が置かれる（第 18.6 条）。

16) たとえば，CPTPP 協定では，CPTPP に特化した事務局は設置されていない。ニュージーラン

ド外務貿易省が寄託者（Depository）としての機能を果たしているが，その役割は極めて限定されている。

［参考文献］
日本貿易振興機構（2021）『RCEP 協定解説書』。

第Ⅲ部

RCEPの展望と課題

第9章

RCEP の貿易効果とサプライチェーンへの影響

高橋俊樹

はじめに

2013年から交渉が始まった「地域的な包括的経済連携（RCEP）協定」は，2020年にインドを除く15カ国によって署名された。その結果，RCEP は日中を含む加盟10カ国では2022年1月1日，韓国では1カ月遅れた2月1日に，マレーシアは3月18日に発効した。

アジア太平洋地域には既に「環太平洋パートナーシップに関する包括的および先進的な協定（CPTPP）」などのいくつかの FTA が存在しているが，RCEP の登場により，日本と中国・韓国との間における貿易に初めての FTA が適用されることになる。これにより，アジア太平洋地域の新たなサプライチェーンの再編に拍車がかかるものと見込まれる。

RCEP はインド抜きでの発効になるが，それでもアジア太平洋地域における巨大な自由貿易圏が誕生することは間違いない。そうした中で，RCEP の発効後における利用拡大と貿易創出効果を高めるためには，加盟国間での継続協議による一段の自由化の促進や国有企業などの新たな枠組み導入の検討が求められる。本章では，RCEP の関税削減効果などに焦点を当てながら，その歴史的な意義と日本企業への影響を探ってみたい。

第1節　RCEP と市場アクセス

1. インド抜きの15カ国で署名

　2012年11月のカンボジアのプノンペンで開かれた ASEAN 関連首脳会議において，RCEP 交渉に参加する16カ国（ASEAN10カ国，日本，中国，韓国，オーストラリア，ニュージーランド，インド）の首脳は2013年の春からの交渉開始に合意した。これを受けて，第1回 RCEP 交渉会合は，2013年5月にブルネイで開かれた。

　交渉開始時においては，RCEP16カ国は2015年末には交渉を完了することで同意した。ところが，RCEP16カ国は2015年11月には，交渉の遅れや互いの利害の衝突などを背景に2016年内へと交渉妥結の期限を延期せざるを得なかった。そして，2015年後半には関税削減のモダリティー（最初の提示：イニシャルオファー）があったものの，RCEP16カ国は原産地規則（域内原産品であるかどうかを判断するための規定）などの議論に時間がかかり，2016年～2017年にかけての交渉においても合意に達することができなかった。

　そうした中で，2018年11月14日の第2回 RCEP 首脳会議において，RCEP16カ国は中小企業章や政府調達章，税関手続・貿易円滑化章などの7つの章で合意に達した。その後，第3回 RCEP 首脳会合が2019年11月4日にタイのバンコクで開催され，インドを除く15カ国は基本的に市場アクセス（関税引き下げスケジュールなど）を含む全20章の交渉の取り組みを終了した。ASEAN 議長国のタイはインドを含めた合意を目指したものの，最後までインドは難色を示し，16カ国での交渉妥結は実現しなかった。それどころか，インドはこれ以降の RCEP 交渉から離脱する意向を表明した。

　2020年に入ってからの RCEP 交渉ではインドの不参加が続き，インド抜きの15カ国での合意を目指す機運が高まった。その結果，インドを除く RCEP15カ国は2020年11月15日，ASEAN 議長国のベトナム政府主催のオンライン会議において，RCEP 協定に署名するに至った。交渉からインドが離脱したものの，RCEP は世界の人口および国内総生産（GDP）の3分の1近く

を占め，世界最大級の自由貿易圏を創設することになる。

2.　日本にとって RCEP は中国・韓国との最初の FTA

　日本はすでに RCEP メンバー国の中では ASEAN10 カ国やオーストラリア，ニュージーランドとも自由貿易協定を結んでいる。そして，RCEP が発効すれば日本は初めて中国と韓国との間で FTA を結ぶことになり，FTA の利用を可能にする対象国を増やすことになる。

　中国と韓国というアジアの大きな市場をカバーする同協定の誕生は，まさに日本の FTA/EPA の歴史において象徴的な出来事になる。インドは RCEP 交渉から離脱したものの，日本はすでにインドとは 2011 年に経済連携協定（日インド EPA）を締結しているので，その巨大な同市場への EPA 利用の足掛かりを堅持している。

　日本の 2020 年の総輸出に占める中国向けの割合は 22.1％で韓国向けは 7.0％，ASEAN10 向けは 14.4％であった。日本の米国向け輸出は 18.4％で EU27（英国を除く）向けは 9.2％であったので，「日本の（中韓＋ASEAN10）への輸出」は「日本の米欧への輸出」よりも大きいということになる。すなわち，日本の RCEP 加盟国向けの輸出は米 EU 向けをかなり凌駕している。

　そして，日本の 2020 年の輸出に占めるインド向けの割合は 1.4％と低く，同年の米国のインド向け輸出の割合も 1.9％にとどまった。これに対して，2020 年の中国のインド向け輸出の割合は 2.6％，韓国のインド向けは 2.3％，インドネシアは 6.4％，マレーシアは 2.2％，タイは 2.4％とやや高かった。つまり，「日米」と比べて「ASEAN や中韓」などの RCEP メンバー国のインドへの輸出依存度は相対的に高く，RCEP 全体としてはインドが抜けた影響は決して低くはない。

　また，RCEP はその原産地規則において，域内での製品の生産に当たって他の加盟国の原産材料を使用した場合，それを自国の原産材料とみなすことができる「累積」規定を導入した。これにより，15 カ国から成る RCEP は原産地規則を達成し易くなり，その分だけ関税を削減することが容易になるので，域内のサプライチェーンはますます強化・拡充されることになる。

　したがって，この世界最大級の FTA の実現により，日本企業は中韓・ASEAN などにおける生産拠点やサプライチェーンの再編等の新たなグローバル戦略の見直しを進めていかなければならない。

3．RCEP の自由化率は 91％にとどまる

　RCEP を活用したアジア太平洋地域のサプライチェーンを考える上で重要なことは，関税の自由化の進展の度合いである。もしも，他の EPA/FTA よりも自由化率（関税撤廃率）が低く，原産地規則が複雑であれば，RCEP は活用されないことになる。

　RCEP 協定の関税の自由化率は品目ベースで 91％となり，中韓 FTA の90％よりは高いものの，CPTPP の 95％以上や AFTA（AEAN 自由貿易地域）の 99％以上と比べると見劣りするのは否めない。インドが加盟するならば，RCEP の自由化率はもっと低くなる可能性がある。RCEP が発効すれば，日本と中国・韓国との貿易で初の FTA が適用されることになるが，これにより中国の工業製品の関税における対日無税品目の割合は発効前の 8％から 86％に上昇する。同様に，韓国の対日無税品目の割合は，19％から 92％に高まる。

　域内原産品であるかどうかを規定する原産地規則においては，RCEP では「域内原産比率が 40％以上」または「輸入時と国内での組み立て後の関税番号が変更されていること」かのいずれかを満たせば良い。このため，両方を満たすことを求めている日インド EPA の原産地規則よりも達成することが容易である。また，RCEP の原産地規則は使い易く，域内で統一されているため，異なる原産地規則が絡み合う現象は生じない。

　RCEP においては，中国ではトラクターと一部の乗用車を除いた自動車の完成品，韓国では自動 2 輪車とトレーラーなどを除いた完成車は，関税削減の対象にならなかった。しかし，自動車部品については，中国は約 87％の品目（日本の対中輸出 5 兆円）で関税を撤廃することを約束した。その中には電気自動車用のモーターやリチウムイオン電池の電極，ガソリン車用のエンジン部品，カムシャフト，エンジン用ポンプ等が含まれている。同様に，韓国は自動車部品の約 78％の品目（日本の対韓輸出 1,900 億円）の関税を撤廃する。その品目

には，カムシャフト，エアバックおよびその部品，電子系部品などが挙げられる。

　農産物では，日本は中国からはパックご飯等，米菓，ほたて貝，さけ，ぶり，ソース混合調味料など，韓国からはキャンディー，板チョコなどについて関税撤廃の恩恵を受ける。

　サービス関連の市場アクセスの改善については，中国は理容・美容サービス，生命保険・証券サービス，高齢者用福祉サービス，高級物件の不動産サービスなどについて，外資出資比率に係わる規制を行わないことを約束した。また，韓国は一部の分野を除き，ライセンス契約に基づくロイヤリティを一定の率や額にするよう要求しないことを認めた。

　投資においては，技術移転要求，ロイヤリティ規制等のパフォーマンス要求の禁止が規定され，緩和・撤廃を約束した規制を再び強化することを禁止するラチェット規定も組み込まれた。ただし，企業が政府を訴えることができるISDS 規定は盛り込まれず，協定発効後 2 年以内に討議を開始することが定められた。

　デジタル関連の RCEP のルールとしては，情報・データの電子的手段による自由な越境移転，コンピュータ関連設備の設置要求禁止などの規定に加え，電子商取引での消費者の保護や個人情報の保護といった信頼性を確保するための規定も導入した。一方では，ソースコードの開示要求禁止，金融分野にかかる現地化要求等の扱いは，今後の協定見直しのプロセスで検討していくことになった。

　なお，CPTPP で定められた環境，労働，国有企業，規制の整合性といった分野は RCEP に盛り込まれてはいない。米中間の対立が進む中で，アジアにおける人権問題や労働者の権利保護，環境対策，国有企業への補助金や不公正貿易慣行，などの問題が顕在化しており，RCEP は今後の加盟国間での継続交渉において，こうした課題に対して適切に対応していかなければならない。

第 2 節　RCEP のアジア太平洋地域のサプライチェーンへの影響

1.　日本はなぜインドを RCEP に加えたかったのか

　日本は RCEP の交渉を開始するにあたって，なぜインドやオーストラリア，ニュージーランドを RCEP に加えたかったかというと，日本企業のアジアでの活動は ASEAN や中国だけでなくインド太平洋にまで広域化しているということが挙げられる。さらには，RCEP 交渉においてインドやオーストラリアなどを巻き込んで中国をけん制する狙いがあったこと，などが背景にある。

　RCEP はインドという大きな市場を含む広域的な経済圏を目指したが，インドが抜けた分だけその経済効果を失うことになる。その結果，インドを組み込もうとした日本の思惑が生かされず，中国の影響力がその分だけ強まることになる。インド抜きの RCEP の実現による中国のプレゼンスの高まりは，米国のバイデン政権にとって好ましいことではない。

　さらには，中国は CPTPP への加盟申請を 2021 年 9 月に行った。中国が RCEP だけでなく，CPTPP においても存在感を高めることになれば，米国の中国との覇権争いにおいて，由々しき事態となることは明らかである。このため，バイデン政権はインド太平洋地域においてデジタル貿易協定を発展させた新たな経済枠組みの構築を進めようとしている。

2.　多層的なサプライチェーンが出現

　RCEP が発効する前の時点においては，日本企業は RCEP メンバー国である ASEAN やオーストラリア，ニュージーランドとは，日本とこれらの国・地域との間で直接結んだ EPA を利用して貿易を行い，サプライチェーンを形成している。また，日本はカナダやメキシコおよびベトナムなどの CPTPP 加盟国との間においても，FTA を活用しサプライチェーンを構築している。

　さらに，日本はこうした「相手国と直接結んだ EPA/FTA」を利用するだけでなく，日本が加わっていない「第 3 国における FTA」を活用して貿易を

行い，サプライチェーンを展開している。すなわち，日本企業は ASEAN10
カ国の域内取引では「AFTA」を利用し，ASEAN と中国・韓国・インドとの
貿易取引では「ASEAN 中国 FTA」，「ASEAN 韓国 FTA」，「ASEAN インド
FTA」を活用し，アジア太平洋地域における複雑なサプライチェーンを築き
上げている。日本の「第3国の FTA」を用いたサプライチェーンの展開は，
2020 年 7 月に発効した新 NAFTA（USMCA）においても同様に行われてい
る。

　RCEP の発効により，従来の日本企業のアジア太平洋地域での部材や製品の
調達網に加えて，これまで FTA を利用することができなかった日本と中国・
韓国との貿易において新たなサプライチェーンが出現する可能性がある。

　これまでのアジア太平洋地域のサプライチェーンの典型例として，日本から
タイへ部材を持ち込んで加工し，さらにベトナムなどで組み立てた後に中国へ
持ち運び，完成品にして米国などに輸出する，といった経路が考えられる。

　RCEP の発効により，日本から部材を中国や韓国へ直接持ち込み，それを現
地で加工・組み立てした後，さらに ASEAN で再加工し，欧米等に最終製品
を輸出するというサプライチェーンの出現が見込まれる。それだけでなく，
RCEP を利用して中国や韓国から部材を日本に持ち込み，それを加工した中間
財や半製品を ASEAN に運んで組み立てた後，最終製品を欧米や中韓などに
供給するといったサプライチェーンも想定することができる。

　インドの離脱により，現時点では，この RCEP を用いたサプライチェーン
の経路からインドは抜け落ちることになる。しかしながら，それでも RCEP
の出現は日本のアジア太平洋地域でのサプライチェーンの選択肢をこれまでよ
りも広げ，かつ多層化することに繋がることは間違いない。

　ただし，中国と韓国が日本に約束した産品の関税削減スケジュールを見てみ
ると，「即時撤廃」よりも「撤廃期間が長い品目」が多いことに気が付く。こ
れは，RCEP の効果が発揮されるのに一定の時間が必要であることを示してい
る。

　RCEP は工業品だけでなく，中国へのみそ・醤油，清酒・ウイスキー・焼酎
などの農産品の関税削減も実現している。やはり，関税撤廃までには一定の期
間が必要であるが，直接的な中国・韓国市場への足がかりができたことは，こ

れまでにない成果を得られたと考えられる。

　RCEP は CPTPP と違い国有企業章や労働や環境の章を持っていないものの，日本にとって中国や韓国を初めて巻き込んだ自由貿易協定として評価することができる。時間が経つにつれて，日本企業のアジア太平洋地域のサプライチェーンの形成に徐々に貢献していくものと思われる。

第 3 節　RCEP 発効の意義と残された問題点

1. 圧倒的に高い中国の RCEP を利用した関税削減額

　CPTPP が発効した時は，日本が輸入したカナダやニュージーランド産などの牛肉や豚肉の関税が下がり，スーパーマーケットでのセールが話題になったことが記憶に新しい。RCEP が発効しても，日本の工業製品の関税はほとんど撤廃済みなのでスマートフォンやカラーテレビの関税率を削減することは無理であるが，CPTPP 同様に加盟国から輸入した繊維製品・履物，革製品・ハンドバッグ，あるいはチョコレートなどの食料品の関税が下がれば消費者は恩恵を被ることになる。

　逆に日本が中国などの RCEP 加盟国への輸出で関税削減を獲得した品目としては，清酒，リンゴ，写真用フィルム，プラスチック製の板・シート，冷蔵庫，洗濯機などが挙げられるが，完成車や一部の自動車部品は除外された。

　RCEP を利用した日本と中国・韓国との貿易における関税削減効果（RCEP の発効前からどれだけ関税率を削減できたか）[1]を計算すると，発効から 5 年目などの早い段階においては他の EPA/FTA よりも低いという結果になった。それでも，最終年に近づくにつれて（日中韓では発効から約 20 年目が最終年），徐々に関税削減効果が効いてくるので，長い目で見ると日本企業の部品調達や消費者の買い物に恩恵が浸透していくものと思われる。

　一方，発効から 5 年目の RCEP を利用した時の日本の中国との貿易における関税削減額[2]は，日中間の貿易額の絶対的な大きさから，日インド EPA や日ベトナム EPA を利用した日本のインド，ベトナムとの貿易での関税削減額

を上回る。同時に，発効から5年目の RCEP を利用した日本の韓国との貿易における関税削減額をも大きく凌駕する。この傾向は，RCEP の最終年目にはさらに拡大することになる。

また，RCEP を利用した日本の韓国との貿易での発効から5年目の関税削減額は，日本の中国との貿易だけでなく，EPA を利用した2020年の日本のベトナム・インドとの貿易での関税削減額をも下回る。ただし，最終年目の日本と韓国との貿易における関税削減額は，日本のインドとの貿易の関税削減額を上回るようになる。

2.　RCEP 発効の意義とは何か

　RCEP は，発効から一定の時間をかけて関税削減効果を発揮するように設計されているものの，発効から最終年目においても依然として関税を撤廃できない品目が CPTPP などの他の FTA と比べて多いという特徴を持っている。

　しかしながら，RCEP を利用した日本の中国からの輸入での最終年目の関税削減額は24.1億ドルとなり，RCEP を利用した日本の韓国からの輸入での最終年目の1.7億ドル，日ベトナム EPA を利用した日本のベトナムからの輸入での7.3億ドル，日 EU・EPA を利用した日本の EU27 からの輸入における最終年目の関税削減額の14.4億ドルを大きく上回る。

　それに加え，RCEP を利用した中国の日本からの輸入での関税削減額は最終年目には36.7億ドルにも達し，RCEP を利用した韓国の日本からの輸入での最終年目の10.6億ドル，日インド EPA を利用したインドの日本からの輸入での9.6億ドル，日ベトナム EPA を利用したベトナムの日本からの輸入での7.3億ドル，日 EU・EPA を利用したドイツの日本からの輸入での最終年目の4.6億ドルを大きく上回る。

　つまり，RCEP を利用した日本の中国への輸出で得られる関税削減額は，最終年目には他の EPA/FTA と比べて極めて大きくなるし，同じ RCEP を利用した韓国への輸出に対しても同様である。

　したがって，日本にとっての RCEP の発効の意義や特徴として，まず第1に，日本と中国との貿易における RCEP 利用による関税削減額が他の EPA/

FTA と比べて大きいということと，関税削減効果の恩恵が徐々に加盟国間に浸透するため，最終的には大きな関税削減のメリットを享受できるということが挙げられる。

　第2に，RCEP の加盟15カ国においてすでにお互いに RCEP 以外の FTA を締結しているケースは多いが，その中で，RCEP の誕生で貿易規模の大きい日本と中国・韓国との間の貿易に初めて FTA を適用できるようになったということは，東アジアのサプライチェーンの再編に多大なインパクトを与える貿易枠組みが出現した，ということを指摘することができる。

　次に，インドは残念ながら RCEP 交渉から離脱したものの，それでも RCEP の発効により，日中韓だけでなく ASEAN10カ国すべてとオーストラリア，ニュージーランドを巻き込んだ巨大な自由貿易圏が生まれたという事実には変わりはなく，アジア太平洋地域の通商秩序における歴史的な出来事であると考えられる。

　また，RCEP はインド抜きの15カ国で発効することになるが，この大きな地域経済圏の中で，原産地規則を統一したことも大きな成果である。これにより，いくつもの原産地規則が絡み合うというスパゲティボール現象から解放されることになる。

　さらには，RCEP においては，外資出資比率規制の緩和や小売りの自由化さらには知的所有権保護などのルールの策定が進んでいるし，投資や人の移動などの分野においても自由化が進展しているという面も見逃せない。

3．RCEP は FTAAP への道を歩むか

　米中対立が進展する中で，2021年に入ってからのインド太平洋地域における通商戦略の動きが激しさを増している。その発端は同年9月の中国と台湾の CPTPP 加盟申請であった。当面は米国の CPTPP への復帰はないと見込んだ中国の決断が，米国のインド太平洋地域における新たな通商の枠組みの形成の動きに火をつけることになった。バイデン政権のレモンド商務長官とタイ米国通商代表部代表は11月中旬に相次いでアジアを歴訪し，2022年早々にもインド太平洋地域における新経済枠組みの交渉を開始することを表明した。

　そもそも，米国が TPP の交渉を開始した目的は，中国抜きの米国主導によるアジア太平洋地域における新たな通商ルールを形成することにあった。この TPP の動きに少し遅れ，同地域におけるアジア主導の通商の枠組みとして登場したのが RCEP であった。

　CPTPP や RCEP はアジア太平洋ワイドの FTA である FTAAP（アジア太平洋自由貿易圏）の創設に繋がる枠組みであると捉えられてきた。米国は元々 TPP を発展させて FTAAP に繋げることを検討していたが，トランプ前政権時に TPP を離脱することにより，その狙いは頓挫することになった。

　2021 年 6 月には TPP 委員会は英国の加入手続きの開始を決定しているし，2021 年末の時点で中国・台湾に続きエクアドルも加盟申請を行っている。さらに，韓国も手続きの開始を検討していると伝えられるなど，CPTPP のメンバーの拡大の可能性が高まっている。

　CPTPP だけでなく米国が進めようとするインド太平洋における新経済枠組みなどの動きの中で，RCEP が FTAAP への道でその役割を果たすには，今後ともさらなる自由化の促進や加盟国の拡大などの問題に立ち向かう必要がある。

4.　インド太平洋地域における通商の枠組みへの日本の対応

　日本が TPP に参加したのはメキシコとカナダの加入の後の 12 番目であったので，加入当初においては受け身の交渉が続いた。しかし，米国が TPP を離脱したため，日本は残された加盟国に対してリーダーシップを発揮し，空中分解の可能性もあった米国抜きの TPP の発効に貢献することができた。

　その功績から，日本は中国などの CPTPP への加盟申請を検討する委員会でも主導的な役割を果たすようになった。今後とも日本はインド太平洋地域における通商の枠組みにおけるプレゼンスを発揮するには，包括的で高い自由化率を誇る CPTPP でのリーダーシップを維持することが極めて重要になる。

　一方，RCEP に関しては，日本は「ASEAN」の 10 カ国に「日中韓やインド，豪，NZ」の 6 カ国を加えたメンバーで RCEP の交渉を開始するよう提唱し認められたという経緯がある。また，日本は RCEP を含む東アジアの通商

の枠組みでは ASEAN 中心性（ASEAN centrality）を重視しているし，何よりも日本と中国・韓国との間で初めて FTA を利用できるようになったという意味でも，RCEP は日本にとって必要不可欠な通商協定であると考えられる。

　すなわち，日本のアジア太平洋地域の通商の枠組みにおける交渉で存在感を示すことができる CPTPP とともに，現実の同地域でのサプライチェーンの再編などに有効な RCEP のいずれもが，日本にとって重要な通商協定であることは疑いない。

　米国が押し進めようとしているインド太平洋地域における新たな経済枠組みは，中西部ラストベルトの雇用対策のため現時点では CPTPP への復帰を検討することができないバイデン政権が，議会での審議を必要としないデジタル経済協定を米国の主導の下で立ち上げ，中国との覇権争いにおける対抗手段にしようとする試みのひとつである。

　米国としては，インド太平洋地域での新たな経済枠組みは中国を含まず，同盟国である日本やオーストラリア，カナダ，チリ，マレーシア，ニュージーランド，シンガポールなどの CPTPP メンバーを包含するものとなることが望ましい。そして，中間選挙後に環境が整えば，バイデン政権は CPTPP への復帰の道筋を検討し，さらには CPTPP を新経済枠組みに取り入れるなど，新たな展開を模索する可能性がある。

　したがって，日本には，米国のインド太平洋地域における新経済枠組みでの交渉において存在感を示すためにも，CPTPP での中国や台湾などの加盟申請の検討で日本の主導権を強く発揮するとともに，RCEP での継続交渉においてもさらなる自由化の推進やインドの復帰などの話し合いを積極的に推進することが求められる。

　RCEP に残された問題としては，農産物や工業品の自由化率の低さ，一段の外資出資比率に関する規制の緩和・撤廃が必要であること，CPTPP に組み込まれた国有企業章や労働・環境章が導入されていないこと，などを挙げることができる。日中韓には，今後とも ASEAN 中心性を重視しながら，互いに協力し合いながらこうした RCEP に残された問題の解決に対処することが望まれる。

第4節　日中韓における RCEP 利用のインパクト

1. 日本の中国からの輸入での関税削減額は最終年目には EU を上回る

　本節では，RCEP を含む日本が締結している EPA/FTA を利用することにより，実際にどれくらいの関税額を削減できるのか，その輸入額に対する割合はどのくらいなのかを計算しまとめている。つまり，日本の貿易におけるRCEP，日インド EPA，第1段階の日米貿易協定，日ベトナム EPA（JVEPA），日 EU・EPA などの FTA 効果を，関税削減額と関税削減率という観点から分析している。

　関税削減額は，EPA/FTA の関税削減効果によりどれだけ輸入額を削減（節約）できたかを表している。実際の関税削減額の計算であるが，日本の中国，韓国，インド，米国，ベトナムや EU27 からの輸入額にそれぞれ国別の MFN 税率と FTA 税率を乗じると，利用した EPA/FTA 別の MFN 税額と FTA 税額を得ることができる。関税削減額は，その差分を求めることによって算出している（関税削減額＝MFN 税額（輸入額×MFN 税率）−FTA 税額（輸入額×FTA 税率））。

　そして，この関税削減額を輸入額で割ることにより関税削減率を得ている（関税削減率＝関税削減額÷輸入額）。関税削減率は，FTA の利用で削減（節約）できた関税削減額が輸入額の何％であるかを求めたものであり，その割合が大きければ大きいほど，関税削減効果が高いことを示している。

　本節では，「日本の中国，韓国，インド，米国，ベトナム，EU27 からの輸入」での関税削減額と関税削減率だけでなく，逆の方向である「中国，韓国，インド，米国，ベトナム，EU27 の日本からの輸入」においても関税削減額と関税削減率を算出している。

　表9−1は日本の中国，韓国，インド，米国，ベトナムと EU27（英国を除く）からの輸入における関税削減額と関税削減率をまとめたものである。同表は，「従価税」の品目を対象にした関税削減効果を計測した数値を掲載している。

表 9-1　日本の RCEP，インド，米国，ベトナム，EU からの輸入の関税削減額および関税削減率

(単位：1,000US ドル)

| | | 輸入側 | | | | | | |
| | | 日本（従価税） | | | | | | |
		輸入額	関税削減額 （1 年目）	関税削減額 （5 年目）	関税削減額 （最終年目）	関税削減率 （1 年目）	関税削減率 （5 年目）	関税削減率 （最終年目）
輸出側	中国（RCEP）	162,113,733	250,247	863,006	2,408,601	0.2%	0.5%	1.5%
	韓国（RCEP）	23,142,050	53,142	96,116	172,519	0.2%	0.4%	0.7%
	インド （日インド EPA）	5,320,795		99,183			1.9%	
	米国（対象品目）	6,242,666		439,183			7.0%	
	ベトナム（JVEPA）	22,218,340		728,514			3.3%	
	EU27カ国（UK 除く）	77,707,311	760,246	1,051,934	1,439,495	1.0%	1.4%	1.9%

（インド・米国・ベトナム：2020 年，中国・韓国・EU：発効から 1 年目 /5 年目 / 最終年目，加重平均）

注1）日本の輸入額は中国・韓国からの輸入では 2020 年，インド・米国・ベトナムからの輸入では 2019 年，EU からの輸入では 2018 年を用いた。日本の計算に用いた関税率は，RCEP と EU は発効から 1 年目 /5 年目 / 最終年目を用い，それ以外の EPA/FTA ではそれぞれ用いた輸入額から 1 年後のものを適用した。

注2）最終年は，日本の中国と韓国からの輸入で 21 年目，日本のインドからの輸入では 16 年目の 2026 年，米国からの輸入では 19 年目の 2038 年，ベトナムからの輸入では 16 年目の 2024 年，EU からの輸入では 21 年目の 2039 年。

注3）日本の中国，韓国，インド，米国，ベトナム，EU27 からの輸入においては，RCEP，日インド EPA，第 1 段階の日米貿易協定，JVEPA（日ベトナム EPA），日 EU・EPA 利用時の関税削減額を算出。関税削減額を輸入額で割って，関税削減率を計算。米国（対象品目）は第 1 段階の日米貿易協定で対象となった品目（615 品目）を意味する。

注4）国全体の関税削減額は，品目毎の削減額（MFN 税額－EPA 税額）を積み上げて算出した。関税削減額は，EPA/FTA を利用できるすべての品目に適用することを前提に算出されている。

注5）関税削減額は，（MFN 税額－EPA 税額）なので，これは（輸入額×MFN 税率－輸入額×EPA 税率），さらに（輸入額（MFN 税率－EPA 税率））となる。つまり，関税削減額は輸入額に関税率差をかけることによって得られる。

出所）各国関税率表，各国 TRS 表（Tariff Reduction Schedule），IHS グローバル株式会社：「マーリタイム＆トレード」より作成。

　2020 年における日本の中国からの輸入額は 1,621 億ドル，韓国からの輸入額は 231 億ドルであった。また，2019 年での日本のインドからの輸入額は 53 億ドル，第 1 段階の日米貿易協定の対象品目の輸入額は 62 億ドル，ベトナムからの輸入額は 222 億ドル，2018年の EU27 からの輸入額は 777 億ドルであった。

　日本の中国からの輸入で発効から 5 年目の RCEP を活用した時の関税削減額は 8.6 億ドルで，関税削減率は 0.5 ％であった。また，韓国からの輸入で

RCEP を活用した時の関税削減額は 9,612 万ドル，関税削減率は 0.4％となり，中国と比べて関税削減額がかなり少なかった。

　そして，日本のインドからの輸入で 2020 年の日インド EPA を活用した時の関税削減額は 9,918 万ドルとなり，関税削減率は 1.9％，日本の米国からの輸入で第 1 段階の日米貿易協定（対象品目）を活用した時の関税削減額は 4.4 億ドルとなり，関税削減率は 7.0％，JVEPA を活用した時の日本のベトナムからの輸入での関税削減額は 7.3 億ドルとなり，関税削減率は 3.3％であった。

　同様に，日本の EU27 からの輸入で日 EU・EPA の利用による関税削減額は 5 年目で 10.5 億ドル，最終年目で 14.4 億ドルとなり，関税削減率はそれぞれ 1.4％と 1.9％であった。

　つまり，関税削減額では，発効から 5 年目の日 EU・EPA を利用した時の EU27 からの輸入が最も大きく，次いで 5 年目の RCEP を利用した中国からの輸入，そして，JVEPA 利用でのベトナムからの輸入，日米貿易協定（対象品目）を利用した時の米国からの輸入，日インド EPA 利用によるインドからの輸入，5 年目の RCEP を利用した韓国からの輸入の順番になる。

　しかしながら，RCEP を利用した時の中国からの輸入での最終年目の関税削減は 24.1 億ドルに達し，EU27 からの輸入での最終年目の 14.4 億ドルを上回る。日本の米国からの輸入で日米貿易協定を利用した時の関税削減額が低いのは，同協定で関税削減の対象となる品目（615 品目）が少ないためである。

　これに対して，関税削減効果を表す関税削減率では，第 1 段階の日米貿易協定の対象品目（ほぼ農業品と食料品）の日本の米国からの輸入の場合が最も高く，次いで JVEPA を利用した日本のベトナムからの輸入の場合，そして日インド EPA を利用したインドからの輸入，日 EU・EPA を利用した EU27 からの輸入，RCEP を利用した中国と韓国からの輸入が続く。

　つまり，日本の RCEP を利用した中国と韓国からの輸入での関税削減率（関税削減効果）は他の EPA/FTA と比べて最も低く，RCEP を利用した中国からの輸入での関税削減額が相対的に大きいことと比較してかなり違う結果となった。

2. 中国，韓国，インド，米国，ベトナム，EU の日本からの輸入での関税削減効果

　表9-2は，中国，韓国，インド，米国，ベトナム，EU の日本からの輸入（日本の中国，韓国，インド，米国，ベトナム，EU への輸出）において，EPA/FTA を利用した場合の関税削減額と関税削減率を求めたｗものである。

　2020 年の中国の日本からの輸入額は 1,756 億ドルで，RCEP を利用した時の発効から 5 年目の関税削減額は 10.4 億ドル（最終年目 36.7 億ドル）で関税削

表 9-2　RCEP，インド，米国，ベトナム，EU の日本からの輸入の関税削減額および関税削減率

（単位：1,000US ドル）

			輸入側								
			中国（RCEP）			韓国（RCEP）			インド（日インド EPA）		
			輸入額	関税削減額	関税削減率	輸入額	関税削減額	関税削減率	輸入額	関税削減額	関税削減率
輸出側	日本	1 年目	175,628,711	361,406	0.2%	46,023,036	169,745	0.4%	12,577,662	962,687 (1,261,418)	7.7% (10.0%)
		5 年目		1,039,310	0.6%		479,763	1.0%			
		最終年目		3,667,145	2.1%		1,057,052	2.3%			

			米国（対象品目）			ベトナム（JVEPA）			ドイツ（日 EU・EPA）		
			輸入額	関税削減額	関税削減率	輸入額	関税削減額	関税削減率	輸入額	関税削減額	関税削減率
輸出側	日本	1 年目	6,870,136	189,920	2.8%	16,893,119	730,622	4.3%	19,537,795	298,428	1.5%
		5 年目								411,070	2.1%
		最終年目								464,979	2.4%

（インド・ベトナム：2019 年，米国：2020 年，中国・韓国・ドイツ：発効から 1 年目 /5 年目 / 最終年目，加重平均）

注 1）輸入額は，中国・韓国は 2020 年，インド・米国は 2019 年，ベトナムは 2017 年，EU は 2018 年の値。計算に用いた関税率は，RCEP と EU は発効から 1 年目 /5 年目 / 最終年目を用い，インド・ベトナムは 2019 年，米国は 2020 年のものを適用した。

注 2）中国の日本からの輸入での最終年は 21 年目，韓国の日本からの輸入での最終年は 20 年目。ドイツの日本からの輸入での最終年は 16 年目の 2034 年，米国では 10 年目の 2029 年，ベトナムでは 18 年目の 2026 年。

注 3）中国・韓国は RCEP，インドは日インド EPA，米国は第 1 段階の日米貿易協定，ベトナムは JVEPA，ドイツは日 EU・EPA の関税削減効果を示す。

注 4）インドの（　）は実質削減額と実質削減率，米国の数値は日米貿易協定の対象品目（241 品目）で計算した値。

出所）表 9-1 と同様。

減率は 0.6％（最終年目 2.1％）であった。同様に，韓国の日本からの輸入額は 460 億ドルで RCEP を利用した時の 5 年目の関税削減額は 4.8 億ドル（最終年目 10.6 億ドル）で関税削減率は 1.0％（最終年目 2.3％）であった。

　同表では，2019 年のインドの日本からの輸入額は 126 億ドルであり，日インド EPA を利用した時の関税削減額は 9.6 億ドル，関税削減率は 7.7％であった。2019 年の米国の日米貿易協定の対象品目における日本からの輸入額は 69 億ドルであった。2020 年の日米貿易協定を利用した時の対象品目の米国の日本からの輸入での関税削減額は 1.9 億ドル，関税削減率は 2.8％であった。2017 年のベトナムの日本からの輸入額は 169 億ドルであった。2019 年の日ベトナム EPA を利用した時の関税削減額は 7.3 億ドル，関税削減率は 4.3％であった。

　ドイツや英国（表 9-2 には掲載されていない）の日本からの輸入額は，2018 年にはそれぞれ 195 億ドルと 123 億ドルであった。日 EU・EPA を利用した関税削減額は，発効から 5 年目でそれぞれ 4.1 億ドル（最終年目 4.6 億ドル）と 3.1 億ドル（最終年目 3.8 億ドル）であった。関税削減率は 5 年目で，それぞれ 2.1％（最終年目 2.4％）と 2.5％（最終年目 3.1％）であった。

　したがって，中国，韓国，インド，米国，ベトナム，ドイツ，英国の日本からの輸入における RCEP（5 年目），日インド EPA，日米貿易協定，JVEPA と日 EU・EPA（5 年目）の利用時の関税削減額は，中国の日本からの輸入の場合が最も大きく，次いでインドの日本からの輸入，そしてベトナム，韓国，ドイツ，英国，米国と続く。

　韓国の RCEP を利用した日本からの輸入での 5 年目の関税削減額は 2019 年のベトナムの日本からの輸入での関税削減額を下回ったが，最終年目には逆転している。なお，日ベトナム EPA を利用した時のベトナムの日本からの輸入での最終年目は発効から 18 年目の 2026 年，RCEP を利用した時の韓国の日本からの輸入での最終年は 20 年目となる。

　また，表 9-2 のように，中国，韓国，インド，米国，ベトナム，EU の日本からの輸入において，関税削減率（関税削減効果）が高い EPA/FTA は日インド EPA，JVEPA，第 1 段階の日米貿易協定（対象品目），日 EU・EPA，RCEP の順になる。

　ちなみに，2016 年のタイやインドネシア，マレーシアなどの ASEAN の日本からの輸入で EPA を利用した時の関税削減率は 5 % 台であるが，表 9 - 2 のように，インドの日本からの輸入における日インド EPA の関税削減率は 7 % 台に達するため ASEAN と日本との 2 国間 EPA よりも高いということになる。

　すなわち，表 9 - 1 の日本の中国，韓国，インド，米国，ベトナム，EU 27 からの輸入における結果と同様に，表 9 - 2 の中国，韓国，インド，米国，ベトナム，EU の日本からの輸入においても，RCEP を利用した中国と韓国の日本からの輸入での関税削減率（関税削減効果）が最も低く，RCEP を利用した中国の日本からの輸入での関税削減額の大きさと比べて大きく異なる結果となった。

　なお，表 9 - 1 の日本の米国からの輸入における日米貿易協定（対象品目）の利用による関税削減額（4.4 億ドル）は，表 9 - 2 の米国の日本からの輸入での関税削減額（1.9 億ドル）よりも大きい。また，関税削減率も日本の米国からの輸入の方が，米国の日本からの輸入を上回る。

　これに対して，RCEP，日インド EPA と日 EU・EPA 利用においては，関税削減額，関税削減率ともに，日本の中国・韓国・インド・ドイツ・英国からの輸入よりも，中国・韓国・インド・ドイツ・英国の日本からの輸入の方が大きい。JVEPA の利用においては，関税削減額では日本のベトナムからの輸入でも，ベトナムの日本からの輸入でも同程度（約 7 億ドル）であるが，関税削減率ではベトナムの日本からの輸入の方が日本のベトナムからの輸入よりも高い。

　なお，中国の日本からの輸入（日本の中国への輸出）で関税削減額から，日本の中国からの輸入での関税削減額を差し引いた「日本の中国との貿易における関税削減収支」（＝日本の中国への輸出での関税削減額－日本の中国からの輸入での関税削減額）を見てみると，RCEP を利用した 5 年目では 1.8 億ドル（10.4 億ドル－8.6 億ドル），最終年目では 12.6 億ドル（36.7 億ドル－24.1 億ドル）の黒字であった。

　同様に，日本の韓国への輸出での関税削減額から日本の韓国からの輸入での関税削減額を引いた「日本の韓国との貿易における関税削減収支」は，5 年目

は 3.8 億ドル（4.8 億ドル－1.0 億ドル），最終年目は 8.9 億ドル（10.6 億ドル－1.7 億ドル）の黒字であった。

　つまり，日本は RCEP を利用した中国と韓国との貿易においては，相手国に与える関税削減額よりも相手国から得られる関税削減額の方が大きいということになる。

[注]
1）通常の輸入で支払う関税率（MFN 税率）と RCEP を利用する時に支払う関税率（FTA 税率）との差分である「関税率差」（MFN 税率－FTA 税率）を意味している。同時に，関税削減額が輸入額のどのくらいの割合かを示す「関税削減率」（関税削減額÷輸入額）をも指している。MFN 税率と FTA 税率の逆転現象（MFN 税率＜FTA 税率）がない限り，本章の分析における関税率差と関税削減率は一致する。
2）本章での関税削減額は，輸入額に関税率差（MFN 税率－FTA 税率）を掛けることにより得ている（関税削減額＝輸入額×（MFN 税率－FTA 税率））。

[参考文献]
高橋俊樹（2022）『令和 3 年度 RCEP が日本企業のアジア太平洋での活動に与える影響調査』国際貿易投資研究所（ITI），2022 年 3 月。
高橋俊樹（2020）「RCEP は新たな日中韓貿易の潮流を拓くか～バイデン政権は RCEP を離脱したインドとどう対峙するか～」，国際貿易投資研究所（ITI）『ITI コラム』，NO.84，2020 年 12 月 22 日。
高橋俊樹（2021）「RCEP の発効は日本に何をもたらすか」，国際貿易投資研究所（ITI）『ITI コラム』，NO.90，2021 年 12 月 24 日。

第10章

国際政治的観点からのRCEP

大庭三枝

はじめに

2020年11月，東アジア包括的経済連携（RCEP）が署名され，2022年1月に発効した。2000年代，すでにASEANは中国，日本，韓国，オーストラリア，ニュージーランド，インドとASEAN＋1のFTAを締結していた[1]。RCEP交渉はそれらASEAN＋1のFTAをひとつに束ね，面の統合を目指してスタートした。よってRCEPはASEANの中心性を基盤とするASEANアーキテクチャの一部である。2019年11月以降インドは交渉に参加せず，結局インド以外の15カ国でRCEPは成立した。

2010年代にはRCEPのみならず環太平洋パートナーシップ協定（TPP）やASEAN経済共同体（AEC）など複数の地域連携の試みが見られた。これらは，東アジアにおける地域秩序の変容と連動して展開してきたし，今後の秩序のあり方を規定するものでもある。そして，世界において保護主義が高まり，コロナ禍でひとの移動が止まり，さらにはウクライナ危機による影響で国際経済秩序そのものが大きく打撃を受ける中で，世界でも最大級の規模のFTAであるRCEPのもつ戦略的重要性は高まっている。

本章はこの東アジア地域統合の推進を企図する経済連携の国際政治上の意義と重要性について論じる。特に焦点を当てるのは，その政治的意義の変遷についてである。アジアや世界における国際政治の変動と連動し，その政治的意義は変化してきたからである。

第 1 節　RCEP の政治的および国際政治的側面

　RCEP は経済的利益の増大を企図する経済的協定ないし枠組みである。しかし RCEP をはじめ，一般論として FTA は政治的側面を持つ[2]。ひとつは，その最大の目的が参加国の経済的利益の増大であったとしても，その目的を，FTA を取り結ぶことで実現しようという判断自体が政治的なものだからである。また RCEP 交渉過程は，国際政治学でいうところの「ツー・レベル・ゲーム」の典型的な事例でもある[3]。関税撤廃や非関税撤廃，原産地規則を始めとする様々な分野ごとのルール設定は，各国間の交渉もさることながら，各国の国内の様々な産業セクターや利益団体の利害に影響を与える。よって，各国内での，場合によっては困難な政治的調整が当然必要であろう。

　そして RCEP は，その交渉参加国それぞれにとって，それぞれの個別の政治的および経済的目的を達成するための道具であった。交渉過程を見るならば，ASEAN がそこで大きな役割を果たしてきたことは，これまでいくつもの先行研究で示されている（Fukunaga 2014; Drysdale and Armstrong 2021）。ASEAN 諸国からすれば，RCEP によって東アジア地域統合をより深化させることが，この地域に広がる国境を越えるサプライチェーンに自国経済を参加させることで発展するという彼らの成長戦略に合致していた。さらに，「ASEAN の中心性」を維持し，またその有用性，有効性を主張するための証左として政治的に重要であった。

　よく「中国主導の RCEP」という表現とともに，中国の政治的意図（あるいは「野望」）をことさら強調する議論も一部で見受けられる[4]。しかしながら，本章でも論じるように，RCEP 全体の経済の中での中国経済の優位性や存在感が約 8 年間の交渉過程で増大し，RCEP という枠組みの成立が結果としてそうした中国経済の拡大を助ける結果になるだろうことと，現実に RCEP 交渉が中国主導で行われたかどうか，は分けて考える必要がある。いずれにせよ，RCEP はあくまで多国間交渉であり，多くの行動主体が関わる。多国間交渉においては多数派連合を形成することが重要であり，他の国々の国益に反した内容をある特定の国が強いて押し通すことは難しい[5]。

　そして，RCEP をはじめとして，FTA を取り結ぶという政治的な判断を支えるのは，貿易や投資の拡大をいっそう進めるべきとする自由貿易主義を是とする考え方，価値観である。何を利益と考えるか，どのような判断を合理的とみなすのか，はその行動主体がどのような規範や価値観に依拠しているのかで異なってくる。FTA を多くの国が締結してきたのは，自由で開かれた経済秩序のもとで，自由貿易主義が規範として優位にあったことが大きく影響している。よって，国際政治学の中でもコンストラクティヴィズム（構成主義），すなわち行動主体の持つ規範や価値，国際認識または脅威認識などの間主観的要素に着目する視点も RCEP の成立の意義を分析する際に重要な点であろう。

　このように様々な観点から，経済連携協定である RCEP の政治的側面がうかがえる。次節より，時代ごとに，RCEP を生み出した東アジア地域経済統合へむけた動きの活発化が国際政治上どのような意義があったか示すことを皮切りに，RCEP の政治的意義の変遷について論じていく。

第 2 節　「東アジア」地域形成と RCEP

1.　アジアとヨーロッパ：地域主義と統合の違い

　RCEP 交渉開始は，1990 年代末からの 2 つの流れの帰結であった。ひとつは東アジア地域主義の活発化とそれに伴う東アジア共同体の議論の展開である。そしてもうひとつは FTA 締結を追求するという東アジア各国の通商政策の転換である。

　国際政治学における地域主義は，世界貿易機関（WTO）における定義や，バラッサモデルで示されるような，経済統合に限られるものではない（Balassa 1961）[6]。国際政治学で 1950 年代，地域主義や地域統合が盛んに議論されたが，その契機は当時の欧州統合の進展であった。これは，対立が絶えず二度の世界大戦を引き起こしたヨーロッパにおいて，いかに恒久的な平和を実現するかという問題意識に支えられていた。経済的・社会的分野における機能的協力を積み重ねによる超国家的主体の創出を想定するハースの新機能主義や，国家間の

紛争が起こってもそれを武力で解決するという選択肢を選ばなくなるほどにそこに存在する国民間での規範や価値の共有が実現している「多元的安全保障共同体」の概念を提示したドイッチュの交流主義が代表的な議論であった（Haas 1957; Deutsch, et al. 1957）。それらを含め，念頭にあるのは平和の創出であり，ヨーロッパ経済共同体（EEC）のもとでの経済統合はそれに資する手段であった。ただし，結局ヨーロッパにおいても政治的な統合には障害も多く，またヨーロッパがひとつになるためにもっとも現実的なのは経済統合を進めることであった。よって欧州統合は，現実には経済分野における統合の進展に牽引された。しかしそれでも，ヨーロッパにおける地域主義においては「（不戦）共同体」志向が底流に存在したといえる。

　それに対して，東アジア地域主義の展開は，ヨーロッパとはかなり状況が異なっていた。まず，制度的な統合のもとで国境を越えるモノ・カネ・ヒトの移動の活発化による実質的な経済統合が進んだヨーロッパに対して，東アジアは自由貿易協定（FTA）や経済連携協定（EPA）が不在の地域であった。そしてアジアではそのような制度不在で多国籍企業などの経済主体が実質的な地域経済統合をもたらす国境を越えるビジネスを活発に展開していた。特に 1985 年のプラザ合意以降，さらに 1990 年代の IT 革命の影響によって，国境を超えた生産ネットワーク，サプライチェーンの拡大深化が加速していたのである。そして東アジアを政治的に統合し共同体を形成するという発想は，大東亜共栄圏の「再来」と見なされ長い間タブー視されていた。地域制度も ASEAN や APEC などいくつか存在していたが，数は少なく，国家主権の尊重や内政不干渉といった規範の強い，非公式の緩やかなものにとどまっていた（Katzenstein 1997）。

2.　2 つの流れ：東アジア地域主義と通商政策の転換

　そうした東アジアの状況が変化するのは 1990 年代後半である。ひとつは，こうした実質的な経済統合が進んでいるなかで，東アジアにおいても FTA 締結に向けた動きが出てきたのである。特に日本が GATT/WTO によるグローバルなレベルでの自由化に加えて特定の国との FTA も追求する政策に転換し

たことの影響は大きかった。日本とシンガポールが FTA の交渉をはじめたのを皮切りに，アジア諸国も地域内外の様々な国々との FTA の締結を目指すようになった（Katada, Stallings and Solis 2009; 寺田 2013; Solis 2017）。

　そしてもうひとつの変化が，ASEAN＋3 のもとでの東アジア地域主義の急速な発展である（大庭 2014）。それまでも，1990 年にマレーシア首相のマハティールが提唱した東アジア経済グループ（EAEG）構想など，北東アジアと東南アジアを合わせた「東アジア」における何らかのグルーピングを目指す動きは存在した。しかしそれが政府間レベルでの枠組み形成という形で具体化するのは，アジア通貨危機が起こった約半年後の 1997 年 12 月に開催された ASEAN と日中韓（ASEAN＋3）の首脳会議であった。ASEAN＋3 は急速に制度化が進み，東アジア地域主義の発達を促す制度的な基盤となった。

　さらに 2000 年代に入ると，東アジア共同体形成に関する議論が本格化した。その直接的契機となったのは ASEAN＋3 の参加国の民間の有識者で東アジア地域協力の将来構想を検討した東アジアビジョングループ（EAVG）が「平和で，繁栄する，進歩的」な「東アジア共同体」の形成を提唱したことである（East Asia Vision Group 2001）。EAVG がそのための具体的な協力の目玉として提唱したのが東アジアサミットと東アジア自由貿易圏という 2 つの構想であった。そして東アジアサミットが実現に向かう過程で，あり得べき東アジア共同体の議論が活発化した。

　しかし東アジアは，経済水準はおろか文化的にも社会的にも歴史的背景も多様であり，何か特定の属性でくくれるものではない。よって EAVG の報告書でも，東アジアアイデンティティの醸成の重要性が強調されていた。しかしながら，東アジアをひとつの地域たらしめている具体的な現象は，前述した国境を越えた生産ネットワーク，サプライチェーンの展開による経済主体主導の経済統合であった。結局，この地域において具体的に協力を進め，将来の共同体形成の素地作りに貢献し得るのは，こうした動きを促進し，経済統合を一層進める協力がもっとも現実的な選択肢であった。

3. 東アジア地域経済統合へ向けた動きと RCEP 交渉開始

　2001 年 11 月に中国と ASEAN が 10 年以内の FTA 締結を宣言し，それに刺激されて日本が ASEAN との経済連携に乗り出したことは，ASEAN を中心とした制度的な経済統合という流れを形作ったといえる。ASEAN との FTA は，その後韓国，オーストラリア，ニュージーランド，インドも目指すようになった。これらの動きは，各国間の対立を孕みながらも，東アジア地域主義や共同体形成を経済協力や連携強化で進めていくという政策的方向に現実味を与えることになった。

　そして 2000 年代半ばにこの ASEAN＋1 型の FTA の締結にほぼめどがついた頃に，東アジアという地域単位の経済圏形成に向けた動きが本格化した（大庭 2014；寺田 2013）。ひとつは前述の EAFTA の実現を推す中国を中心とする動きである。中国はこの ASEAN＋3 メンバーでの地域統合を目指す構想を強く支持した。それに対して，2006 年，日本からは ASEAN＋3 メンバーに加え，オーストラリア，ニュージーランド，インドを加えた東アジア包括的経済連携（CEPEA）が提唱された。2005 年 12 月にはこの ASEAN＋6 をメンバーとして東アジアサミット（EAS）が発足済みであり，＋3 の範囲を東アジアとするのに対して＋6 の東アジアという定義も提示しやすくなっていた。日本が＋6 を推していたのは，外務省からすれば中国の影響力の相対化と，そのために「民主主義国」およびオーストラリア，ニュージーランドという「先進国」を引き込むという狙いとともに，インドの経済的ポテンシャルに期待する向きも大きかった。

　この EAFTA と CEPEA の対立は当時の中国と日本との地域統合や地域主義を巡る主導権争い，あるべき地域秩序のあり方についてのビジョンの対立を反映していた（Oba 2017; 大庭 2014）。そしてこの対立は，東アジア地域経済統合についての議論を一層活発化したともいえる。そしてそれに反応したのが米国であった（大庭 2014）。米国は自国を排除した東アジア地域統合が進むのを警戒し，2006 年に発効していたアジア太平洋の小国 4 カ国（シンガポール，ニュージーランド，チリ，ブルネイ）による包括的かつ高度な自由化を目指した TPP に関心を示すようになった。そしてそれは 2010 年 3 月，米国が主導す

る TPP 交渉の開始につながっていく。こうした動きに東アジア地域統合の動きも刺激された。2011 年 8 月には特に TPP 交渉開始に危機感を覚えた中国の態度の軟化を背景に，日中が共同で，メンバーシップの問題を棚上げにし，ともかく東アジア地域における経済連携協定を前に進めるべきという提案を行った。自分たちではなく日中および米国といった大国主導で様々な経済連携の動きが活発化するのを恐れていた ASEAN 諸国は，日中の共同提案を受けて，ASEAN を中心とする経済連携である RCEP を提唱した。そして RCEP 交渉開始が 2012 年 11 月に宣言され，翌年 2013 年に実質交渉に入ったのである。

第 3 節　地域秩序の動揺の中の RCEP

1.　日中間のパワーバランスの変化

　RCEP 交渉が立ち上がってから，2020 年 11 月に署名に至るまでには約 8 年間の歳月を要した。地域連携の活発化，特に RCEP や TPP といった地域経済統合を目指す動きの背景として，国境を越えるサプライチェーンの深化・拡大が彩る「21 世紀型貿易」が展開していることが挙げられる（Boldwin 2016）[7]。しかしそうした経済的な実態とともに，この 8 年間において東アジアの戦略的政治的環境は大きく変化したこと，そして変化は RCEP 交渉に大きく影響したことを明確にしておきたい。以下，主な変化をいくつか挙げ，それが RCEP の内容や交渉過程をどう規定したかを見ていく。

　ひとつは，日中関係の変化の影響である。2010 年に中国の名目 GDP が日本のそれを抜いた。その国の経済力は GDP の大きさのみで計れるものではないが，この出来事は 2000 年代からの中国の経済的躍進のひとつの到達点として象徴的であり，日中の間のバランスの変化を可視化した。そして，RCEP の交渉が行われていた間に，日中の経済規模の差はますます開いていった。RCEP の交渉が立ち上がった時期には日中が東アジア統合を牽引する役割として認識されていたが，交渉が妥結する 2020 年には日本が約 5 兆 486 億米ドルなのに対して中国は約 14 兆 7228 億ドルとなっており，3 倍ほどの差がついていた[8]。

交渉が進められた時期に，RCEP の経済規模に占める両国の割合は大きく変化したのである。

　このパワーバランスの変化は，日中間の関係を構造的に不安定にした。さらに 2012 年の尖閣諸島の「民政移管」を契機として，尖閣諸島を巡る両者の対立はエスカレートし，日中関係は国交樹立後最悪と言われるまで悪化した。こうしたなかで東アジア地域統合の長期的「目標」だったはずの東アジア共同体の議論は後景に退き，ほとんど議論されなくなっていった。共通の関税撤廃率を設定すべきとする日本とそれに反対する中国といった個別の論点での意見の不一致もあり，日中間関係の齟齬は交渉の円滑な進展を阻む一要因として作用したと考えられる[9]。

2.　米中間競争

　2 つ目の変化は，米中間競争の激化である[10]。ただ，この影響について少なくとも RCEP の交渉開始段階において過度に強調することはミスリードにつながる。米中間競争が RCEP にどのような影響を与えたかは，慎重に検討する必要がある（Oba 2016）。

　まず，2000 年代後半，EAFTA や CEPEA の検討が進み，東アジア地域統合へ向けた動きが活発化していることに米国のブッシュ政権が警戒を示したのは，自国を排除した経済圏形成への懸念であった。ブッシュ政権を襲ったオバマ政権初期には，すでに対中警戒感は政権内で高まっていたとはいえ，当時は中国に「責任あるステークホルダー」としての役割を果たすことへの期待も大きかった。米国の政策決定サークルに影響のあるフレッド・バーグステンやブレジンスキーらが，米中共同統治論ともいえる「G2 論」が展開されたのもこのころである（中山 2016）。

　しかし当時，胡錦濤政権末期から中国は国内において保守派の政治的影響力が増大する中で，東シナ海の尖閣諸島および周辺海域や南シナ海における領有権主張など主権に関わる問題に関して強硬な策に出るようになっていった。たとえば 2010 年，中国は南シナ海は「核心的利益」とする旨を発表した。そしてその強硬姿勢は，2012 年に習近平が共産党総書記に，翌 2013 年には国家主

席にも就任して本格的に習体制がスタートしてから加速した。それを象徴する
のが，2012 年の当時フィリピンの実効支配下にあったスカボロー礁の奪取で
あり，翌 2013 年の東シナ海における防空識別圏の設置である。オバマ政権中
期から後期にかけて，米中間の競争関係はエスカレートしていった。

　こうした戦略的競争が米中で激化する中で，アジアで同時並行的に交渉が進
められていた 2 つのメガ FTA である TPP と RCEP を対立的なものと捉え，
前者を米国が中国を封じ込めるためのツールであり，後者を中国主導でそれに
対抗する枠組み形成の試みだとする言説がメディア等で散見されるようになっ
た。

3. 米中間競争の影響の現実

　確かにこれらの枠組み形成には米中の戦略的意図が反映されていた部分もあ
る。しかし，それだけでこれらの枠組みを捉えるのは単純に過ぎる。まず，第
1 節でも述べたように，多国間の交渉は交渉参加国それぞれの思惑が交差する
ものであり，必ずしも大国の意図を反映したとおりに他の国が動くとは限らな
い。また，大国のある意図を熟知している他の交渉参加国がより多くの譲歩を
引き出すために大国に対してむしろバーゲニングパワーを強めたりする。よっ
て TPP にしろ RCEP にしろ，そのときに実際にどのような取引が交渉国間で
行われたのかを注視する必要がある。

　確かに，RCEP における中国のバーゲニングパワーは，その経済的な規模が
拡大するにつれ，大きくなっていったと考えられる。しかしながら，RCEP は
中国が主導する枠組みとして見るのはかなりの留保が必要である。まず RCEP
交渉は ASEAN の中心性を前提とし，実態として ASEAN が全体交渉を行う
委員会や分野ごとの分科会すべての議長国を務めていた（Fukunaga 2014）。
さらに日本の役割にも注視する必要がある。日本政府の中では確かに TPP 交
渉の方にプライオリティが置かれていた感がある。しかし貿易や投資の自由
化，および様々な分野におけるルールセッティングにおいて，先進国経済の一
翼を担う日本の交渉における実質的な役割は大きかった。また，より高度な自
由化ルールを日本と共に主張していたオーストラリアとニュージーランドを忘

れてはならないだろう。そして，インドが物品貿易の自由化に消極的である一方，サービス貿易の自由化には積極的で，ASEAN 諸国や中国とは意見が鋭く対立したことも，早く交渉を妥結させたいとする中国の意向が通らなかった理由であったと考えられる。

　そして何より，RCEP 交渉は，それぞれの思惑は多様であるにせよ，交渉参加国は自由で開かれた国際経済秩序から基本的には経済的な恩恵を受けており，そうした秩序に則って東アジアの経済秩序をより開かれた自由なものにしていくことが共通の利益であるという認識に支えられていた。それは，米国や中国も含めたアジア太平洋全体でのサプライチェーンの拡大深化に牽引された発展という実態に裏打ちされたものであった。各国は，RCEP によって市場拡大とより国境を越える生産ネットワークや GVC の拡大深化，そこへの自国経済の参入によるさらなる発展を希求していた。そして東アジアからの生産財が向かう最終消費地として米国市場は非常に重要であった。そうした実態を考えると，RCEP と TPP をことさら対立するものとして捉える見方は一面的であるともいえる。

　ただし，米中間の戦略的競争が，東アジアないしアジア太平洋の地域環境における緊張の度合いを高めたことは確かである。そして米中以外の国にとって，米中間の対立にいかに対応していくかが課題としての深刻さを増していった。そしてそのことで，逆説的ではあるが，RCEP が ASEAN を中心にして，ASEAN とすでに FTA を結んでいるパートナー国が地域統合を目指す枠組みであるということの政治的意義がより高まったのである。もともと日中や日韓という，対立を孕む関係国をひとつにつなぐ接着剤としての ASEAN の役割は重要であった。さらに米中対立が激化していくと，中国と，米国の同盟国である日本，韓国，オーストラリアとの間の距離がより重要な意味を持ってこざるを得ない。日中関係は 2017 年春頃に一定程度改善を見せたが，トランプ政権の下で対中政策が決定的に強硬となる中で，中国と米国の同盟国との間の本質的な距離は広がらざるを得なかった。そうした中で，あくまでも戦略的競争とは次元の異なる経済の論理で，かつ ASEAN が中心となってこれらの国々をまとめていることの政治的意義は増したのである。

第 4 節　国際経済秩序の支えとしての RCEP

1. 危機の中の RCEP の政治的意義の増大

　さらに，RCEP の戦略的重要性を高めたのは，世界における反グローバル化や保護主義の高まりであった。2016 年の英国における国民投票で，EU からの離脱派が僅差で勝利したことは，先進国の内部からグローバル化やそれを促進する政策的方向性への反発が高まっていることを示していた。さらに同年の米国大統領選において，かねてから TPP からの離脱を主張していたドナルド・トランプが勝利し，2017 年 1 月の政権発足直後にそれを実行に移した。トランプ政権は「アメリカ・ファースト」政策を掲げて，TPP のみならず北米自由貿易協定（NAFTA）も自国の雇用喪失や貿易赤字の拡大につながるとして 2017 年 8 月に再交渉を開始した[11]。

　保護主義的政策を採る一方で，トランプ政権下で対中姿勢はいっそう強硬になり，米中間競争はさらに激化した。トランプ政権は対中牽制色の強い「自由で開かれたインド太平洋（FOIP）」戦略を示し，また中国からの輸入に対する追加関税を課すなどの措置を実行に移した。それに対して中国も反発し，米国からの輸入に対する追加関税を課す措置に踏切り，両国は制裁合戦を繰り広げた。また両者の対立は，当初のそうした貿易を巡る対立から，先端技術を巡る覇権争いへと次元を拡大した。さらに，香港における民主派への締め付け，新疆ウイグル自治区における人権侵害などを受け，米中間の対立は民主主義や人権という価値の次元にも広がった。台湾や南シナ海の領有権問題というより国家主権の問題に絡む争点においても両者の対立はよりいっそう明確になり，両国間の競争はもはや地域秩序および国際秩序のあり方を決定づけるよりいっそう重要な戦略性を帯びることとなった。

　このように欧米が保護主義的傾向を強め，東アジアないしアジア太平洋における戦略的競争がさらに激化し，地域環境がいっそう不安定化するなかで，逆説的に RCEP への期待が高まることとなった。RCEP は，こうした危機的状況の中で自由で開かれた経済秩序を支える枠組みとして期待され，その政治的

重要性も強く認識されるようになったのである。

2. インドの離脱の意味するもの

とはいえ，RCEP 交渉はすぐに妥結に向かったわけではなく，当時の議長国であるシンガポールと日本が主導することで妥結が大きく期待された 2018 年も，結局先送りの結果となった。そして 2019 年 11 月を最後に，インドは交渉から離脱した。経済規模を増大させつつある中国へのバランシングの観点からインドに期待していた RCEP 参加国の間では失望が広がった。Quad での連携を強化するなど特にインドとのつながりを重視していた日本は何度もインドの翻意を促したが，結局現在に至るまでインドは RCEP には復帰していない。インドを RCEP からの離脱に向かわせたのも，同国内のおける保護主義の高まりであった。インドのモディ政権は，「メイク・イン・インディア」を打ち出し，投資を呼び込み国内の製造業の発展を狙う観点から RCEP を重視していたものの，中国をはじめとする RCEP 交渉参加国との貿易赤字の増大や，貿易自由化に伴う国内の製造業や農業への打撃を懸念する，国内の声を押さえ込めなかったのである。

インドの RCEP 交渉からの離脱は，アジアにおける地域主義の変質を示唆する出来事でもある。かつて，アジアにおける地域枠組みの多くは，各国間のエリート間の合意の上に成り立っており，一般国民の意思とは距離があった。よって，国内調整に多くの力を割くことはなかった。しかし，地域主義の発展の中で登場し，実際に交渉が開始されたメガ FTA である RCEP や TPP を巡っては，むしろ国内政治が大きくその交渉参加国のスタンスを規定するようになっている。それらが，各国内の様々な産業セクターや利益団体の利害に大きく絡む様々なルールを設定するものであり，よって，その取りまとめには交渉参加国の国内における政治的調整が不可欠となっている。こうした中で，アジアの地域主義において，国内政治と国際政治とが強く連関するようになってきている。インドの離脱は，そのことを示す証左でもある。

3. コロナ禍が後押しした RCEP 妥結

　インドの離脱が決定的になり，2020 年は新型コロナの感染の拡大によって自由で開かれた経済秩序はいっそうの動揺を見せた。各国政府が感染を食い止めるための努力に注力せざるを得なくなる中で，世界的に国境を越えるヒトの移動が遮断された。そして各国政府はマスクやワクチンなどの医療物資の確保を巡って国際協調よりも自国の国益を追求する動きを見せた。新型コロナの中でも物流は止まらず，サプライチェーンは強靱さを見せたが，グローバル化の流れを押しとどめ，自由で開かれた国際経済秩序を損ない得る動きが見られたことは確かであった。そしてコロナ禍がもたらした危機感は，RCEP 交渉を妥結へと向かわせる方向に働いた。2020 年 11 月，RCEP はインドを除く 15 カ国で署名されるに至ったのである。

4. ヘッジング戦略としての多国間連携

　2010 年代は，メガ FTA に限らず，FOIP や Quad という複数の国家間の連携強化の試みが様々な次元で見られた。前述したように，それは RCEP は中国主導の枠組み，TPP は反中国，といった単純なものではない。米国の掲げる FOIP のように，対中牽制が明確な連携はあるが，先ほど述べたように日本の FOIP は必ずしもそうではない。ASEAN 諸国は様々な内部対立を抱えながらも，米中対立の狭間でなんとか両者との関係のバランスを取り，自らの影響力確保と周辺に追い込まれないために ASEAN という枠組みの活用を試みた。

　すなわち，この時期見られたのは，米中対立や保護主義の高まりによって既存の秩序が大きく動揺する中で，各国がリスクヘッジのために他国との連携を多層的に試みたということである（Oba 2019）。たとえば日本は TPP，RCEP にも参加し，ASEAN との太いパイプをもつだけでなく，FOIP を提唱した。米中対立は激化し，極めて不透明感の増す秩序の中で，日本や ASEAN 諸国はそれぞれ自国の自立性と影響力確保のために，多層的に連携を模索したのである。この時期における地域連携や地域主義の活発化は，これらの動きに関わる各国のリスクヘッジ思考がその背景にあった。

第5節　今後の展望——RCEP の戦略的重要性の増大

　これまで，RCEP の国際政治上の意義とその変遷について見てきた。最後に，今後の展望を示しておきたい。

　本章でも示したように，当初の目的や交渉過程において，RCEP を中国主導であるとするのは短絡に過ぎる。しかしながら RCEP が実際に締結されると，中国がこの枠組みを通じて，ルールに則って経済的プレゼンスを拡大していくことは避けられないのかもしれない。しかし，そこで考慮しなければならないのは，安全保障の論理で政治が経済活動に介入する度合いが，現在強まってきていることの影響である。

　新型コロナの感染によって世界が大きく混乱した 2020 年を通じて，米中間の競争関係は先鋭化した。中国はいち早く感染の押さえ込みに成功しつつ，南シナ海や東シナ海における活動を一層活発化させた。それに対して日本や ASEAN 諸国などの近隣諸国が反発すると共に，米国もいっそう中国に厳しい態度を示すようになった。同年 7 月には米国のポンペイオ国務長官が中国の領有権主張を認めない姿勢を明確に打ち出すと共に，これまでの米国の対中エンゲージメント政策が間違っていたと明言した。インドと中国は国境紛争を起こし，オーストラリアと中国との関係もモリソン首相が新型コロナの原因を第三者委員会で調査すべきだと主張したことで決定的に悪化した。Quad は連携を一層強化し，秋には 4 カ国そろっての共同演習も行われた。2021 年 1 月に発足したバイデン政権は，同盟国との連携の一層の強化をもって対中政策をいっそう強硬化させている。Quad に加え，2021 年 9 月，米国と英国，オーストラリアとの間で AUKUS が発足し，この枠組みを通じてオーストラリアに対して原子力潜水艦建造の技術供与を行うことが発表された。中国はこうした動きに反発，米国は冷戦的思考でもってアジアに NATO を作ろうとしているとしばしば批判を繰り返した。

　さらに 2022 年 2 月，ウクライナにロシアが侵攻した。ロシアに対して欧米日を中心に経済制裁が打ち出された。現在，戦局は予想を超えて長引くなかで国際環境は厳しさを増し，本来世界大に広がっていたはずの自由で開かれた経

済秩序は分断される方向にある。戦争という極端な状況は，それまでどの陣営にも，どの国とも関係を取り結ぶという曖昧戦略の余地を著しく狭くする方に働く。RCEP を構成している日本や ASEAN といった多くの国は，米中の間の対立が進展する中でも，中国を擁する RCEP 交渉を続けることで，曖昧戦略を採りながら，ヘッジングを行ってきたともいえる。ロシアの今回のウクライナの侵攻は，分離主義を助長するものであり，国内における分離主義の押さえ込みに注力してきた中国の利害と必ずしも一致するものではない。よってロシアへの中国の支援は，北京オリンピック前の習近平国家主席とプーチン大統領との間の両国の協力強化での合意があるにもかかわらず，かなりの躊躇とためらいが見える。しかし，先進国が主導して行われている経済制裁に参加するかしないか，支持するかしないかで世界は割れはじめている。

　このように国際秩序自体が非常に厳しい状況に置かれる中で，RCEP をはじめとする FTA の戦略的意味合いは一層高まる。これが，自由で開かれた経済秩序を維持する枠組みであるということ自体が，党派性を帯びる可能性も高い。なぜなら，自由で開かれた経済秩序自体が，一定の価値観や規範を共有する like-minded な国々・経済でのみ構成されるという方向になるかもしれないからである。

　無論，世界がどう分断されるのかは定かではない。現在の米国も中国もロシアも他の多くの国々も巻き込んだグローバル化の網が政治の力でどれほど寸断されるものなのか，企業などの経済主体が，自らの企業活動や利潤への負の影響を覚悟してその政治的決定にどこまで従うのか未知数なところはある。しかしウクライナ危機の前から，すでに米中が，輸出管理などを通じてサプライチェーンの強靱化（相手国への依存の脱却）を図り，また先端技術の囲い込みをする姿勢は強まっていた。一部の企業は米中の制裁の対象となり，企業活動を自粛／断念せざるを得ない事態も生じていた。

　そしてウクライナの事態を受けて，先進国を中心にロシアを国際金融取引から排除する措置をとったことで，それまでロシアの企業とビジネスを展開していた企業がそれを断念するケースが東南アジアでも出てきている。たとえば，ベトナム国営石油最大手，ペトロベトナムは，ロシア企業への制裁効果によって事業の継続が困難になったとして，ロシアのエンジニアリング大手，パ

ワー・マシンズ（PM）に対してベトナム南部の石炭火力発電所の EPC（設計・調達・建設）契約を解除する方向で調整に入ったという報道もなされている[12]。

　世界の国を民主主義の国と権威主義の国とに分け，それらの間での新冷戦が勃発している，という議論も聞かれるが，実際にそうした基準で世界の国々を線引きするのは難しい。RCEP の中心である ASEAN 諸国は特にそうである。また，2021 年 12 月に米国のバイデン政権主導で開催された民主主義サミットが成功を収めたとはいえず，民主主義という価値で多くの国々を糾合することは難しいことも示されている。他方，デジタル協定が今後の経済分野での協力での焦点になるだろう中で，より深い経済連携関係を結ぶ際にはその参加国の社会間で価値や規範の共有をしていることがこれまで以上に重要な条件になるだろう。まったく価値や規範を共有していない国の人々との間で，データフリーフローやデータローカライゼーションの禁止などを求めることはお互いの社会にとってプラスの結果をもたらすとは考えにくいからである。

　つまり明確な線引きは難しく，グレーゾーンに属する国もかなり残るのかもしれないが，それでも国際秩序および国際経済秩序の分断はいっそう進む可能性が生じているということである。そうした中で，RCEP が今後東アジア秩序にどのような作用を及ぼすか。RCEP は果たして相互のマーケットアクセスを拡大し，国境を越えるサプライチェーンの深化拡大を促進する方向へ作用するのかどうか。今強化されつつある戦略的目的による政治の経済への介入，それによってもたらされる分断によって RCEP も分断されるのか。

　いえるのは，こうした分断と対立が激しくなっている状況だからこそ，RCEP の重要性もまた高まっているということである。分断や対立は永遠に続くとは限らず，またそれらがもたらす混乱の後には秩序の安定化のための枠組みが必要である。そう考えた場合，東アジアの 15 カ国で合意されたルールに基づく枠組みを維持し続け，中国をそのルールの中に取り込み，コミュニケーションを図ることのできる枠組みを維持しておくことの意義はむしろ大きい（Kimura 2021: 168）。

　最後にこうした戦略的競争や分断の影響と並び，考慮しなければならないことについて論じたい。それは，リベラル国際経済のもとでのグローバル化の行

きすぎによって生じている格差の拡大，環境破壊，人権への負の影響と行った
様々な課題に，今後の通商政策全般は対応していかなくてはならないだろうと
いうことである。かつて，国家間の関係が円滑に維持されていれば，国際秩序
は安定しているのであり，それで十分とされた時代もあった。しかし現在は，
国家間の関係の安定化に加え，人々や市民で構成される世界秩序へのあり方へ
の関心が増大している。そして世界秩序における公正さが一層求められてい
る。人権や環境を含むグローバルイシューへの関心の増大や，ESG 投資とい
われる新たな投資のあり方が注目されるのも，こうした流れの一部である。
RCEP がこの新たな要請にどう答え，そのルールを発展・改善させられるかも
今後大きく問われよう。

[注]
1 ）オーストラリアとニュージーランドはひとつの経済単位として ASEAN との FTA を結んだの
　　で，ASEAN ＋ 1 の FTA は計 5 本である。
2 ）FTA の政治的側面について検討したものとして（Mochizuki 2009）.
3 ）ツーレベル・ゲームについては（Putnam 1998）.
4 ）多くのメディアで散見される議論だが，より明快にこの議論を展開しているのは（浜中 2020）.
5 ）多国間交渉の諸特徴の検討について（Zartman 1994）.
6 ）WTO の定義では，地域主義とは地域貿易協定（RTAs）の存在を指す。
7 ）また特に GVC の観点からこうした近年の国際生産分業の実相と動態，およびその国際政治への
　　影響を分析した研究として（猪俣 2019）。
8 ）データの出典元は International Monetary Fund, World Economic Outlook Data https://www.
　　imf.org/en/Publications/WEO/weo-database/2021/April.
9 ）「アジア FTA 5 月に交渉へ：TPP 意識し加速」『日本経済新聞』2013 年 4 月 25 日。
10）米中間競争を主に米国の視点から考察したものとして（佐橋 2021）
11）この交渉の結果，2020 年 7 月に米国，メキシコ，カナダ協定（USMCA）が新たに発足した。
12）https://www.nikkei.com/article/DGXZQOGM105010Q2A310C2000000/
　　https://asia.nikkei.com/Politics/Ukraine-war/SWIFT-sanctions-add-twist-to-Vietnam-Russia-
　　coal-plant-dispute（2022 年 3 月 10 日アクセス）

[参考文献]
Balassa, Bela (1961) *The Theory of Economic Integration*, Richard D. Irwin., 1961.
Boldwin, Richard (2016) *The Great Convergence: Information Technology and new globalization*,
　　Harvard University Press.
Deutsch, Karl W, et al., (1957), *Political Community and the North Atlantic Area: International
　　Organization in the Light of Historical Experience*, Princeton University Press.
Drysdale, Peter, and Shiro Armstrong, "RCEP: a strategic opportunity for multilateralism", *China
　　Economic Journal*, Vol.14, No.2, 128-143.
East Asian Vision Group (2001) Towards an East Asian Community: Regions of Peace, Prosperity

and Progress: East Asia Vision Group Report 2001.

Fukunaga, Yoshifufmi, (2014) "ASEAN's Leadership in the Regional Comprehensive Economic Partnership", *Asia and the Pacific Policy Studies*, vo.2, no.1, pp.103-115. Drysdale,

Haas, Ernst B. (1957) The Uniting of Europe: Political, Social, and Economic Forces, 1950-1957, Stanford University Press.

Katzenstein, Peter J, (1997) "Introduction: Asian Regionalism in Comparative Perspective", in Katzenstein and Takashi Shiraishi ed., Beyond Japan: The Dynamics of East Asian Regionalism, Cornell University Press, pp.1-44.

Kimura, Fukunari, (2021), "RCEP from the middle powers' Perspective" *China Economic Journal*, vol.14, No.2, May 2021,

Oba, Mie, (2016) "TPP, RCEP, and FTAAP: Multilayered regional Economic Integration and International Relations, *Asia-Pacific Review*, Vol.23, No.1, May 2016, pp.100-114.

Oba, Mie, (2017) "Sino-Japanese Competition over regional institutions in Asia" in Jeffrey Reeves, Jeffrey Hornung, and Kerry Lynn Nankivell eds., *Vying for Influence: How Competition between China and Japan is shaping the Asia-Pacific's regional security*, 2017, pp.53-70.

Oba, Mie, (2019) "Further Development of Asian regionalism: institutional hedging in an uncertain era", *Journal of Contemporary East Asia Studies*, Vol. 8, No.2, pp.125-140 (https://www.tandfonline.com/doi/pdf/10.1080/24761028.2019.1688905)

Mochizuki, Mike (2009) in Solis, Mireya, Barbara Stallings and Saori N. Katada, *Competitive Regionalism: FTA Diffusion in the Pacific Rim*, Palgrave Macmillan, 2009.

Putnam, Robert D. (1988), "The Diplomacy and Domestic Politics: The Logic of Two-Level Games, *International Organization*, Vol.42, No.3, pp.427-460

Solis, Mireya, Barbara Stallings and Saori N. Katada, (2009) *Competitive Regionalism: FTA Diffusion in the Pacific Rim*, Palgrave Macmillan, 2009

Solis, Mireya, (2017) Dilemmas of a Trading Nation: japan and the United States in the Evolving Asia-Pacific Order, The Brookings Institution.

Zartman, William I., ed., (1994) International Multilateral Negotiation: Approaches to the Management of Complexity, Jossey-Bass, 1994.

猪俣哲史（2019）『グローバル・バリューチェーン：新南北問題へのまなざし』日本経済新聞出版社。

大庭三枝（2014）『重層的地域としてのアジア：対立と共存の構図』有斐閣。

佐橋亮（2021）『米中対立』中公新書。

寺田貴（2013）『東アジアとアジア太平洋』東京大学出版会。

中山俊宏（2016）「オバマ政権の『リバランス政策』：東アジア国際政治への含意」大庭三枝編著『東アジアのかたち』千倉書房。

浜中慎太郎（2020）「RCEP 署名は何を意味するか：地経学的見方」,『IDE スクエア—世界を見る目』, アジア経済研究所　https://www.ide.go.jp/Japanese/IDEsquare/Eyes/2020/ISQ202020_039.html （2021 年 1 月 15 日閲覧）

第11章

RCEPの課題

石川幸一・清水一史

はじめに

　RCEPの署名と発効は，第1章並びに各章で述べられたように，東アジアにとって，大きな意義がある。世界の成長センターである東アジアで，初のメガFTAかつ世界最大規模のメガFTAが実現される。RCEP参加国は，世界のGDP・人口・貿易の約3割を占めるとともに，それらが拡大中である。既存の複数のASEAN＋1FTAの上に，その全体をカバーするメガFTAが実現し，東アジア全体の経済統合が進められる。そして，RCEPの発効は，これまでFTAが存在しなかった日中と日韓のFTAが実現されることを意味する。さらにRCEPは，既存のASEAN＋1FTAを上回る規定を含み，内容の充実したメガFTAの実現となる。そしてRCEPにおいて，東アジア地域協力におけるASEAN中心性も維持される。

　RCEPが発効して実現することは，東アジア経済に大きな経済効果を与えるであろう。第1に東アジア全体で物品（財）・サービスの貿易や投資を促進し，東アジア全体の一層の経済発展に資する。第2に知的財産や電子商取引など新たな分野のルール化に貢献する。第3に東アジアの生産ネットワークあるいはサプライチェーンの整備を支援する。第4に域内の先進国と途上国間の経済格差の縮小に貢献する可能性がある。こうしてRCEPは，東アジアのさらなる発展を支え，コロナからの復興にも大いに役立つであろう。

　東アジア各国は，RCEPに参加することによって，多くの経済統合の利益を得る。またRCEPの実現と深化がAECの深化を促す効果もあり，東アジア経済統合における相互作用とダイナミクスが生じるであろう。

　RCEP の発効と実現は，世界経済においても重要な意義を持つ。WTO による世界全体の貿易自由化と通商ルール化が進まない現在，メガ FTA の意義は大きい。そして RCEP の発効と実現は，保護主義への対抗となるであろう。また RCEP は，東アジアにおける対話と交渉の場の確保にもつながる。

　このように RCEP はきわめて大きな意義をもつ重要な FTA であるが，課題も少なくない。本章では RCEP のいくつかの課題について論じている。

第 1 節　RCEP 協定の着実な履行と質の高い FTA への改善

1. RCEP 協定の着実な履行と活用の拡大

　まず，RCEP 協定を着実に履行していくことが重要である。RCEP 協定の多くの規定が，実際に履行されるようにしなければならない。そのためには，RCEP 閣僚会議，RCEP 事務局，そして RCEP 合同委員会の活動が重要となろう。RCEP 合同委員会は，協定の着実な履行に重要な役割を持つ。RCEP 合同委員会の任務は，① 協定の実施および運用に関する問題の検討，② 協定の改正の提案の検討，③ 協定の解釈または適用に関して生ずる意見の相違について討議し，および適当かつ必要と認める場合には，この協定の規定の解釈を提示，④ 専門家の助言を求めること，⑤ RCEP 合同委員会の補助機関への問題の付託や委任と活動の監督と調整，⑥ 補助機関に付託する問題の検討と決定，⑦ 補助機関の構成などの再編と解散，⑧ RCEP 事務局を設立し監督を行う，⑨ 必要に応じて産業界の代表などの利害関係者と対話を行う，である。このように合同委員会の任務は，RCEP の施行と改正や問題解決などの運用などにきわめて重要である。

　さらに，第 19 条で定める，RCEP 協定のもとで紛争が起こった場合の解決機能を整備していくことも，協定の着実な履行のために必要な課題であろう。3 で述べる紛争解決の不適用分野を見直すことも必要である。

　履行とともに重要なのは RCEP の企業による活用の拡大である。ジェトロの調査（2020 年 10 月）によると，日本の FTA 締結国に輸出を行う企業 1,100

社のうち FTA を利用している企業は 48.6％となっている[1]。企業別にみると大企業は 63.2％だが，中小企業は 43.7％と低くなっている。企業の FTA 利用は拡大しているが，中小企業を中心にさらに利用拡大のための情報提供や相談などサポートを行っていく必要がある。

2.　着実な見直しおよび経過期間後の規定の履行

　協定の着実な履行とともに，RCEP を徐々に質の高い FTA に改善していくことが重要な課題である。RCEP は，CPTPP に比べ自由化レベルが低くルールは緩いといわれるが，その理由は RCEP が「互恵」を目指したことである。ASEAN は時間をかけて段階的に自由化レベルの高い FTA を実現してきた。RCEP でも着実かつ段階的に課題を解決していくことが重要である。

　東アジアは極めて多様な地域であり経済格差も非常に大きい。名目 GDP では中国（14.7 兆ドル）とブルネイ（120 億ドル）は 122 倍の差があり，1 人当たり GNI ではシンガポール（54,920 ドル）とミャンマー（1,260 ドル）では 44 倍の差がある。RCEP はこのように多様で格差の大きな東アジア諸国を包含する FTA である。ASEAN の後発開発途上国を置き去りにしない包摂的 FTA であり，互恵が原則となっている。

　RCEP の第 1 条は，「締約国特に後発開発途上締約国の発展段階および経済上のニーズを考慮しつつ，現代的な，包括的な，質の高い，および互恵的な経済上の連携を構築する」ことを目的として掲げている。互恵的とは経済と産業発展レベルが遅れている開発途上国メンバーが RCEP の恩恵を享受できることを意味している。そのために「柔軟性および特別かつ異なる待遇」を適用するとしている。「柔軟性および特別かつ異なる待遇」とは，自由化や円滑化などの例外や経過期間などの緩やかな規定を意味している。21 世紀の FTA にふさわしい「質の高い」RCEP に向けて時間をかけて改善すべき分野は多く，見直しを行うことが規定されている分野は多い。

　RCEP では，多くの分野で見直しや経過期間などが認められており，スケジュールどおり実施することが求められる。この協定についての一般的な見直しをこの協定が効力を生じた日の後 5 年を経過した後に行うものとし，その後

においては5年ごとに行うことと見直しに当たっては貿易および投資を一層拡大するための方法を検討することが規定されている。

　原産地規則（第3章）では，サプライチェーン構築を支援するために，製品の生産に当たり締約国の原産材料を使用した場合，その原産材料を自国の原産材料とみなす累積が規定されている。ただし，CPTPP に規定されている生産行為の累積は RCEP では規定されていない（CPTPP は原産材料と生産行為の累積（完全累積）が認められている）。そのため，RCEP がすべての署名国について発効した場合，他の RCEP 参加国での生産行為や付加価値を累積の対象に含めることを検討し協定を見直す義務が規定されている。税関手続きおよび円滑化（第4章）では，ブルネイ，カンボジア，中国，インドネシア，ラオス，マレーシア，ミャンマー，ベトナムについては，付属書4A で特定する約束について協定発効後一定の期間内または特定の期日までに実施するとなっている。ブルネイ，中国，インドネシア，マレーシアは1項目あるいは2項目が対象であるが，カンボジア，ラオス，ミャンマー，ベトナム（CLMV）は多くの分野で移行期間（3-6年）あるいは特定の期日（23年12月末など）までの実施が認められている。

　サービスの貿易（第8章）では，付属書Ⅱに記載する特定の分野についてのみポジティブリスト方式を採用した8カ国（カンボジア，ラオス，ミャンマー，フィリピン，タイ，ベトナム，中国，ニュージーランド）については，発効後3年以内にネガティブリスト方式に転換する手続きを開始し，6年以内に移行を完了しなければならないと規定されている。また，CLM は12年以内にネガティブリスト方式に転換する手続きを開始し15年以内に移行を完了しなければならないと規定している。投資（第10章）では，18条で投資家と国との間の紛争解決（ISDS）について「協定発効の後2年以内に討議を開始する義務」が規定されており，討議は開始の日から3年以内に完了すると規定されている。

　知的財産（第11条）では，CLM について特定の規定の実施を遅らせることができると規定されている。たとえば，ミャンマーは多数国間協定への加入について10年の経過期間など7項目について3年，5年，10年の経過期間が認められている。

　電子商取引（第 12 章）では，CPTPP に規定されている ① データフリーフ
ローと ② データローカライゼーションは規定されているが，③ ソースコード
の開示要求の禁止は規定されていない。ソースコードの開示要求の禁止とデジ
タルプロダクトの待遇については対話を行い，協定発効後の一般的見直しにお
いて対話の結果を考慮すると規定されている。政府調達（第 16 章）では，規
定を将来改善することを目的とした見直しについて規定されている。

3.　自由化率の向上

　物品の貿易の自由化率（関税撤廃率）は 91％（品目数ベース）となってい
る。TPP の自由化率（日本が 95％，その他 11 カ国は 99％）と比べて低く，
ASEAN＋1FTA の自由化率と比べても大きく改善したとはいえない。第 6 章
で分析しているようにオーストラリアを除くと，各国の自由化率は総じて低
く，ASEAN ではマレーシアの自由化率が後発加盟国と比べても低くなってい
る。日本と韓国の相互の自由化率は双方 85％を割り込んでおり，特に日本の
対韓国自由化率は約 8 割にとどまるなど日中韓 3 カ国間の自由化率は 80％台
半ばとなっている。物品貿易の自由化率の向上は大きな課題である。サービス
貿易では自由化の約束を協定の一般的な見直しまでに見直すことになっている
（24 条）。

4.　紛争解決の不適用分野

　RCEP は紛争解決の対象とならない分野が多く，衛生植物検疫措置（第 5
章），任意規格・強制規格・適合性評価手続き（第 6 章），貿易上の救済（第 7
章），電子商取引（第 12 章），競争（第 13 章），中小企業（第 14 章），政府調
達（第 16 章）に紛争解決の不適用が規定されている。このうち，衛生植物検
疫措置，任意規格・強制規格・適合性評価手続きは発効後 2 年経過した後の見
直しの対象となっている。貿易上の救済，電子商取引は RCEP 協定の一般的
見直しで検討される。競争，政府調達と中小企業は見直しが規定されていな
い。紛争解決の対象となることにより，規定の拘束力が強まり実効性が高まる

表 11-1　RCEP と CPTPP の主な規定の比較例

	RCEP	CPTPP
物品の貿易自由化率	91％（日本は ASEAN・オーストラリア・ニュージーランドに対し 88％，中国に対し 86％，韓国に対し 81％）	99.3％（日本 95％，ほかは 99％あるいは 100％）
原産地規則	物の累積のみ認める	完全累積制度（物＋生産工程），衣類 3 工程基準
サービス貿易	国によりポジティブリスト方式とネガティブリスト方式，3 年以内（CLMV12 年以内）にネガティブリストへの転換の手続き開始，6 年以内（CLMV15 年）以内に移行完了	ネガティブリスト方式
投資	設立段階の内国民待遇，TRIMS より広範な特定措置（ロイヤリティ規制，技術移転要求）の禁止，ISDS は発効後 2 年以内に討議開始，3 年以内に完了	設立段階の内国民待遇，RCEP より広範な特定措置要求の禁止，ISDS
電子商取引	データフリーフロー義務化，データ・ローカリゼーションの要求禁止	データフリーフロー義務化，データローカリゼーションの要求禁止，ソースコード開示要求禁止
政府調達	政府調達に関する法令と手続きの透明性，協力など	政府調達を開放
国有企業	規定はない	国有企業への非商業的援助の禁止など
労働	規定はない	労働についての基本的な原則および権利を採用・維持
環境	規定はない	国際環境協定への参加，漁業補助金の禁止

注）表は網羅的なものではなく一部の規定を比較したものである。
出所）RCEP および TPP 資料により作成。

ことが期待できる。見直しを規定どおり実施し紛争解決の適用分野とすることが望まれる。ちなみに，CPTPP で紛争解決が適用されないのは，貿易上の救済（第 6 章），競争政策（第 16 章），協力および能力向上（第 21 章），開発（第 23 章），中小企業（第 24 章），規制の整合性（第 25 章）である。ビジネス関係者の一時的入国（第 12 章）は条件付きで適用され，電子商取引（第 14 章）はマレーシアとベトナムが 2 年間の不適用となっている。

5. RCEP 協定に含まれていない章の追加

　RCEP 協定に含まれていない章を検討して加えていくことも課題である。た
とえば，CPTPP には規定されているが，RCEP には規定されていない環境，
労働，国有企業などの章がそれにあたるであろう。東アジアにおいて，今後，
環境の保護や労働者の権利の保護は，さらに守られなければならない規定とな
る。また国有企業の章も，中国やベトナムなどを含めて，今後の東アジアの競
争環境の整備のために，さらに重要な規定となってくるであろう。

第 2 節　発効後の ASEAN 中心性の維持

　東アジアの地域協力・経済統合において，ASEAN はその中心となってきた。
RCEP も，ASEAN が提案して進めてきたメガ FTA である。東アジアの地域
協力・経済統合は，中国のプレゼンスが拡大する中で，ASEAN が中心となる
ことでバランスが取られている。今後，中国をルール化の枠組みに入れるとと
もに，RCEP において ASEAN 中心性を確保し続けることが重要である。ま
た ASEAN が中心性を維持できるように，制度を整備していくことが重要で
ある。
　RCEP における中国の存在は極めて大きく，GDP で RCEP 加盟国の 55.4%，
人口で 61.2%，輸出で 45.4%，輸入で 55.4% を占めている。中国は RCEP の中
で圧倒的な経済大国であり，中国の影響力が強まる可能性があることは否定で
きない。しかし，東アジアの最大の経済大国でありサプライチェーンで大きな
役割を果たしている中国を含めない東アジアの経済連携は考えられない。中国
の RCEP 参加は 2 国間での交渉を選好する中国が自由化とルールで運営され
る多国間の枠組みのメンバーになったことを意味する。中国の行動にルールと
いう枠をはめるために RCEP を利用すべきである。そのためには，RCEP を
運営していく RCEP 合同委員会が重要となる。
　RCEP 合同委員会は ASEAN とその他の国の共同議長により運営されるが，
日本やオーストラリアなどが協力し合同委員会と補助機関および RCEP 事務

局の運営において実質的な ASEAN 中心性を維持していくことが必要である。RCEP 合同委員会の任務は，第 1 節でみたように協定の実施，運用，解釈，事務局の創設と監督，利害関係者との対話など極めて重要である。事務局と合同委員会の補助機関の運営などで中国の影響力を抑制し規定に従った運用を行うために，交渉時と同様に ASEAN 中心性を原則とし，その実現のために日本は積極的に協力すべきである。

　ASEAN 中心性を維持するためには，ASEAN 自身が自らの統合を深化させることと，自らの一体性を維持することも重要である。

第 3 節　CLMV を支援するための協力

　RCEP はカンボジア，ラオス，ミャンマー（CLM）という後発開発途上国が参加している。そのため，CLM およびベトナム（V）が RCEP による経済統合の利益を得る「互恵」を RCEP の目的のひとつと第 1 条で規定し，柔軟性および特別かつ異なる待遇を含む様々な方法により「互恵」を実現するとしており，第 3 章でみたように多くの分野で経過措置を規定している。RCEP では CLMV を対象とした経済技術協力を行うことが規定されている。RCEP に関する ASEAN の枠組みは，原則に「経済技術協力は ASEAN 加盟国を支援し統合の恩恵を最大化するための協定の不可欠の要素である」と掲げ，RCEP の指針と目的では，「技術協力および能力開発に関する規定は途上国および後発開発途上国に利用可能」と明記している。

　こうした原則に基づき，RCEP 協定は経済協力および技術協力章（第 15 章）を置いている。同章では，RCEP 締約国の開発格差の縮小と RCEP の実施と利用から得られる利益を最大にすることが経済協力と技術協力の目的であると述べ，対象分野は，物品の貿易，サービスの貿易，投資，知的財産，電子商取引，競争，中小企業，その他であることが示されている。また，優先する活動として，開発途上締約国および後発開発途上締約国への能力開発および技術援助を提供する活動，公衆の啓発を促進する活動，ビジネスに関する情報へのアクセスを促進する活動などがあげられている。また，ASEAN の後発開発途上

国が直面する特定の制約を考慮し，締約国と支援を求める締約国の間で合意される適当な能力開発および技術援助については，支援を求める締約国がこの協定に基づく自国の義務を履行し，およびこの協定による利益を利用することに資するよう提供すると規定されている。

　ASEAN の経済統合では，CLMV の経済統合への参加を支援するために ASEAN 統合イニシアチブ（IAI）による域内協力が実施されてきた[2]。IAI は 2000 年 11 月の第 4 回非公式首脳会議で開始が合意された。統合イニシアチブと命名されたのは，シンガポールのゴーチョクトン首相（当時）の提案によるものであり，ASEAN は新規に加盟した CLMV を ASEAN の統合に参加させ，CLMV を統合の恩恵から除外しないことを強調する意味合いがあった。IAI は ASEAN6 だけでなく，日本など対話国，世界銀行など国際機関が資金を拠出し協力を行っている。CLMV の開発計画策定，制度構築，技術調査，人的資源開発など政策策定実施能力の強化を目的としている。具体的な行動計画として，IAI 作業計画（Work Plan）が策定されている。経済統合への支援の例をみると，ASEAN とオーストラリア，ニュージーランド FTA の原産地規則の解説資料の CLMV 各国の国語への翻訳（オーストラリアとニュージーランドの協力），とサービス貿易協定と交渉（シンガポールの協力），FTA 交渉能力の養成（シンガポールの協力），電気電子機器の MRA の完全な実施（EU）などが IAI 作業計画Ⅱで実施されている。IAI 作業計画Ⅲは貿易円滑化に焦点をあて，① 非関税障壁削減，② 通関と国境輸出入手続きの時間とコスト削減，③ 適合性・標準の調和・相互承認，④ WTO へのより強い参加による市場アクセス改善などの協力を実施することになっている。RCEP でも ASEAN6 および日中韓豪ニュージーランドにより，CLMV の政策実施能力強化，人材育成などのためにキメ細かな協力を実施することが望まれる。

第 4 節　対話と交渉の場の確保と活用

　RCEP は，これまで ASEAN が提供してきた広域での交渉と対話の場を，さらに増やすことになる。東アジア各国並びに関係国を含めて，この対話と交

渉の場を確保かつ活用することが重要である。

　第 1 章で述べたように ASEAN は，ASEAN ＋ 3，東アジア首脳会議（EAS），ASEAN 地域フォーラム（ARF）などの，貴重な広域での交渉と対話の場を提供してきている。各国間や地域の問題を解決する上でも，保護主義など世界経済の問題に対処する上でも，交渉と対話の場が必要である。RCEP は，その貴重な場となるであろう。そして交渉と対話には，2 国間ではなく多国間の交渉と対話の場が重要である。たとえば大国との交渉も，相対的にやりやすくなるであろう。

　さらに RCEP においては，対話と交渉とともに，色々な層からの多くの意見を取り上げていくことが重要であろう。たとえばビジネス界の意見を取り上げて制度整備していくことが，RCEP が有用となるために重要である。また学術界の意見を取り上げることも重要である。さらに，多くの層の意見を取り上げることは，RCEP における「包摂性」の実現にもつながるであろう。

第 5 節　インドの復帰

　インドは RCEP から離脱したが，RCEP 協定第 20 章 9 条は「RCEP 協定が効力を生じた日から，原交渉国であるインドによる加入のために開放しておく」と規定している。また，「インドの地域的な包括的経済連携（RCEP）への参加に係る閣僚宣言」では，①インドが加入するとの意図を書面により提出すればいつでもインドとの交渉を開始すること，②インドは同協定に加入する前にいつでも RCEP 協定署名国により共同で決定される条件に従い，RCEP の会合にオブザーバーとして参加することができ，また，RCEP 協定の下で RCEP 協定署名国により実施される経済協力活動に参加することができるとしている。しかし，第 5 章で指摘されているようにインドの復帰の可能性は小さい。

　2019 年 11 月の RCEP 首脳会議の共同宣言では，「インドには未解決のままに残されている重要な課題がある」としている。この背景には，インドが交渉の終盤で他の参加国がのめないような要求を行ったことがある。助川（2020）

によると, インドの要求は① 関税削減の基準年の変更, ② 自動発動セーフ
ガードの設置, ③ 原産地規則の厳格化, ④ 農業と乳製品部門の除外であっ
た[3]。関税削減の基準年は 2014 年だったが, インドは 2019 年への変更を要求
した。インドは 2018 年に多くの品目の関税を引き上げており, 自国に有利に
なるルールの変更を求めたのである。自動発動セーフガードは, 輸入増加によ
る国内産業への被害の立証なしに発動できる特別セーフガードであり, 中国製
品およびオーストラリア・ニュージーランドからの農産品輸入の増加への懸念
が背景にある。原産地規則の厳格化は, 中国製品が他の RCEP 参加国を通じ
て流入することを阻止することを目的としているという。

　インドの抵抗の背景には貿易赤字の拡大がある。2018 年の貿易赤字は 1897
億ドルに達し, 対中国貿易赤字が 3 割を占めている。インドでは輸入増加によ
る農業, 製造業や雇用への影響を懸念した RCEP に反対する農民や労働組合
などによる抗議行動が拡大していた。インドでは就業人口の 5 割を農林水産業
が占めており, 大票田である農民の反対は無視できなかったのである。

　第 5 章では未解決のまま残されている重要な課題の本質として,「期待する
ように製造業が発展せず, 景気と経済改革が停滞するなかで貿易自由化が安全
保障上の対立要因を抱える中国への経済依存を高めるとともに, 国内生産や雇
用に対してマイナス影響を及ぼすこと」を指摘している。そのため, モディ政
権は FTA に対し慎重であり, 輸入関税引上げや非関税障壁など保護貿易を強
めるとともに外資誘致につながる補助金政策を拡充し, 国境を接する国（中国
を想定）からの投資を事前許可制に変更している。モディ政権の保護主義と中
国に対する経済を含む安全保障面での強い警戒姿勢からインドの RCEP 復帰
は当面は困難である。第 5 章で指摘するように, IT 技術者や看護師などを対
象としたサービス貿易の第 4 モードの自由化や人の移動の自由化の拡大などを
交渉分野とすることなどがインドの復帰に必要となるだろう。

第 6 節　参加国・地域の拡大

　インドの復帰とともに, RCEP には, その参加国・地域を拡大させること

も課題となるであろう。RCEP はインドを含む 16 カ国により交渉が開始された。RCEP は EAFTA（ASEAN＋日中韓）と CEPEA（ASEAN＋日中韓印豪ニュージーランド）を踏まえた構想であり，ASEAN とインドの FTA（AIFTA）を含む 5 つの ASEAN＋1FTA を統合する構想として ASEAN とその FTA パートナー国により交渉が開始されたことから南アジアに位置するインドが交渉に参加していたのである。インドは 19 年の交渉以降離脱してしまい，インドの復帰は RCEP の課題となっている。RCEP に参加意思表明をしている国はないが，RCEP にアジアの開発途上国の参加を進めることを検討すべきであろう。RCEP は後発開発途上国を含む開発途上国の参加への配慮を行った互恵的な FTA だからである。

　その候補として南アジアのバングラデシュ，パキスタン，スリランカを取り上げたい。その理由として，① 市場規模が大きく，成長可能性が大きいことが指摘できる。3 国を合計すると人口規模は 4 億 570 万人と ASEAN の 6 割に達している（表 11 - 2）。名目 GDP の規模もスリランカはミャンマーと同程度だがバングラデシュがマレーシアにほぼ匹敵している。人口増加率もスリランカを除くと高いレベルである[4]。次に② パキスタンとスリランカの 2 国が RCEP 加盟国と FTA あるいは特恵貿易協定を締結していることである。パキスタンは，中国およびマレーシアと FTA を締結しインドネシアと包括的経済連携に関する枠組協定を締結している。また，タイ，シンガポールと FTA 交渉を行っている。スリランカはシンガポールと FTA を締結し，韓国，中国，ラオスとはアジア大洋州貿易協定（APTA）を結び，ミャンマー，タイとはベンガル湾多分野技術経済協力イニシアチブ（BIMSTEC）により関税撤廃を含む枠組み協定を締結している[5]。これらは特恵貿易協定である。バングラデシュは FTA ではなく，貿易促進を目的とする 2 国間協定をインドネシア，マレーシア，ミャンマー，フィリピン，タイ，ベトナム，カンボジア，中国と結んでいる。バングラデシュは 2020 年にブータンと初の FTA を締結しており，2026 年に後発開発途上国（LDC）向け特別特恵関税制度が終了する見込みであり FTA 締結が今後の課題となっている。ほかには，③ インドの周辺国である南アジアの 3 国が RCEP に入ることはインドへのプレッシャーとなりインドの復帰を促す可能性があること，④ パキスタンとスリランカは中国の一帯

表11-2　バングラデシュ，パキスタン，スリランカの経済規模（2020年）

	バングラデシュ	パキスタン	スリランカ
人口	1億6850万人	2億1530万人	2190万人
人口増加率	1.3%	1.8%	0.5%
名目GDP	3328億ドル	2568億ドル	807億ドル
同1人当たりGDP	1968ドル	1233ドル	3680ドル
輸出	307億ドル	222億ドル	108億ドル
輸入	458億ドル	457億ドル	160億ドル
対内外国直接投資	25.6億ドル	18.5億ドル	6.8億ドル

注）パキスタンの対内外国直接投資は20/21年度（7月～6月）。
出所）Asian Development Bank（2021），対内外国直接投資はジェトロ（2021）。

一路構想の主要な対象国でありRCEPによりASEANや日本と貿易投資関係を緊密化することが中国への経済的依存の軽減のためにも望ましいことがあげられる。⑤これら3国はASEAN地域フォーラム（ARF）のメンバーであり，ASEAN中心の地域協力枠組みにすでに参加していることも指摘できる。

おわりに──RCEPのメガFTA連携と世界経済

RCEPが今後，他のメガFTAと連携してさらに展開していくことも課題である。長期的には，RCEPが，CPTPPなどと連携しながら，アジア太平洋全体のFTA構想であるアジア太平洋自由貿易圏（FTAAP）構築に結び付く，あるいはさらに大きなインド太平洋の経済連携に結び付く可能性がある。

東アジアでは，AFTA，ATISA，ACIA，AMNPをベースとするASEANの経済統合，ASEANと日本など5つのASEAN＋1FTA，日本とタイなどの2国間FTA，そして広域FTAとして2018年に発効したCPTPP，2022年1月発効のRCEPという4種類の経済統合が重層的に形成されている。たとえば，ASEAN経済統合のメンバーであるシンガポールはASEAN＋1のメンバーであり，中国や日本など多くの国と2国間FTAを締結し，CPTPPおよびRCEPにも参加している。シンガポールから日本に輸出する場合，日本シ

ンガポール FTA，ASEAN と日本の FTA，CPTPP，RCEP を使うことがで
きる。FTA を利用する企業の視点でみると FTA の選択肢が増えたことを意
味するが，自由化品目やスケジュール，原産地規則の相違など複雑になったこ
とは否定できない。

　RCEP や CPTPP は，アジアおよびアジア太平洋での多国間にまたがるサプ
ライチェーンの形成，サービス分野での企業進出の増大，電子商取引など企業
活動のグローバル化の進展に対応した協定となっており，21 世紀の FTA とし
て重要性を増している。経済効果でも広域 FTA が大きいことは言うまでもな
い。CPTPP，RCEP とも生きた協定（living agreement）として参加国の拡大
と実体経済の発展に対応した規定の見直しや改善を行うことが重要である。
CPTPP と RCEP を結合してスーパー FTA を創るという構想があるが，
RCEP の自由化とルールのレベルは CPTPP よりも低くなっている。これは，
RCEP が CLM という後発開発途上国を含む開発途上国が統合の恩恵を享受で
きるという互恵的な FTA を目指しているためである。したがって，開発途上
国は RCEP に参加し，協力を受けながら制度の整備と人材育成などを行い，
時間をかけて自由化レベルを高めるとともにレベルの高いルールを受け入れて
いくことが現実的である。そして，CPTPP への加入準備を進め，準備ができ
次第加入申請を行うことが次のステップになる。

　こうしてアジアの経済連携をアジア太平洋，そしてインド太平洋の経済連携
へと発展させることが中長期的な課題となる。米国の参加とインドの復帰およ
び南アジア諸国の参加を促すとともにインド太平洋経済連携の構想を創ってい
くことが求められる。

　RCEP の実現は，世界経済においても大きな意味を有する。WTO による世
界全体の貿易自由化と通商ルール化が進まない現在，広域の東アジアで貿易投
資の自由化と通商ルール化を進める RCEP の意義は大きい。そして RCEP の
発効と実現は，拡大しつつある保護主義に対抗し，現在の厳しい世界経済の状
況を逆転していく契機となる可能性がある。RCEP の他のメガ FTA との連携
と拡大は，さらに大きなインパクトを持つであろう。最近のロシアのウクライ
ナへの軍事侵攻は，世界と東アジアの政治経済に，大きな負の影響を及ぼす可
能性が高い。厳しさを増す世界経済において，RCEP の役割は，より大きくな

るであろう。

　最後に，日本は，さらに RCEP を支援していかなければならない。RCEP は，日本にとっても，大きな意義がある。日本にとって RCEP 参加国との貿易は総貿易の約半分を占め，年々拡大中である。これまで FTA のなかった日中と日韓の FTA の実現でもある。RCEP は，日本経済にも日本企業にも大きな経済効果を与える。また日本は保護主義に対抗し，CPTPP と日本 EU・EPA を発効させた。RCEP は東アジアにおける重要なメガ FTA の発効となった。日本は，RCEP のメガ FTA 連携にも貢献できる。日本は，さらに保護主義に対抗して，貿易や投資の自由化と通商ルール化を推し進めていかなければならない。そして RCEP の主要なメンバーとして，RCEP の一層の進展を支えていくこと，同時に RCEP における ASEAN 中心性を支えていくことが，日本の重要な課題である。今後の RCEP の進展において，日本は重要な鍵を握っている。

[注]
1）日本貿易振興機構（2021）91 頁。
2）石川（2017）69-71 頁。
3）助川（2020）51-61 頁。
4）ADB（2021）によると，ASEAN 各国の人口増加率（2020 年）は，カンボジア，フィリピン，ラオスは 1.4％と高いが，シンガポールは−0.3％，タイは 0.3％，マレーシアは 0.4％，ミャンマーは 0.9％と低い。
5）アジア大洋州貿易協定（APTA）にはスリランカ，バングラデシュ，インド，韓国，中国，ラオスの 6 カ国，ベンガル湾多分野技術経済協力イニシアチブ（BIMSTEC）にはバングラデシュ，インド，ミャンマー，スリランカ，タイ，ネパール，ブータンの 7 カ国間が参加している。

[参考文献]
石川幸一（2017）「格差縮小を進める ASEAN」，『世界経済評論』Vo.61, No.5. 2017 年 9・10 月号。
日本貿易振興機構（2021）『世界貿易投資報告』。
日本貿易振興機構（2021）『FTA の基礎と実践　賢く利用するための手引き』白水社。
助川成也（2020）「15 ヵ国で推進する RCEP の意義」，『世界経済評論』Vol.64, No.2. 2020 年 3・4 月号。
Asian Development Bank (2021), *Key Indicators for Asia and Pacific 2021.*

索　引

執筆者一覧（掲載順）

清水　一史（しみず　かずし）　九州大学大学院経済学研究院教授（第1章，第11章）

篠田　邦彦（しのだ　くにひこ）　政策研究大学院大学政策研究院教授・参与（第2章）

石川　幸一（いしかわ　こういち）　亜細亜大学アジア研究所特別研究員（第3章，第11章）

大橋　英夫（おおはし　ひでお）　専修大学経済学部教授（第4章）

熊谷章太郎（くまがいしょうたろう）　(株)日本総合研究所調査部主任研究員（第5章）

助川　成也（すけがわ　せいや）　国士舘大学政経学部教授／泰日工業大学客員教授（第6章，第7章）

福永　佳史（ふくなが　よしふみ）　経済産業省経済連携課長（第8章）

高橋　俊樹（たかはし　としき）　国際貿易投資研究所（ITI）研究主幹（第9章）

大庭　三枝（おおば　みえ）　神奈川大学法学部・法学研究科・教授（第10章）

編著者紹介

石川　幸一（いしかわ　こういち）

1949 年生まれ。東京外国語大学外国語学部卒業。ジェトロ海外調査部長，国際貿易投資研究所研究主幹，亜細亜大学アジア研究所所長・教授を経て，現在，アジア研究所特別研究員。国際貿易投資研究所客員研究員。
［主要著書］
『現代 ASEAN 経済論』（共編著，文眞堂，2015 年），『アジアの開発と地域統合』（共編著，日本評論社，2015 年），『新・アジア経済論』（共編著，文眞堂，2016 年），『メガ FTA と世界経済秩序』（共編著，勁草書房，2016 年）など多数。

清水　一史（しみず　かずし）

1962 年生まれ。北海道大学大学院経済学研究科博士課程修了。博士（経済学）。現在，九州大学大学院経済学研究院教授。国際貿易投資研究所客員研究員。
［主要著書］
『ASEAN 域内経済協力の政治経済学』（ミネルヴァ書房，1998 年），『ASEAN 経済共同体』（共編著，ジェトロ，2009 年），『ASEAN 経済共同体の創設と日本』（共編著，文眞堂，2016 年），『アジアの経済統合と保護主義』（共編著，文眞堂，2019 年），『岐路に立つアジア経済』（共編著，文眞堂，2021 年）など多数。

助川　成也（すけがわ　せいや）

1969 年生まれ。九州大学大学院経済学府博士後期課程修了。博士（経済学）。日本貿易振興機構（ジェトロ）バンコク事務所主任調査研究員，本部海外地域戦略主幹（ASEAN）を経て，現在，泰日工業大学客員教授／国士舘大学政経学部教授。
［主要著書］
『ASEAN 経済共同体の創設と日本』（共編著，文眞堂，2016 年），『ASEAN 大市場統合と日本』（共著，文眞堂，2014 年），『米国通商政策史』（共訳，文眞堂，2022 年），『サクッとわかるビジネス教養「東南アジア」』（監修，新星出版社，2021 年）など多数。

RCEP と東アジア

2022 年 6 月 30 日　第 1 版第 1 刷発行　　　　　　　　検印省略

編著者	石	川	幸	一
	清	水	一	史
	助	川	成	也

発行者　前　野　　　隆

発行所　株式会社 文　眞　堂
東京都新宿区早稲田鶴巻町 533
電　話 03（3202）8480
ＦＡＸ 03（3203）2638
http://www.bunshin-do.co.jp
〒162-0041 振替00120-2-96437

印刷・製本・モリモト印刷
©2022
定価はカバー裏に表示してあります
ISBN978-4-8309-5186-2 C3033